Outras histórias da educação

FUNDAÇÃO EDITORA DA UNESP

Presidente do Conselho Curador
Herman Voorwald

Diretor-Presidente
José Castilho Marques Neto

Editor Executivo
Jézio Hernani Bomfim Gutierre

Conselho Editorial Acadêmico
Antonio Celso Ferreira
Cláudio Antonio Rabello Coelho
José Roberto Ernandes
Luiz Gonzaga Marchezan
Maria do Rosário Longo Mortatti
Maria Encarnação Beltrão Sposito
Mario Fernando Bolognesi
Paulo César Corrêa Borges
Roberto André Kraenkel
Sérgio Vicente Motta

Editores Assistentes
Anderson Nobara
Arlete Sousa
Dida Bessana

SONIA MARRACH

Outras histórias da educação
do Iluminismo à Indústria Cultural (1823–2005)

© 2009 Editora UNESP

Direitos de publicação reservados à:
Fundação Editora da UNESP (FEU)
Praça da Sé, 108
01001-900 – São Paulo – SP
Tel.: (0xx11) 3242-7171
Fax: (0xx11) 3242-7172
www.editoraunesp.com.br
feu@editora.unesp.br

CIP – Brasil. Catalogação na fonte
Sindicato Nacional dos Editores de Livros, RJ

M322o

Marrach, Sonia
 Outras histórias da educação : do Iluminismo à Indústria Cultural (1823-2005) / Sonia Marrach. - São Paulo : Ed. UNESP, 2009.

Inclui bibliografia
ISBN 978-85-7139-909-9

1. Educação - História. 2. Educação - Filosofia. 3. Educação - Aspectos sociais. 4. Democratização da educação. I. Título.

09-0874

CDD: CDD: 370.9
CDU: 37(09)

Este livro é publicado pelo projeto Edição de Textos de Docentes e Pós-Graduados da UNESP – Pró-Reitoria de Pós-Graduação da UNESP (PROPG) / Fundação Editora da UNESP (FEU)

Editora afiliada:

*A Hélio Jorge dos Santos e
Natalino Marrach* (in memoriam)

A Herôn, com esperança.

Eu vejo aquele rio a deslizar
O tempo a atravessar meu
Vilarejo
E às vezes largo
O afazer
Me pego em sonho
A navegar

Com o nome Paciência
Vai a minha embarcação
Pendulando com o tempo
É tendo igual destinação
Para quem anda na barcaça
Tudo, tudo passa
Só o tempo não

Passam paisagens furta-cor
Passa e repassa o mesmo cais
Num mesmo instante eu vejo
A flor
Que desabrocha e se desfaz
Essa é a tua música
É tua respiração
Mas eu tenho só teu lenço
Em minha mão

Olhando o meu navio
O impaciente capataz
Grita da ribanceira
Que navega para trás
No convés, eu vou sombrio
Cabeleira de rapaz
Pela água do rio
Que é sem fim
E é nunca mais
    (Xote da navegação, Chico Buarque)

AGRADECIMENTOS

Este livro é resultado de minha tese de livre-docência em História da Educação Brasileira, defendida na Faculdade de Filosofia e Ciências da Unesp, campus de Marília. É fruto de mais de dez anos de pesquisas integradas ao trabalho docente. Por isso, agradeço aos membros do Grupo de Pesquisa Educação, Comunicação e Sociedade, aos estudantes da pós-graduação em Educação e a meus alunos do curso de Pedagogia, pelas perguntas que me suscitaram outras perguntas e algumas respostas. A meus colegas do Departamento de Administração e Supervisão Escolar pelo apoio recebido para o desenvolvimento deste trabalho. Aos diretores da Faculdade de Filosofia e Ciências da Unesp – Marília, Tullo Vigevani e Maria Cândida Del-Masso, pelo constante incentivo à pesquisa. Ao professor León Pomer, pelas discussões e indicações bibliográficas. Ao escritor e amigo Jaime Leitão, pela leitura atenta do texto.

Faço um agradecimento especial aos membros da banca examinadora da tese, composta pelos professores Franklin Leopoldo e Silva, Elias Humberto, Raquel Gandini, Antenor Gonçalves Filho e Neusa Maria Dal Ri, pelas arguições inteligentes, pelas críticas pertinentes e pelas sugestões que muito contribuíram para este livro.

Sumário

Prefácio, Franklin Leopoldo e Silva   13
Introdução   19

Parte 1 Do Iluminismo à educação como controle das almas no século XIX
1   Imprensa, Iluminismo e pedagogia   37
2   A transformação do Iluminismo em educação para o controle das almas   77

Parte 2 Do esclarecimento à educação na sociedade administrada
3   A transformação da sociedade burguesa liberal em sociedade administrada e o problema da educação   103
4   Esclarecimento e autoemancipação na pedagogia libertária   123
5   A educação, o lúdico e a utopia em Walter Benjamin   141
6   O problema da educação em uma época de mudanças (1932-1964)   169
7   Da democratização à massificação: a Indústria Cultural do ensino (1964-1984)   205

8 Neoliberalismo e educação na Nova República: retórica democrática, escola em ruínas e algumas exceções   231
9 Um mundo ilustrado de fotos e cores   261

Prefácio

Este livro pretende contar "outras histórias da educação": isso significa que o intento seria menosprezar a história da educação tal como ela aparece nos manuais que habitualmente utilizamos para nos informar acerca dos progressos e dos percalços da atividade de educar? Será que estamos diante de uma história alternativa e heterodoxa, construída à margem dos acontecimentos e dos significados que o tempo consolidou?

Certamente, teremos de afirmar que a heterodoxia permeia o trabalho de Sonia Marrach, se entendermos que a ortodoxia histórica muitas vezes se constrói por meio da repetição de interpretações que acabam por prevalecer, não como verdades inquestionavelmente demonstradas, mas como clichês que se impõem antes pela insistência do que pela evidência. Nisso a história tem algo a ver com a propaganda, tal como ela será descrita neste livro – e aí reside não apenas o risco da banalidade, mas também o perigo que ronda a constituição do conhecimento histórico.

Uma concepção crítica da história que procure evitar os dogmatismos e as armadilhas da justificação ideológica tem de evitar seguir as trilhas demarcadas pelos parâmetros metodológicos que asseguram antecipadamente a consecução da finalidade absoluta: a verdade objetiva. A experiência ensinou-nos que não há correspondência entre a representação absolutamente objetiva da história e a contingência dos acontecimentos, dos fatos e das ações. Assim, aceitar a relatividade histórica é abandonar a exatidão formal e optar pelo rigor de uma reconstituição precisa do processo constitutivo da realidade histórica, que inclui sinuosidades, rupturas, regressões e paradoxos, isto é, tudo que se passa entre a liberdade subjetiva e as condições objetivas do percurso histórico. O Iluminismo, como se sabe, foi definido por Kant como a maioridade do gênero humano ou, em outras palavras, o uso maduro da razão. Mas o próprio filósofo reconhecia também que não se tratava de algo já realizado ou de um objetivo já atingido, mas de um processo em curso: o êxito da empreitada dependeria de um equilíbrio bem estabelecido entre liberdade e responsabilidade concernentes ao pensamento e à ação. Com isso Kant não apenas abria para o ser humano o caminho pleno de possibilidades de emancipação como também colocava sobre seus ombros a culpa de uma eventual regressão.

É no entrelaçamento desses dois destinos da modernidade que se move o livro de Sonia Marrach. Ao propor-se compreender o percurso histórico da educação desde as promessas iluministas de autonomia esclarecida até a heteronomia como caracterização da sociedade contemporânea sob o império da Indústria Cultural, a autora assumiu a tarefa de desvendar as relações complexas de uma história marcada pelas contradições que se revelam com particular intensidade no contexto da civilização industrial. Com efeito, entre as expectativas humanistas acerca do exercício de uma liberdade responsável por via da qual o homem faria do progresso científico e tecnológico o instrumento privilegiado para atingir a felicidade, e o impacto de uma experiência histórica marcada pelo vetor da destruição e da desumanização, a contradição parece evidente, mas, também, por outro lado, revela-se inesperada. Como o progresso emancipatório, que deveria ser linear e contínuo, pôde aparecer também como um terrível fenômeno regressivo, eis o que é preciso explicar, e, nesse contexto, compreender como a educação, que deveria ser uma formação para a emancipação, veio a tornar-se um instrumento constituinte da servidão e da alienação.

Esse grande arco temporal de conteúdos tão complexos e dissonantes não poderia ser compreendido na escala da linearidade objetiva por meio do instrumento metodológico do encadeamento causal. O modelo epistemológico da racionalidade puramente analítica revela rapidamente, nesse caso, sua vocação reducionista. Não é possível fazer uma história necessária da contingência assim como não se pode compreender a liberdade pela via do determinismo. Em suma, não é possível constituir uma história absoluta; é preciso saber narrar as "outras histórias", aquelas em que os protagonistas assistem, constantemente, à derrota de suas intenções. Por isso o Iluminismo, que é tanto um conjunto de ideias quanto um fenômeno social, atinge, em seu desenvolvimento histórico, o ponto em que a emancipação do sujeito e a produção social da subjetividade devem relacionar-se, ainda que contraditoriamente. E isso significa que um ideal educativo de formação emancipadora acaba por realizar-se como regressão à heteronomia. Da subjetividade à sujeição, do sujeito autônomo ao indivíduo alienado, o percurso constitui-se como uma desconstrução socioeducativa da liberdade: a história da subjetividade moderna tem seu desfecho na afirmação da alienação individualista. O indivíduo contemporâneo é o sujeito cuja história consiste na perda de seus atributos sociais, políticos e psicológicos. É um sujeito abstrato e vazio. Mas é importante salientar que tudo isso que é negado a um sujeito destituído de sua subjetividade é necessário à afirmação de um sistema constituído por padrões de homogeneidade que caracterizam o ciclo da produção e do consumo, isto é, a hegemonia do mercado em todos os aspectos da vida, inclusive na cultura. É nesse sentido que a expectativa de emancipação subjetiva se transformou numa realidade marcada pela sujeição, que nada mais é do que uma objetivação do sujeito a partir dos mecanismos e dispositivos do poder do sistema. Nessas condições, a massificação da cultura é sua subordinação ao mercado enquanto dispositivo de homogeneização necessário à manutenção de uma relação dinâmica entre produção e consumo. A sociedade industrial não comporta a singularidade, o pluralismo e a diversidade senão no aspecto formal. Isso explica que a constante inovação, o contínuo aparecimento de novidades convivam perfeitamente com a massificação que se verifica no comportamento homogêneo.

Esse substrato único ao qual se reduz a aparência de pluralismo e diversidade é também uma característica da organização democrática formal. Em princípio, numa democracia, as massas participam do poder; mas para que o sistema funcione segundo suas tônicas dominantes, é preciso que essa participação seja formal e abstrata, e não concretamente política, a fim de que o sistema possa se manter e se reproduzir. Para que isso se efetive, o desencantamento do mundo, de que fala Weber, trouxe "novos senhores e novos mitos", razão pela qual a sociedade "emancipada" (sujeitos autônomos) é, na verdade, um agregado de indivíduos autômatos.

Essa contradição entre pensamento autônomo e cultura de massa repercute na educação enquanto parte do sistema. Não se trata de formar o sujeito autônomo, mas de produzir o indivíduo médio, aquele que pensa conforme o sistema e adapta-se ao que lhe é oferecido. A cultura da imagem, a sociedade do espetáculo, a pasteurização da informação, o dirigismo da mídia, a prevalência da quantidade sobre a qualidade são alguns dos aspectos constitutivos da organização social que já estão presentes na educação, na medida em que os indivíduos devem ser preparados para corresponder aos requisitos da sociedade de massa. Nos países periféricos submetidos à globalização, os critérios de vida (costumes, comportamento, cultura) são impostos por intermédio das elites locais. Os *intelectuais*, em sua maioria, não escapam da massificação; são, antes, agentes operadores de sua implementação.

O caso brasileiro é bem característico: a televisão, principalmente, é um agente multiplicador de comportamentos adaptados às necessidades do sistema, mas toda a mídia desempenha o mesmo papel de fazer e desfazer opiniões conforme as oportunidades. As informações são produzidas e consumidas como qualquer mercadoria, porque estão submetidas à mesma lógica geral. A escola compete com a mídia, e é necessário para o sistema que ela perca a parada ou adapte-se aos mesmos padrões. Tudo converge para impedir a crítica à realidade existente e qualquer projeto de transformação. A experiência (pessoal, política, cultural) é esvaziada de qualquer densidade.

O quadro é, sem dúvida, desalentador, mas o livro de Sonia Marrach não desemboca na inevitabilidade do pessimismo – que seria uma variante do conformismo. A verdadeira lucidez traz em si a coragem de não se dobrar nem mesmo diante da catástrofe. O desenrolar contraditório dessas histórias da educação mostra, além da continuidade da indigência e da alienação, as tentativas intermitentes de uma educação emancipadora – latentes, derrotadas, sepultadas – mas que podem ser recuperadas justamente no âmbito das "outras histórias" que se opõem à história dos vencedores. Se os vencidos não podem construir monumentos porque têm de escavar as ruínas, resta-lhes a esperança de encontrar nos escombros certas verdades que estão ausentes dos monumentos de ilusão e de barbárie.

Essa esperança não é um voto piedoso, mas uma resistência ativa. Opor-se à semiformação, à semicultura, à administração da vida, à aniquilação da subjetividade, à imposição do consenso, à banalização da ética, à supressão do espaço público: quando o educador toma consciência do que há por fazer, a enormidade da tarefa assusta-o e engrandece-o. Embora tenha tudo contra si, ele não está só; gerações acompanham-no, ele as acompanha, e juntos podem fazer uma outra história.

FRANKLIN LEOPOLDO E SILVA

Introdução

O campo da história da educação vem se ampliando, abrindo-se para novos temas, novas perspectivas de análise, que incluem a história da leitura, da imprensa, a história cultural. Conforme Antonio Viñao Frago, a história da educação está relacionada à história da cultura, da escrita, da imagem, às mudanças que os meios de comunicação têm produzido nos modos de pensar, de refletir, nos processos cognitivos e nas formas de expressão linguísticas (Frago, 1993).

Na esteira das novas possibilidades de abertura, insere-se nosso trabalho, intitulado *Outras histórias da educação: do Iluminismo à Indústria Cultural: (1823-2005).*, onde a educação é tratada como parte da história da cultura.

Mas por que *outras histórias da educação?*

Em primeiro lugar, para diferenciar da história oficial, contada à maneira positivista, de forma linear, como contas de rosário. Em segundo, para diferenciar dos trabalhos de história da educação que, embora voltados para a análise crítica e compreensiva, preocupam-se mais com a estrutura e a organização do ensino no Brasil, deixando de lado o que ocorre no resto do mundo, numa perspectiva nacionalista, insuficiente para compreender os dilemas e as contradições da educação brasileira na aldeia global. Em terceiro, porque, como consideramos a educação como parte da cultura contemporânea, no sentido que Walter Benjamin, Adorno e Eric Fromm atribuem a este termo, precisamos fazer a crítica da educação com base nos pressupostos da crítica da cultura contemporânea feita por esses pensadores, isto é, considerando a educação no contexto dos meios de comunicação de massa e da Indústria Cultural, que invadiu o campo educacional, desde meados do século XX, fazendo que a dialética do Iluminismo e do esclarecimento se fizesse sentir fortemente no campo educacional.

Em quarto lugar, porque estamos interessados em abordar a educação não somente como um problema escolar ou de organização do ensino, mas como um problema humano profundo, numa concepção antropológica. A história estuda a mudança; a história da educação estuda a mudança da educação humana no tempo.

Vamos estudar a mudança, ou melhor, as mudanças da educação num tempo não-linear, mas condensado, "saturado de agoras", um tempo em que o passado interessa ao presente e nele atualiza-se, conforme as teses *Sobre o conceito de história*, de Benjamin (1985). Em outras palavras, não se trata de estudar o passado pelo passado, mas pelo que ele significa para o presente, para que possamos elaborar o passado, visando sua superação. Isso merece uma discussão metodológica.

A concepção benjaminiana de história e a nova noção de temporalidade

Em um texto de juventude, intitulado *A vida dos estudantes*, Walter Benjamin fez um primeiro ensaio de sua concepção de história:

> Há uma concepção de história que, confiando na eternidade do tempo, só distingue o ritmo dos homens e das épocas que rápida ou lentamente correm na esteira do progresso.[...] A consideração que se segue visa, porém, a um estado determinado, no qual a história repousa concentrada em um foco, tal como desde sempre nas imagens utópicas dos pensadores. Os elementos do estado final não estão manifestos como tendência amorfa do progresso, mas encontram-se profundamente engastados em todo presente como as criações e os pensamentos mais ameaçados, difamados, desprezados. Transformar o estado imanente da plenitude de

forma pura em estado absoluto, torná-lo visível e soberano no presente, eis a tarefa da história. Contudo, esse estado não pode ser expresso através da descrição pragmática dos pormenores, da qual ele antes se furta, mas só pode ser compreendido em sua estrutura metafísica, como reino messiânico ou a ideia da Revolução Francesa". O significado histórico atual dos estudantes e da universidade, a forma de sua existência no presente merece, portanto, ser descrita apenas como parábola, como imagem de um momento mais elevado e metafísico da história. [...] O único caminho para tratar do lugar histórico do estudantado e da universidade é o sistema. Enquanto para isso faltam ainda várias condições, resta apenas libertar o vindouro de sua forma desfigurada, reconhecendo-o no presente. Somente para isso serve a crítica. (Benjamin, 1984, p.31)

Nesse texto, Benjamin coloca um problema que será o cerne de suas teses *Sobre o conceito de história*: a ideia de uma nova percepção da temporalidade histórica. Em *A vida dos estudantes,* o jovem Benjamin, engajado no movimento estudantil, desejava libertar o futuro da desfiguração do presente. Aos estudantes, caberia lutar contra a petrificação do estudo, que a universidade burocrática reduzia ao mero acúmulo de conhecimentos sem sentido, e recuperar a noção de totalidade, para criar condições para a utopia, expressa na ideia de "Revolução Francesa" ou "reino messiânico".

Essa concepção, segundo Lowy, só pode ser compreendida tendo em vista a visão romântica de Walter Benjamin, que forma o núcleo de suas ideias históricas, religiosas e de sua utopia libertária (Lowy, 1989). A utopia é inspirada pela sociedade sem classes e sem Estado da história primeva. "Depositadas no inconsciente coletivo, tais imagens, interpenetradas pelo novo, geram a utopia" (Benjamin, 1985, p.32).

Fruto da visão utópica, a compreensão benjaminiana da temporalidade histórica assenta-se na crítica da ideologia do progresso. Em Benjamin, o progresso é entendido como matriz do produtivismo econômico, técnico e científico, no sentido da razão instrumental. Tal progresso encontra sua expressão máxima na burocracia estatal e também na universidade. A crítica de Benjamin procura evidenciar o outro lado da moeda desse progresso: o retrocesso da humanidade na história contemporânea. A ideia de história concentrada em foco e repousada em uma imagem utópica implica uma nova forma de pensar a história e o tempo histórico (Benjamin, 1985). Vejamos como ele desenvolve o problema nas teses *Sobre o conceito de história*.

"A ideia de que um progresso da humanidade na história é inseparável da ideia de sua marcha no interior de um tempo vazio e homogêneo. A crítica da ideia do progresso tem como pressuposto a crítica da ideia dessa marcha". A história é objeto de uma construção cujo lugar não é o tempo homogêneo e vazio, mas o tempo saturado de agora. Assim, a Roma Antiga era para Robespierre um passado carregado de 'agoras' que ele fez explodir do *continuum* da história. Sob o capitalismo industrial, a consciência de romper com a ideologia do progresso e de explodir o *continuum* da história é própria da classe operária, "classe combatente e oprimida", que consuma a "tarefa de libertação em nome das gerações de derrotados" (Benjamin, 1985, p.229-30).

Miguel Abensour sublinha três elementos fundamentais da concepção benjaminiana de história: a tradição dos oprimidos, o poder destruidor da classe operária e a descontinuidade do tempo histórico. Estudando essa nova concepção de tempo histórico, Stéphane Mosès aborda a ideia de origem em Benjamin. E mostra a existência de dois sentidos dessa noção: "o do começo e o do princípio de estruturação". Ambos se fundem na ideia de reatualização, "marcando uma ruptura no desenvolvimento do tempo histórico" (Mosès, 1986). A utopia do futuro é interpenetrada pela experiência do passado remoto da sociedade sem classe. O tempo de agora é tempo de ruptura e de rememoração.

Uma outra leitura: a história constelar ou o trabalho do historiador

As teses *Sobre o conceito de história* permitem também uma outra leitura, sobre o modo de escrever a história, isto é, sobre o trabalho do historiador.

Foi o que fez Haroldo de Campos em *O sequestro do barroco na formação da literatura brasileira: o caso Gregório de Mattos*. Para

OUTRAS HISTÓRIAS DA EDUCAÇÃO 23

escovar a história à contrapelo e evidenciar a contribuição do vencido, como propõe Benjamin, Haroldo de Campos fez uma leitura das teses *Sobre o conceito de história*, ressaltando a crítica da história tradicional, linear marcada pela ideologia do progresso, pela obsessão da origem e pelo modo de contar a história como quem conta contas de rosário. E apontando para a história constelar, fundada em outra temporalidade – o tempo de agoras, onde o passado é lembrado porque tem algo a dizer ao presente, como acontece com a poesia barroca de Gregório de Mattos, sugerindo a possibilidade de uma história constelar ou uma história como construção a partir de fragmentos significativos.

Na leitura de Haroldo de Campos (1989), a primeira prisão em que se encerra o historiador é a da origem. Fundamentado em Derrida, afirma que essa obsessão constitui um capítulo da metafísica ocidental e do logocentrismo platonizante transposto para as terras tropicais. A história tradicional fundamenta-se no mito da origem, do nome do pai, da identidade nacional, trabalha com a ideia de continuidade, apoiando-se na noção de progresso e de organicidade. Trata a história como um processo de floração gradativa, de crescimento orgânico, com encadeamento sequencial dos fatos. Privilegia assim um tipo de história linear, evolutiva e integrativa, empenhada em demarcar, de modo encadeado e coerente, um roteiro de desenvolvimento evolucionista que vai das origens à progressão finalista.

Cabe fazer a crítica do que a história tradicional inclui em seu campo e do que ela exclui, pois ela trabalha com uma visão normativa dos vencedores que não gostam de coexistir com os vencidos e, por isso, os excluem da história. Daí o culto da tradição resignada, de um passado que é lugar comum.

À história tradicional é preciso opor o que Haroldo de Campos chama de história constelar, na qual a interpretação crítica resgata a função transgressora dos fatos, a diferença, a exceção, para questionar o cânone e pôr em relevo a descontinuidade, a ruptura.

Haroldo remete à seguinte tese de Walter Benjamin (1985): "a história é objeto de uma construção, cujo lugar não é o tempo homogêneo e vazio, mas antes um tempo saturado de *agoras*". Acontece que "toda imagem do passado que não se deixe reconhecer como significativa pelo presente a que visa" pode "desaparecer". Assim, "articular historicamente o passado não significa reconhecê-lo como ele de fato foi", mas como algo que interessa ao presente e nele se atualiza.

Em outras palavras, não se trata de estudar o passado pelo passado, mas pelo que ele significa para o presente, para que possamos elaborar o passado, visando sua superação. Dessa forma, deixamos de lado as ilusões objetivistas e positivistas do encadeamento causal dos fatos, e vamos observar a história, não como um processo conclusivo e fechado, mas como um processo aberto. Trata-se de uma história preocupada em assinalar os momentos e as possibilidades de ruptura, de transgressão, de transformação, mesmo que essas tenham morrido no nascedouro. Pois trata-se de "escovar a história a contrapelo", desvelar a barbárie escondida nos monumentos de cultura e relevar as histórias dos vencidos, as chamadas outras histórias, em forma de uma dialética da pergunta e da resposta, questionando a diacronia pela sincronia.

Haroldo de Campos fez isso para criticar o que chama de "sequestro do barroco" na *Formação da literatura brasileira* de Antonio Candido. E para revelar o caso do poeta Gregório de Mattos – o Boca do Inferno – esquecido na obra clássica do sociólogo. Haroldo arrancou Gregório de Mattos do esquecimento. Mostrou que, em vida, o poeta teve pouco público leitor, embora fosse o primeiro poeta popular, cantador, andarilho, com violão debaixo do braço, trazendo a notícia, "o primeiro prelo e o primeiro jornal que circulou na Colônia". Mas ele estava profundamente sintonizado com sua época. Para se ter uma ideia do papel da cultura oral na Bahia, a obra do poeta barroco Gregório de Mattos foi transmitida oralmente durante os séculos XVI e XVII. A oralidade foi a fonte de transmissão e recolhimento de uma produção poética, que só foi publicada um século e meio depois e continua atual em nossos dias, já que o barroco latino-americano é uma forma de contraconquista (Campos, 1989).

A história da educação brasileira, embora esteja se abrindo a novos temas, novos problemas e, assim, alargando o campo de pesquisa na área, ainda está muito presa à concepção da história linear, marcada pela obsessão das origens, pelo encadeamento casual dos fatos, no qual o desenvolvimento é baseado na ideia de continuidade e na ideologia do progresso, cujo ponto culminante é o mito do "sistema educacional orgânico".

Porém a concepção linear não é uma particularidade da história da educação brasileira. Comentando uma obra clássica de história da educação, Enguita mostra que em *The history of western education*, de Wiliam Boyd, atualizada por Edmund J. King em 1964, a educação segue o curso de uma evolução, que parece um desenvolvimento permanente, algo que tem um começo e um fim.

E explica: o historiador da educação é presa facial do

> fetichismo das palavras, que o leva a não ver seu diferente significado em diferentes contextos espaciais e temporais, em parte por ignorância e em parte por puro etnocentrismo. A educação é um campo de cultivo privilegiado deste tipo de equívoco. Uma vez que na Grécia já havia "academias", "escolas" e "pedagogos", por exemplo, pode-se imaginar a história da educação ocidental como um *continuum* no qual simplesmente se vão acumulando horas e dias de aula, crianças escolarizadas [...]. Mas que conexão ou continuidade pode existir entre a relação de Aristóteles com seus discípulos e a do mestre de oficina com os alunos de formação profissional, entre a maiêutica socrática e o reforço comportamentalista, entre as escolas episcopais da Idade Média e os institutos secundários de hoje?
> [Conclui que] a história é escrita pelos vencedores que não gostam de mostrar a roupa suja: sempre é mais conveniente apresentar a história da escola como um longo e frutífero caminho desde as presumidas misérias de ontem até as supostas glórias de hoje ou de amanhã que, por exemplo, como um processo de domesticação da humanidade a serviço dos poderosos.(Enguita, 1989, p.128-9)

Nós recorremos à concepção de história como construção de Benjamin ou história constelar, conforme a leitura de Haroldo de Campos para mostrar as descontinuidades e contradições da educação em relação à história e à sociedade. Abordamos a educação numa perspectiva antropológica, como um problema humano profundo, ligado ao mal-estar na cultura e não somente como um problema escolar. Com base em fontes jornalísticas, literárias e ensaístas, focalizamos o pensamento educacional sintonizado com as mudanças sociais, desde o princípio do século XIX. Por outro lado, ressaltamos a interrupção das mudanças, cortadas no nascedouro por uma estrutura social marcada pelo verticalismo, pela ação de grupos que atuam como donos do poder e pela Indústria Cultural, que penetrou no campo da educação, transformando o processo de democratização do ensino em processo de massificação da cultura escolar, reduzindo o Iluminismo a um mundo ilustrado de fotos e cores, criando o mito da educação para a cidadania e transformando a educação numa forma de controle das almas e de adestramento dos corpos para o mercado de trabalho.

Como não trabalhamos com a história linear, mas com a história como construção a partir de fragmentos, abordamos o Iluminismo – matriz do pensamento educacional contemporâneo – e a busca do esclarecimento desde o início do século XIX, focalizando épocas de mudança, isto é, momentos significativos da história, em que os padrões tradicionais são questionados pelos novos valores, por meio de fontes bibliográficas, jornalísticas, oficiais e literárias.

Destacamos os momentos de transgressão, de rupturas, mais carregados de atualidade. Pois a tradição não é essencialista, isto é, não estamos partindo de uma ideia de história como formação de uma continuidade educacional – ou para usar os termos de Haroldo de Campos, interpretando as *Teses*, de uma "espécie de transmissão da tocha entre corredores, que assegura no tempo o movimento conjunto, definindo os lineamentos de um todo", mas como uma dialética da pergunta e da resposta (Campos, 1989, p.63). Assim, não há história da educação maior ou menor, porque o cânone não é eterno. Se há uma história da educação partindo da conquista da América, precisamos fazer a história da contraconquista. Se há uma história da educação brasileira e outra história da educação geral, precisamos reescrever a história da educação brasileira contemporânea, pois na aldeia global, não há lugar para uma história puramente nacional.

Colocação do problema

O crescimento da Indústria Cultural é um dos fatos mais importantes do breve século XX. Como a arte, a educação entrou no mercado, tornando-se Indústria Cultural. E a Indústria Cultural é o anti-Iluminismo.

Esta questão preocupa-nos há algum tempo, e expusemo-la num livro publicado em 1996, com base na leitura de um texto clássico de Benjamin:

> Com as novas tecnologias de informação e comunicação, a educação escolar vai ao mercado, seja via financiamentos de pesquisa, *marketing* cultural, educacional, da mesma forma que, com as técnicas de reprodutibilidade do início deste século, a arte foi e ficou no mercado. No fundo, ambos os processos são desdobramentos de um processo maior, o da Revolução Industrial, que se iniciou na produção material do final do século XVIII, atingiu a produção artística, criando a Indústria Cultural, e, atualmente, chega à esfera educacional. (Marrach, 1996, p.23-4)

Foi com o advento dos modernos meios de comunicação que as massas passaram a participar da vida associada, de forma diretiva e controlada, adquirindo informações da vida pública, que, ao mesmo tempo, desinformam e dificultam a elaboração do passado e o espírito crítico. A mídia, juntamente com um sistema de ensino, construído de acordo com o modelo da Indústria Cultural, estão produzindo a civilização da imagem, um novo tipo de oralidade, a oralidade eletrônica e uma nova modalidade de analfabeto, o analfabeto secundário, um tipo desmemoriado, desinformado, apesar de tanta informação, sem espírito crítico; enfim um tipo heterodirigido.

Objetivo

É preciso deixar claro que o *objetivo* deste livro não é fazer uma análise teórico-filosófica; não temos essa pretensão. Como consideramos a educação como parte da cultura, vamos nos inspirar na análise crítica da cultura contemporânea feita pela Escola de Frankfurt para abordar historicamente a transformação do Iluminismo em educação e, desta, em Indústria Cultural. O Iluminismo é a matriz do pensamento educacional contemporâneo, busca a educação para o esclarecimento, que visa à emancipação do cidadão. Acontece que, na história da educação brasileira, as ideias de educação para a emancipação morreram no nascedouro, antes de atingirem as práticas pedagógicas, ou acomodaram-se aos esquemas tradicionais. Para explicar este problema, complementaremos a análise com a utilização de bibliografia histórico-sociológica e pesquisa de fontes.

Fontes de pesquisa

Como não vamos contar história linear, mas trabalhar com fragmentos, abordaremos a busca do esclarecimento no pensamento educacional desde o início do século XIX, focalizando momentos significativos da história contemporânea, épocas de mudança, por meio de fontes bibliográficas, jornalísticas, oficiais, literárias e uma pesquisa de campo feita para o penúltimo capítulo. Sobre as fontes literárias, precisamos explicar que escolhemos obras de escritores que representam momentos de mudanças educacional, social e cultural. Pois a educação é uma das poucas ciências que, além de constituir objeto de preocupação dos profissionais da área, também é fonte de preocupação das pessoas comuns, dos homens e mulheres que desejam educar os filhos, melhorar a vida humana e a sociedade. Os escritores, conforme Lucien Goldman (1972), possuem uma "visão do mundo" mais abrangente que a maioria dos mortais, já que sua posição social assegura condições e oportunidades de obtenção de conhecimentos e informações sobre a realidade social, permitindo a elaboração de uma visão do mundo sistematizada e que pode ser considerada representativa da sociedade, na medida em que a obra é reconhecida. Por isso, para além dos domínios da ficção, a obra, que é uma interpretação, pode ser vista como um retrato de uma época. Por isso os escritores são aqueles que melhor apresentam e representam os desejos e aspirações de uma época. Selecionamos escritores brasileiros e estrangeiros que, trabalhando com formas culturais diversas, como jornais, livros, ensaios, contos ou textos teatrais, participaram dos processos de lutas de simbólicas, em momentos significativos da história da educação e cujas obras representam/interpretam os problemas do esclarecimento em torno da educação e da cultura, em períodos de mudança social. São escritores que apostaram no esclarecimento e a ele dedicaram suas vidas.

Referencial teórico

Partimos do princípio de que o Iluminismo, conforme Carlota Boto (1996), constitui matriz do pensamento educacional contemporâneo. O esclarecimento é seu desdobramento. Em *Dialética do esclarecimento*, Adorno e Horkheimer utilizam o termo *Aufklärung*, que abrange não só o significado histórico-filosófico do Iluminismo, como, principalmente, o processo de emancipação intelectual do sujeito, ou seja, o processo pelo qual o indivíduo vence as trevas da ignorância, supera os preconceitos, adquirindo autonomia ou capacidade de pensar por si próprio. O termo *Aufklärung* ou *Esclarecimento* designa também o processo de racionalização ou desencantamento do mundo, onde tudo pode ser explicado racionalmente, de modo que o homem liberta-se do medo da natureza e do desconhecido. Mas essa libertação ou desmitificação da natureza desemboca no mito da ciência positiva, no conhecimento pela dominação da natureza e na naturalização do homem, ou seja, no mito do esclarecimento. Significa que o esclarecimento "contém o germe para a regressão" e precisa acolher "dentro de si a reflexão sobre esse elemento regressivo"(Adorno & Horkheimer, 1985, p.13).

Em outras palavras, esta é a dialética do esclarecimento: a libertação da natureza e dos antigos senhores e a servidão aos novos senhores, como o mercado, a opinião pública, a publicidade, a razão fria ou da falsa clareza, próprias do mundo administrado, da sociedade burocratizada, que tem medo da liberdade (Fromm, 1970). E a necessidade do esforço constante de reflexão e autorreflexão, em busca da razão libertadora, da superação dos novos mitos e da dominação.

Como essa busca do esclarecimento repercutiu no campo da história da educação?

Desde final do século XVIII, os iluministas, desejando criar a nova sociedade, procuraram construir a escola do homem novo, uma educação capaz de assegurar as conquistas da Revolução Francesa, a liberdade, a igualdade, a fraternidade. Conquistar as almas, livrá-las da superstição e do mito, dar-lhes as luzes da razão e da ciência, erradicar o obscurantismo, conscientizar. Eis os objetivos iluministas de toda, ou melhor, de quase toda educação, embora, paradoxalmente, esses objetivos não tenham sido realizados na prática pedagógica (Boto, 1996). Até hoje, procuramos concentrar nossas melhores forças para defender uma educação para a liberdade, para a cidadania.

Enfatizamos isso porque sabemos que os processos e os desdobramentos posteriores à revolução industrial e, ultimamente, à globalização, truncaram as alternativas de emancipação do indivíduo e da coletividade, e, mesmo assim, procuramos uma educação para a emancipação, para a cidadania, para a liberdade, para a construção de uma nova sociedade.

Já que o esclarecimento também contém os germes da regressão, já que o homem pode se deixar aprisionar por novos senhores e por novos mitos, vamos discutir o tema na história da educação contemporânea, porque compartilhamos a ideia de uma educação voltada para a transformação do homem e da sociedade. Quem não compartilha?

Organização dos capítulos

No primeiro capítulo, discutiremos a busca do esclarecimento como educação política do cidadão, via imprensa de opinião ligada ao projeto político do Nordeste de independência com república, defendido por Cipriano Barata e Frei Caneca. Eles se identificavam como escritores iluministas e liberais. Ambos atuaram no início do século XIX, na conjunção do processo de emancipação política e de construção do Estado nacional.

No segundo capítulo, analisaremos a transformação do esclarecimento em controle das almas, por meio de discussão de obras historiográficas que tratam da época, e que cotejamos com as obras literárias de Machado de Assis e Eça de Queirós, que retratam a educação nos Oitocentos. Assim, discutiremos o mito do esclarecimento, isto é, a educação usada para o controle das almas na sociedade senhorial do final do século XIX.

No terceiro capítulo, focalizaremos a virada do século XIX para o XX, por meio de um escritor que viu o mundo da velha sociedade burguesa/senhorial ruir a seus pés. Trata-se de Stefan Zweig, cuja obra *O mundo que eu vi* representa, do ângulo liberal, as transformações advindas do século XX na educação, na sociedade e na cultura, isto é, a sociedade administrada, burocratizada, com tecnologia de controle das massas.

Mas enquanto os acontecimentos mundiais contribuíam para um aperto dos parafusos da "jaula de ferro" onde vive o homem contemporâneo (Weber, 1992), para a racionalização, para o mascaramento da situação, Francisco Ferrer desenvolveu práticas pedagógicas libertárias. Suas ideias repercutiram no Brasil da década de 1910, vinculadas ao movimento operário anarquista e à cultura popular, comprometidas com o esclarecimento e a autoemancipação do homem. Esse é o objeto do quarto capítulo.

No quinto capítulo, veremos como Walter Benjamin sentiu as transformações do novo século, sofrendo abalos e perseguições. E propondo uma pedagogia lúdica/libertária, que parte do princípio de que a criança é o pai do homem e que brincar significa libertação. Assim, procura uma educação baseada nos conflitos e tensões dos grupos de teatro e não na escola. Seu desejo é livrar as crianças do enquadramento e buscar uma forma de esclarecimento capaz de transformar o adulto autômato em um adulto autônomo.

No sexto capítulo, enfocaremos o pensamento educacional liberal-democrático brasileiro, preocupado com as mudanças da educação na sociedade industrial administrada. Focalizaremos o *Manifesto dos pioneiros de 1932*, as *Crônicas de educação* de Cecília Meireles e de dois livros clássicos de Anísio Teixeira, para explicar as propostas da Escola Nova, a ideia da educação como um direito ligado à noção liberal de igualdade de oportunidades e de mérito.

Ao abordarmos a educação voltada para o esclarecimento em uma época de mudanças, apontaremos as diferenças e as tensões existentes entre o pensamento educacional e a prática pedagógica institucional resultante da política educacional conservadora. Nesse quadro, focalizaremos a *Pedagogia libertadora*, de Paulo Freire, mais próxima dos movimentos populares, com uma proposta de esclarecimento pedagógico-político, voltada para a ampliação e aprofundamento da consciência do povo, visto como sujeito da história.

O sétimo capítulo focaliza a interrupção do projeto de educação democrática e a passagem da escola pública para a escola de massas e para a Indústria Cultural, por meio das reformas de 1968 e 1971. Para tanto, discutiremos, além da bibliografia da área, o texto da peça teatral *A aurora da minha vida*, de Naum Alves de Souza. Trata-se de um texto que focaliza a escola básica na época do governo militar, no auge do autoritarismo, em que a cultura transmitida resumia-se a um amontoado de noções desarticuladas, de fórmulas desgastadas e de estereótipos repetidos até o cansaço para os alunos, que não conseguiam entender nada, conforme as regras da cultura de massas e da linguagem autoritária.

No oitavo capítulo, discutiremos a educação na Nova República, que, embora tenha restituído os direitos políticos, sob o signo da globalização, mantém a política neoliberal do Banco Mundial para a educação, fazendo a opção pela Indústria Cultural e pela massificação do ensino público, deixando a universidade em ruínas.

No último capítulo, analisaremos a hegemonia dos meios de comunicação de massa na sociedade atual. Procuraremos mostrar que a direção cultural da sociedade pós-moderna há muito não está mais a cargo da Igreja nem da universidade, mas, sim, dos meios de comunicação de massa. Examinaremos as consequências desse fato para a educação.

Referências bibliográficas

ADORNO, T. W. *Educação e emancipação*. Rio de Janeiro: Paz e Terra, 1995.

ADORNO, T. W., HORKHEIMER, M. *Dialética do esclarecimento*. 2ª. ed. Rio de Janeiro: Zahar, 1986.

BENJAMIN, W. A obra de arte na época de sua reprodutibilidade técnica. *Os pensadores*. São Paulo: Abril Cultural, 1980.

————. Teses sobre filosofia da história. *Sociologia*. Flávio R. Kothe (org.). São Paulo: Ática, 1985.

_____. A vida dos estudantes. *A criança, o brinquedo, a educação*. São Paulo: Summus, 1984.

BENJAMIN, W. *A modernidade e os modernos*. Rio de Janeiro: Tempo Brasileiro, 1975.

BOTO, C. *A escola do homem novo: entre o Iluminismo e a Revolução Francesa*. São Paulo: UNESP, 1996.

CAMBI, F. *História a pedagogia*. São Paulo: UNESP, 1999.

CAMPOS, H. *O sequestro do barroco na formação da literatura brasileira:* o caso Gregório de Mattos. Salvador: FCJA, 1989.

CHARTIER, R. *O mundo como representação*. Estudos Avançados, n.11 (5), 1991.

ENQUITA, M. *A face oculta da escola:* educação e trabalho no capitalismo. Porto Alegre: Artes Médicas, 1989.

ENZENSBERGER, H. M. Elogio ao analfabetismo. *Mediocridade e loucura*. São Paulo: Ática, 1995.

FRAGO, A. V. *Alfabetização na sociedade e na história:* vozes, palavras e textos. Porto Alegre: Artes Médicas, 1993.

FROMM, E. *O medo à liberdade*. Rio de Janeiro: Zahar, 1970.

GADOTTI, M. (org.) *Paulo Freire uma biobibliografia*. São Paulo: Cortez, IPF e UNESCO, 1996.

GOLDMAN, L. *A criação cultural na sociedade moderna*. São Paulo: Difel, 1972.

HABERMAS, J. *Mudança estrutural na esfera pública*. Rio de Janeiro: Paz e Terra, 1984.

HOBSBAWM, E. *A era dos extremos:* o breve século XX. 2ª. ed. São Paulo: Companhia das Letras, 1997.

LÖWY, M. *Redenção e utopia:* o judaísmo libertário na Europa Central. São Paulo: Companhia das Letras, 1989.

MARTINS, C. B. *Ensino pago:* um retrato sem retoques. São Paulo: Global, 1981.

MARRACH, S. A. A. *Visão do mundo dos ferroviários aposentados*. Dissertação de Mestrado, São Paulo: PUC: 1983.

_____. (org.) *Conciliação, neoliberalismo e educação*. São Paulo: Annablume e Fundação Unesp, 1996.

MOSES, S., L'idée d'origine chez W.B. *Passages W.B. et Paris*. Paris: Keinz Wismann et Cerf, 1986.

PINHEIRO, A. *Aquém da identidade e da oposição: formas na cultura mestiça*. Piracicaba, Unimep, 1994.

SANTOS, B. de S. *Pela mão de Alice: o social e o político na pós-modernidade*. 9ª. ed. São Paulo: Cortez, 1995.

Parte I

Do Iluminismo à educação como controle das almas, no século XIX

1
IMPRENSA, ILUMINISMO E PEDAGOGIA

O objetivo deste capítulo é discutir as tensões e interações entre pedagogia, Iluminismo e esclarecimento nos jornais *Sentinela da Liberdade* (1823-1835) e *Tifis Pernambucano* (1823-1924).

Os jornais *Sentinela da Liberdade* e *Tifis Pernambucano* inserem-se nos quadros das rebeliões contestadoras do poder real e do Império (1817, 1824, 1831). Constituem uma das maiores manifestações jornalísticas da luta dos direitos e liberdades democráticas contra a tirania do poder imperial. Expressam os embates políticos da facção liberal radical ou republicana contra as facções moderada e restauradora. Na *Sentinela da Liberdade*, surge um Cipriano Barata que é um homem de seu tempo, que lutou pelas liberdades individuais e públicas e pelas repúblicas confederadas no período de ascensão do liberalismo. E que sucumbiu à reação na época do regresso. A liberdade proposta pelo jornal *Sentinela* consiste nos direitos e garantias individuais, nas liberdades políticas e democráticas, na liberdade de expressão do pensamento, no respeito aos direitos do homem e do cidadão. E também na liberdade de poder comandar, isto é, na luta pelo poder político. Em poucas palavras, trata-se de um liberalismo politicamente progressista, democrático e socialmente conservador (Marrach, 1992). O *Tifis Pernambucano* (1823-1824) de Frei Caneca, pertence à mesma corrente liberal radical e republicana e surge em função da preparação ideológica da Confederação do Equador, na época em que Barata vai preso.

Trata-se de imprensa de opinião, completamente diferente da grande imprensa de nossos dias. Os jornais de Cipriano Barata e Frei Caneca são meios de luta política e colocam-se como preceptores do povo, preocupados com a difusão das luzes da razão. Esta é a dimensão pedagógica do Iluminismo e do esclarecimento dos jornais.

O conceito de esclarecimento tem sua matriz no pensamento iluminista. O dicionário de Houaiss define o Iluminismo como movimento intelectual do século XVIII, caracterizado pela centralidade da razão e da ciência, crítico do dogmatismo e das doutrinas políticas e religiosas tradicionais. É um pensamento que trabalha com paradoxos e dicotomias: razão e fé, luzes e sombras, ilustração e ignorância, direitos e privilégios, contrato social e absolutismo etc.

Para Ernst Cassirer, a doutrina dos direitos inalienáveis do homem e do cidadão, defendida por Rousseau e outros pensadores iluministas, nada tem de original nem de especulativo. A ideia dos direitos humanos e políticos já estava presente em Locke, por exemplo, e os iluministas não pretendiam ser originais nem desejavam mergulhar em especulações metafísicas e filosóficas. Ao contrário, escreve Cassirer (1976, p. 194-6),

> [estavam] muito mais interessados na *vida* política do que na *doutrina* política. [...] Todos eles teriam aceitado aquele princípio que foi mais tarde formulado por Kant como o 'primado da razão prática'. Eles nunca concordaram com uma distinção irredutível entre a razão teórica e a razão prática. Não separavam a especulação da vida. Nunca existiu talvez uma harmonia mais completa entre a teoria e a prática, entre o pensamento e a vida, que no século XVIII.

Talvez por isso, por esse apego à razão prática, a pedagogia e a imprensa tenham uma dimensão tão importante no pensamento iluminista.

Na França, visando à construção de uma nova sociedade, desde finais do século XVIII, os filósofos iluministas procuraram construir uma escola do homem novo, uma educação capaz de assegurar as conquistas da Revolução Francesa, a liberdade, a igualdade, a fraternidade. Do movimento iluminista à Revolução Francesa, a pedagogia sai do campo filosófico para entrar no campo político, rompe com a vertente elitizada de alguns enciclopedistas e deixa de ser concebida como privilégio do indivíduo, passando a ser entendida como direito do ser humano. Conquistar as almas, livrá-las da superstição e do mito, dar-lhes as luzes da razão e da ciência, erradicar o obscurantismo, conscientizar são os objetivos do Iluminismo e da pedagogia. Carlota Boto bem mostrou o quanto o pensamento educacional contemporâneo é tributário do Iluminismo, pensamento que tem a pedagogia como fundamento do novo espírito público e em que a escola atua como instituição de esclarecimento, isto é, de racionalização, unificação linguística, divulgação da ciência e formação da cidadania, visando à construção da República. Em *A escola do homem novo,* ela reconstitui o debate do século XVIII entre Diderot, Helvétius, Condorcet, Rousseau, entre outros, para indagar a herança do iluminista. Abordando a passagem do Iluminismo à Revolução Francesa, Carlota Boto observa o surgimento do espírito público no qual a pedagogia é a pedra de toque. Tratava-se de construir o Estado nacional, daí a necessidade da unificação linguística e do apego ao sentimento de pátria. Elegia-se a cidadania como sustentação e álibi de uma sociedade desigual, que não equacionava as desigualdades sociais e, por isso, a cidadania seria construída pelas luzes da razão, que erradicariam o obscurantismo. Por esse motivo, a reivindicação da universalização da escola laica, única, gratuita, para todas as crianças de ambos os sexos, significando regeneração e emancipação. "A escola – como instituição do Estado – deveria gerir e proteger a República." Ou "Escola, templo da República", na expressão dos pensadores iluministas (Boto, 1996, p.16).

O debate francês do século XVIII teve grande repercussão no Brasil. Expressou-se no jornalismo político da época da Independência. Porém este pensamento não é suficientemente conhecido no campo da história da educação.

No Brasil, entre fins do século XVIII e início do século XIX, os políticos e jornalistas liberais radicais acreditavam que a criação da nova sociedade independente e republicana passava pelo esclarecimento, pela educação política por meio da imprensa e da instrução escolar. Desejavam formar a opinião pública.

Para entendermos o sentido dessa ideia na época, vale lembrar a explicação de Antonio Candido (2000, p.255-227) para "a nossa *aufklärung*":

> Dentro desses limites acanhados e com todos os seus percalços, ocorreu, pois, a nossa breve Época das Luzes, coincidindo muito felizmente com um momento em que a superação do estatuto colonial abriu possibilidades para realizar os sonhos dos intelectuais. Por isso, no Brasil, a Independência foi o objetivo máximo do movimento *ilustrado* e a sua expressão principal; por isso, nesse momento, o intelectual considerado como artista cede lugar ao intelectual considerado como pensador e mentor da sociedade, voltado para a aplicação prática das ideias.

Na literatura da época, os temas são característicos da Ilustração: desejo de instrução e de reformas políticas, amor à liberdade política e intelectual, confiança na razão para chegar ao progresso e, na educação, para criar o novo homem para a nova sociedade.

Nesse contexto intelectual, ainda conforme Antonio Candido (2000, p.230),

> a literatura inflete o curso, para tangenciar a vida nas suas preocupações concretas; e a atividade puramente estética, não encontrando ressonância, esmorece, perde qualidade; no caso, os ideais da Ilustração impeliram as energias para os gêneros públicos, suscitando oradores e jornalistas. Como orador e jornalista foi que o intelectual definiu então em grande parte a sua posição: sob tal aspecto apareceria doravante ao público médio como a própria encarnação da literatura.

A imprensa em meio social adverso

Produzido em sociedade escravocrata, violenta e atrasada, em que a Independência foi uma transferência de poder para as mãos da mesma classe (Prado Jr., 1979), o jornalismo político encontraria um meio social bastante adverso. A liberdade de imprensa foi moldada pelos donos do poder e pela servidão das classes dominantes nativas, adquirindo um caráter de instrumental burocrático. Desde o período joanino até a Regência dos moderados, a liberdade de imprensa não passou de surtos momentâneos, e jamais se constituiu em um direito do cidadão. Ela não passou de concessão, de um recurso utilitário usado nos momentos em que as facções dominantes precisavam mobilizar determinadas parcelas da opinião pública para seus fins políticos, como em 1821 e 1831, por exemplo (Sodré, 1977).

Na sociedade escravocrata e predominantemente analfabeta, escrever era profissão que conferia prestígio e *status* aos homens de talento. Mas a mesma sociedade que dava *status* ao escritor era escravocrata e bloqueava o desenvolvimento das ideias como o desenvolvimento tecnológico (Mota, 1972). Durante mais de três séculos, a escrita, a leitura e o pensamento foram proibidos e adquiriram um caráter maldito, herético. A imprensa chegou pelas mãos do rei, como jornal oficial. Desde o aparecimento da imprensa de opinião, inventou-se a "segurança do Estado" para amordaçar os jornalistas. A liberdade de imprensa, garantida na Constituição, era para os liberais moderados, que pensavam igual aos donos do poder. Para os que pensavam diferente, havia a "liberdade de faca", como diziam os contemporâneos, as perseguições, as prisões, meios próprios de uma sociedade tacanha e violenta (Sodré, 1977). Nessas condições, a atividade intelectual encontrava apenas dois caminhos possíveis: 1) Ela se ligava ao poder e, então, surgia como atividade burocrática (exemplos: José Bonifácio, Vasconcelos), imprensa áulica (Silva Lisboa) e imprensa moderada dos "heróis do meio-termo" (Evaristo da Veiga). Nesses casos, o político/jornalista tornava-se "cabeça do Império", ou burocrata. Essa imprensa representava os grandes proprietários rurais, grandes comerciantes, militares de alta patente etc. Os jornais eram subvencionados por grandes grupos econômicos e políticos. Às vezes, pelo governo. O jornalista era compensado com cargos públicos. 2) O outro caminho possível da atividade intelectual era sua aproximação à atividade subversiva, revolucionária, fora da ordem, marginal, maldita. Mas essa aproximação era dada pela repressão tirânica, que inventou a subversão. Nesse quadro, surgiu o "pasquineiro subversivo".

Embora a origem social dos "cabeças do Império" e dos "pasquineiros subversivos" fosse relativamente próxima, um hiato separava-os. Numa sociedade onde a liberdade de imprensa convivia lado a lado com a "liberdade de faca", uma profunda divisão hierárquica governava o mundo da imprensa. Enquanto os "cabeças do Império" e os liberais moderados ficavam no aconchego dos gabinetes, os "subversivos" iam para a cadeia.

Liberdade de imprensa e educação política

Com a Independência, o que se obteve do ponto de vista da liberdade foi o que Eric Fromm chamou de liberdade negativa (1970). A sociedade brasileira ficou livre do estatuto colonial, do rei e de toda a autoridade metropolitana. Porém, liberta de uma autoridade tradicional, criou novos senhores: alguns tradicionais como o imperador, a Monarquia, outros modernos, que se amalgamaram aos primeiros, como o liberalismo moderado, que se tornou hegemônico.

De qualquer maneira, após a Independência, a liberdade de imprensa continuou a ser liberdade para quem pensava igual aos donos do poder, e prisão e até morte para quem pensava diferente. Cipriano Barata fez *Sentinela da Liberdade* em Pernambuco entre abril de 1823 e princípios de 1824. Seu jornal não chegou a fazer um ano e ele foi condenado à prisão perpétua. Ao lado de Cipriano Barata estava Frei Caneca, um dos maiores críticos do liberalismo moderado e do absolutismo de D. Pedro I. Em 25 de dezembro de 1823, ele iniciou a publicação do *Tifis Pernambucano,* um jornal bissemanal que durou apenas nove meses. O último número é de 29 de setembro de 1824. Frei Caneca foi condenado à morte. Publicado com o objetivo de formar a opinião pública para preparar a Confederação do Equador, o jornal de Frei Caneca enfrentou o período autocrático de D. Pedro I, que se iniciou com a dissolução da Assembleia Constituinte (12.11.1823) e a prisão de Barata (17.11.1823).

A dissolução da Constituinte inaugurou a ditadura no Brasil independente. As províncias do Nordeste resistiram e organizaram-se. O *Ti-*

fis Pernambucano constitui parte integrante das lutas pela Confederação do Equador e pela liberdade de imprensa. Frei do Amor Divino Caneca deu a vida pela pátria que não soube amá-lo, por pensar diferente. Lutou por uma sociedade livre e acreditava que a liberdade de imprensa, a liberdade de expressão original de cada ser humano, fosse condição primordial da sociedade livre. Para ele, a "todo homem é livre manifestar os seus sentimentos e a sua opinião sobre qualquer objeto. "A liberdade de imprensa, ou outro qualquer meio de publicar estes sentimentos, não pode ser proibida, suspensa nem limitada" (Caneca, 1876).

Cipriano Barata ficou preso durante quase sete anos, durante o período autocrático de D. Pedro I. Em 1830, quando ressurgiu a luta da liberdade contra a tirania, ele foi solto. Fez *Sentinela da Liberdade* na Bahia e liderou o movimento pela deposição do imperador em 1831. Mas logo que o novo governo tomou posse, Cipriano foi preso novamente, acusado de "promover levantes de escravos". Aos 67 anos, ficou em prisões especiais, de onde conseguiu publicar algumas *Sentinelas*.

Para se ter uma ideia do que significou a ausência de liberdade de imprensa durante os anos que se seguiram à Regência, basta dar uma olhada no título do jornal de Cipriano Barata, em que ele conta as perseguições sofridas:

> Sentinela da Liberdade na Guarita do Quartel General de Pirajá, mudada despoticamente para o Rio de Janeiro, e de lá para o forte do mar da Bahia, depois para a presiganga, logo para o forte do mar, e segunda vez para a presiganga, por fim, para o hospital, donde bradou alerta; agora rendida e substituída por um camarada que vigia na cidade e corajosamente brada alerta!!!

No Brasil dos Oitocentos, os liberais radicais lutaram pela liberdade de pensar diferente, procurando esclarecer o leitor para conquistar a opinião pública.

Cipriano Barata coloca a liberdade de imprensa é condição da sociedade livre. Para ele, Deus criou o homem superior ao animal, dando-lhe os dons naturais da razão e da palavra, dons estes que tornam possíveis a comunicação, a sociedade, a invenção da imprensa. A imprensa concorre para a felicidade do homem e da sociedade, isto é, ela desenvolve o "respeito aos bens particulares e públicos" e encaminha-nos para os "verdadeiros bens na vida civil". A imprensa "aumenta a faculdade de falar, pensar, a segurança", "nossa liberdade civil", as "normas de justiça", "nossa felicidade no mundo".

[É] finalmente a imprensa que nos facilita os meios de publicar as tramas dos gabinetes, os erros dos que governam, as injustiças dos magistrados, as violências de todos os empregados públicos, as tramas do despotismo, os furores da tirania; em uma palavra, a imprensa é a salvaguarda dos nossos direitos, a sentinela social e pública, o anjo tutelar da espécie humana.

Dessa forma, o governo que censura a imprensa é "contra a sociedade", posto que prender a imprensa é querer que os homens encurtem aquilo que já são, isto é, que pensem..., pois é sem dúvida que a essência da humanidade tem por limites a extensão e o jogo de ideias".

"[...] Proibir a liberdade de imprensa é desnaturalizar o homem e fazer dele escravo. Daqui se segue que toda e qualquer sociedade onde houver imprensa livre está em liberdade; que este povo vive feliz e deve ter aumentados alegria, segurança e fortuna" (SL, 10.5.1823, n.11). Antecipando McLuhan, para Barata, a imprensa é extensão do homem. Prendê-la é "querer que os homens encurtem aquilo que já são, isto é, que pensem". Se a humanidade tem por limites a extensão e o jogo de ideias, a imprensa, como extensão desse jogo, pode contribuir para o esclarecimento da opinião pública e para a vigilância da autoridade, questionando a tirania e defendendo a soberania popular, a segurança, a liberdade, a felicidade... (SL, 10.5.1823, n.11).

Do texto de Barata, emerge uma nova atmosfera mental, que propõe o tema pedagógico e reivindica a educação política como esclarecimento por meio da imprensa, ou melhor, como exercício da liberdade de imprensa. A imprensa é o lugar da razão, entendendo-se por esta uma espécie de energia, uma força, uma faculdade que só é plenamente compreensível em sua ação e em seus efeitos. Sua função mais importante consiste em apreender, compreender, ponderar. Lugar da Razão, a imprensa destrói as cadeias que prendem os homens à ignorância e ao despotismo. Ela é o "anjo tutelar da espécie humana", a "garantia dos nossos direitos", ela faz a vigilância pública e garante a soberania popular. A imprensa, que "dá luzes ao povo", coloca-se como preceptora do povo, para esclarecê-lo e guiá-lo. Ela denuncia os erros e tramoias dos governantes, desconfia da autoridade e dos poderosos de maneira geral (SL, 10.5.1823, n.11). Parte do pressuposto de que os governantes sempre prejudicarão o povo, de forma que a imprensa deve ser concebida como poder público de vigilância e de denúncia do poder.

O jornalista, o público leitor e o auditor

Nas primeiras décadas do século XIX, esboçam-se os elementos característicos do público e da posição social do escritor. Eles se definem em conexão com elementos fundamentais: o sentimento nacional e a retórica. O escritor toma consciência de que é cidadão, homem da pólis, incumbido de difundir as luzes. O público espera dele palavras de ordem em relação aos problemas da jovem nação. Em uma sociedade marcada pela estrutura vertical, em que só os que estavam no topo da pirâmide tinham acesso ao ensino das letras, e a grande massa era praticamente analfabeta, era preciso um linguagem para ser lida e ouvida. Segundo Antonio Candido (1973), a ação dos pregadores, oradores, glosadores de mote e recitadores de toda hora correspondia a uma sociedade de iletrados. O jornalista escrevia de "pena em punho", numa linguagem escrita para ser lida e ouvida. Assim, além do pequeno público leitor, formou-se um "público de auditores".

Mas o que significa público de auditores?

No Brasil dos Oitocentos, a esfera pública liberal era marcada pelo verticalismo da estrutura social; a elite estava entre si e formava o público leitor dos jornais. Mas nesse tipo de sociedade, a cultura oral desenvolve-se no meio popular para suprir o desconhecimento da leitura e da escrita; o analfabeto desenvolve a "oralidade primária", isto é, a audição, a memória, a capacidade de concentração, a participação no grupo, o sentido comunitário (Frago, 1993, p.76).

Na Bahia, em Pernambuco, no Nordeste brasileiro, onde Cipriano Barata e Frei Caneca fizeram jornalismo, a oralidade era muito comum, assim como a presença de pregadores e recitadores, e o jornal era escrito para ser lido e ouvido, numa linguagem que conservava as marcas da linguagem oral.

Para se ter uma ideia do papel da cultura oral na Bahia, a obra do poeta barroco Gregório de Mattos foi transmitida oralmente durante os Seiscentos e no século seguinte. A oralidade foi a fonte de transmissão e recolhimento de uma produção poética, que só foi publicada um século e meio depois. Em vida, Gregório de Mattos teve pouco público leitor, embora fosse o primeiro poeta popular, cantador, andarilho, com violão debaixo do braço, trazendo a notícia, "o primeiro prelo e o primeiro jornal que circulou na Colônia" (Campos, 1989, p.41).

Mas interessa-nos a relação de Cipriano Barata e Frei Caneca com o público auditor. Para compreendê-la, precisamos lembrar que, durante o processo de ruptura do sistema colonial, surgem dois tipos de conflito: a) conflito entre colonizado e colonizador, isto é, entre grandes proprietários rurais, políticos e jornalistas de um lado e, de outro, o colonizador (elementos portugueses, burocratas reinóis e comerciantes); b) conflito no mundo do trabalho, antagonismos sociais, em função da escassez de gêneros de subsistência (Mota, 1972). As camadas populares raramente possuíam consciência de viverem em situação colonial. A carestia e a miséria estavam na base do movimento popular, mas não se pode esquecer que os homens livres e pobres da sociedade escravocrata eram dependentes dos proprietários de terras e estavam sob o comando dos chefes políticos locais. Nesse contexto, durante a chamada "Revolução dos Alfaiates", na Bahia de 1798, Cipriano Barata dirigia o movimento de rua. As ideias de independência, república, direitos iguais, abolição da escravatura, assim como a tradução de alguns escritos de Rousseau, Volney e Boissy d'Anglais chegavam aos setores populares por meio das pregações de frades, de tenentes como Hermógenes de Aguilar Pantoja e de agitadores como Cipriano Barata, que, na época, era lavrador no engenho de Inácio S. Bulcão, um dos financiadores do movimento. Cipriano era responsável pela propaganda no distrito de São Francisco. Depois da chegada da fragata francesa *La Preneuse*, dos contatos do comandante Lacher com os letrados de Salvador e da fundação da sociedade secreta Cavaleiros da Luz, a qual Barata pertenceu, começou a propaganda que despertava no povo – ou nos "alfaiates", como eram chamados os homens livres e pobres – cada vez mais entusiasmo pela promessa de independência, com república e abolição da escravatura. Porém a revolução não conseguiu ir além de uma relativa organização de certas parcelas das camadas populares, orientadas pelos "pedreiros livres" da cidade e da propaganda sediciosa. Esta incluía a comunicação oral, as conversas, os recados, os boletins, as proclamações e os poemas revolucionários, copiados e recopiados manualmente e afixados nas ruas de Salvador, que constituem o que Florisvaldo Mattos chamou de primeiros "jornais manuscritos" brasileiros, isto é, uma forma de comunicação social proibida, que atingiu um público considerável para a época (Mattos, 1974).

Affonso Ruy descreve a comunicação escrita da propaganda revolucionária, na Bahia de 1798. Na manhã de 12 de agosto de 1798, vários boletins e proclamações aparecem nos lugares de maior afluência da cidade. Um deles dizia o seguinte: "Animai-vos Povo baiense que está para chegar o tempo feliz da nossa Liberdade: o tempo em que todos seremos irmãos, o tempo em que todos seremos iguais" (Rui, 1978).

Nesse tipo de linguagem em que prevalece o apelo, a exortação, a escrita é interpenetrada pela linguagem oral. Isso é importante para entendermos a comunicação na Bahia de 1798 e nos jornais de Cipriano Barata e de Frei Caneca, das primeiras décadas do século XIX, especialmente para compreendermos a produção do jornalismo de opinião numa sociedade escravocrata e iletrada, onde a cultura tem caráter de adorno, a educação é voltada para formar letrados e eruditos, enquanto Barata e Frei Caneca escrevem para um público leitor e um público auditor.

A *Sentinela da Liberdade* (SL) (1823-1835) e o *Tifis Pernambucano* (TP) (1824) são jornais escritos para serem lidos e ouvidos, de modo que a função referencial, própria da linguagem jornalística, fica envolvida pela função emotiva (Jakobson, s.d.). Na época, não havia separação entre a notícia e o artigo de fundo. O jornal era um artigo de fundo escrito, geralmente em quatro páginas divididas em duas colunas. O escritor escrevia de "pena em punho", transformando a informação em artigo de fundo, exagerando os fatos, sensacionalizando os acontecimentos. A linguagem era desabrida e marcada pela violência simbólica (Bourdieu & Passeron, 1975). O tom era de "discurso de luta", discurso que tocava em temas tabus da época, forçando a rede de informações, designando alvos de poder, nomeando, dizendo quem fez, denunciando (Foucault, 1985, p.124).

O discurso de luta dos jornais de oposição das primeiras décadas do século XIX baseava-se no método de denúncia, opunha-se ao segredo burocrático e, dessa forma, fazia uma primeira inversão de poder, pondo lá embaixo aquele que está no poder e colocando os rebeldes no topo da hierarquia.

Assim, no momento de conflagração da Confederação do Equador, escreve Frei Caneca: "Governe quem governar, seja nobre ou mecânico, rico ou pobre, sábio ou ignorante, da praça ou do mato, branco ou preto, pardo ou caboclo, só há um partido que é o da liberdade civil e da felicidade do povo; e tudo o que não for isso há de ser repulsado a ferro e fogo" (TP, 1.7.1824).

Expressões frequentes do discurso de luta dos jornais de oposição são: "bati nos corcundas", "clamei contra os militares", "bati nos fidalgos", "ataquei os ingleses", "maldisse a aristocracia das riquezas", "combati os periódicos de Minas apoiados pela Aurora" etc. A violência da linguagem é comum nos jornais da época e refletiu a incultura geral de meio esmagado por condições estreitas.

Mas é interessante observar o papel do humor no discurso de luta da *Sentinela da Liberdade*. Humor grotesco, sarcástico, que procura ridicularizar a autoridade e rebaixar aquilo que está no alto. O tirano é representado pela "vil bicharia que aborrece a liberdade". O humor de Cipriano Barata procura refletir sobre o mundo terrível do terrorismo de Estado, das prisões, da obediência cega, ridicularizando tudo isso. O riso sarcástico e irônico funciona como um açoite nos donos do poder (Marrach, 1992). Segundo Freud, a atividade humorística vem do superego. Ela rechaça a realidade, colocando-se a serviço de uma ilusão. Esta fica patente nas esperanças que Cipriano deposita no ano de 1832, ano em que ele passa pelas piores prisões, as presigangas. Mas, amparado numa ilusão, ele afirma sua rebeldia e resiste como pode à violência que lhe é imposta (vale lembrar que, durante o tempo em que fez *Sentinela*, entre 1823 e 1835, Cipriano ficou preso mais de 12 anos, chegando a editar alguns exemplares nas prisões). O humor, escreve Freud, não é resignado, é rebelde, significa triunfo do eu e afirmação do princípio de prazer, que no humor logra triunfar sobre a adversidade. É liberalizante como o chiste e o cômico, mas tem algo de grandioso, de exaltação. Essa exaltação tem a ver com o "triunfo do narcisismo, na vitoriosa confirmação da invulnerabilidade do eu"(Freud, p.2999-3000). O eu recusa-se a deixar-se ofender pelos sofrimentos impostos pela realidade, mostrando que eles representam unicamente motivo de prazer. Aos perigos das situações adversas, o humor diz: isso não passa de uma brincadeira de crianças.

O humor do *Sentinela da Liberdade* é o humor grotesco, que promove o rebaixamento, ou seja, a transferência do que aparece no plano elevado, superior, para um plano material inferior. Trata-se de pôr para baixo aquilo que está no alto. O rebaixamento é a forma que o humor encontra para domar o inimigo. Elemento-chave do discurso de luta, o humor permite a libertação das convenções, dos hábitos, daquilo que é normalmente admitido. Permite olhar a sociedade e o poder com outros olhos, de modo a compreender a relatividade daquilo que se apresenta como elevado e superior (Bakhtin, 1987). A autoridade que representa elevação aparece como criminosa, servil, imoral. Cipriano utiliza-se de imagens que procuram degradar aqueles que estão acima. O tirano é representado pelo significante da inferioridade absoluta da época: o lobo, o cão, o demônio, o crocodilo. Os governadores de arma são representados como "lobisomens de bigode que fazem tutu de gente" (SL, 15.1.1831, n.2).

Além de estar presente no artigo de fundo, o humor da *Sentinela da Liberdade* encontra-se nas modinhas, quadras e poemas populares publicados pelo jornal. É que Cipriano Barata não é apenas o "escritor-filósofo", como ele se identifica. É também o político e agitador de rua, que tem contato com o público auditor do jornal, os homens livres e pobres da sociedade escravocrata. Como agitador, Cipriano frequenta o forró, o bumba-meu-boi, a capoeira (Cascudo, 1947). No jornal, publica versos que satirizam as autoridades da Bahia e incentivam sua deposição:

> Quem do Brasil é Crocodilho?
> Gordilho.
> Quem do povo é o Faraó?
> Berquó.
> Quem de tudo é o agente?
> Valente.
> Senhor, se quereis, contente,
> Ver o povo sossegado,
> Demiti do vosso lado
> Gordilho, Berquó, Valente.

(Refere-se ao 1º visconde de Camamu, ao marquês de Cantagalo e ao conde do Rio Pardo. O primeiro e o último eram militares. O segundo era membro da Guarda de Honra do imperador (SL, 1.11.1823, n.64)).

O Nordeste de Cipriano Barata e Frei Caneca

A *Sentinela da Liberdade* e o *Tifis Pernambucano* são meios de luta política que o Nordeste encontrou para contrapor-se às "7.000 baionetas" do imperador. Em 1823, Cipriano Barata havia sido eleito deputado constituinte pela Bahia. Mas desiste de ir ao Rio de Janeiro, porque, na Constituinte, sua voz soaria como "voz no deserto" (SL, 9.4.1823, n.1). Permanece em Pernambuco, polo hegemônico do Nordeste e centro irradiador de cultura para outras províncias da região, para as quais os dois jornais se dirigiam: Bahia, Ceará, Paraíba, Rio Grande do Norte, Alagoas, Sergipe.

Para entender a posição de Cipriano Barata e Frei Caneca, é preciso levar em conta as diferenças entre os chamados "projetos de independência do Norte e do Sul", isto é, entre a independência com federalismo, república e direitos e liberdades democráticas de um lado e, de outro, o projeto hegemônico de independência com monarquia unitária.

O centro de elaboração do primeiro é Pernambuco – polo dinamizador da cultura, centro de gravitação dos acontecimentos do Nordeste. Recife, cidade litorânea, portuária é o centro dinâmico do Nordeste descontente com a hegemonia do Centro-Sul. Recife era o principal ponto de ligação da cultura brasileira com a filosofia europeia, o Iluminismo, por meio das associações secretas que, na época, exerciam funções atualmente atribuídas aos partidos políticos, universidades e associações culturais. Nesse sentido, foram de extrema importância as obras de Azeredo Coutinho e de Arruda Câmara, que contribuíram para preparar mentalmente a independência do ângulo das classes dominantes nativas da região (Mota, 1972). Discípulo de Azeredo Coutinho, Arruda Câmara, fundou o Areópago de Itambé – uma sociedade política secreta que ficava entre as províncias de Pernambuco e Paraíba", frequentada pelas pessoas poderosas e destacadas das províncias, como grandes proprietários rurais, comerciantes e letrados, como padres, médicos e bacharéis, e "de onde saíam, como de um centro para a periferia, sem ressaltos nem arruídos, as doutrinas ensinadas". Punha seus membros a par das tendências da política mundial, sobretudo das conquistas liberais e democráticas dos chamados povos livres. Tinha influência do pensamento iluminista, da Revolução Francesa e da independência dos Estados Unidos (Brandão, 1924).

A transmigração da corte não acarretou mudanças substanciais para o Nordeste. Nesta região, em 1817, ainda atuavam as velhas linhas legadas pelo monopólio comercial, o que não interessava nem à grande lavoura, nem aos ingleses, nem à incipiente camada média. A política da Junta da Real Fazenda, de recorrer aos chamados "empréstimos públicos", contribuiu para aumentar as tensões e unir os grupos sociais descontentes com a política de D. João VI. Havia ainda o problema da escassez dos gêneros de subsistência, decorrente dos efeitos da economia agrário-exportadora, que se agravara por causa das secas que frequentemente assolavam a região. A escassez e a carestia atingiam a subsistência dos escravos e dos homens livres e pobres, e não raro desembocavam em conflitos sociais canalizados para o movimento de emancipação, pelos chefes políticos da região.

Durante a fase mais aglutinadora do processo de emancipação política, o Nordeste foi palco das mais sérias contestações ao poder central controlado por D. João VI, D. Pedro I e pelos Regentes. Marcando a transição do regime colonial para a inserção do Brasil no capitalismo industrial, emergem três grandes rebeliões, cujas características principais são a contestação do poder monárquico, a reivindicação da legitimidade da autoridade, o federalismo, a república, os direitos humanos e as liberdades públicas. A "Revolução de 1817" foi o primeiro ensaio de independência de baixo para cima e de formação de uma classe dirigente nativa após a vinda da corte ao Brasil. Em 1824, surgiu a mais ampla e profunda contestação ao poder do imperador: o movimento republicano e federalista uniu as províncias do Nordeste numa organização supraregional. A *Sentinela da Liberdade* e o *Tifis Pernambucano* utilizam com frequência a expressão "despotismo do governo". Com ela, criticam a essência da monarquia, o predomínio do poder real sobre a Assembleia Constituinte e a ligação do imperador com o chamado "partido português" (Marrach, 1992). Em 1831, às vésperas do 7 de Abril, as contradições étnicas, sociais e políticas vêm à tona. A população livre e pobre, cansada de esperar por dias melhores, vai às ruas sob a liderança dos liberais radicais, que há muito se haviam distanciado de D. Pedro I. Nos primeiros dias de abril, com a chegada das notícias da "noite das garrafadas", baianos de "todas as classes" insurgem-se contra o imperador e lusitanos, dando vivas à Constituição, Federação e República. Exigem a deposição das autoridades locais, especialmente do comandante de armas (Faoro, 1979).

O jornalismo político de Cipriano Barata e Frei Caneca insere-se nesse quadro de tensões, postulando a independência ligada aos direitos e liberdades individuais e públicas, à república, enquanto tentativa de mudança de baixo para cima, em oposição à independência do alto. Assim, escreve Cipriano Barata, a "verdadeira legitimidade" é baseada nos princípios das "luzes e da razão", o governante só tem legitimidade quando governa de acordo com "a vontade do povo" expressa por "aclamação ou eleição" (SL, 1831, n.3).

Os fins pedagógicos e políticos da imprensa

O leitor poderia perguntar: fins pedagógicos dos jornais *Sentinela da Liberdade* e *Tifis Pernambucano*?

Sim, no sentido de que a imprensa de opinião estava preocupada com a educação política da jovem nação. *Cabe à imprensa fortalecer o espírito público, debater a coisa pública, discutir os temas cívicos, os problemas políticos, e, sobretudo, transmitir (ou incutir) valores políticos, hábitos cívicos* (Caneca, 1976, p.36).

O jornalismo político de oposição, produzido durante as primeiras décadas do século XIX, tinha objetivos precisos. O principal era promover o debate político, conquistar a liberdade de imprensa, a cidadania, desenvolver a consciência política democrática, procurando esclarecer a opinião pública, desenvolver o espírito crítico, a capacidade de elaboração do passado colonial para sua superação, formar enfim a consciência política da jovem nação. São objetivos políticos – pedagógicos – ideológicos.

O jornal era meio de luta política, produzido artesanalmente. Não buscava o lucro e por isso não sucumbia aos imperativos do mercado. Seu problema era interferir nas questões políticas do momento. Daí, a importância da redação sob a responsabilidade de uma única pessoa, geralmente um político letrado razoavelmente importante, que se identificava como escritor-filósofo e que escrevia o artigo de fundo para cada exemplar, em que a notícia era debatida, com opinião assumida publicamente como um compromisso com o leitor. Por isso podemos falar em fins pedagógicos do jornal, o que, evidentemente, não exclui seus objetivos políticos e ideológicos, ao contrário, a eles se entrelaçam. Assim, podemos falar em fins políticos e pedagógicos do *Tifis Pernambucano e da Sentinela da Liberdade*. Quais são eles?

O primeiro é o de esclarecer a opinião pública. Esclarecimento tem a ver com as luzes da razão, com a autonomia intelectual, com o livre pensamento e com a liberdade de expressão do pensamento. O segundo é decorrente do primeiro: formar uma consciência política nacional democrática em torno dos direitos humanos e políticos. O terceiro também é decorrente dos dois primeiros: criar a cidadania política.

"Uma nuvem que pelos ares escurece, sobre as nossas cabeças aparece" (Camões). Esta é a epígrafe do jornal de Frei Caneca. Opondo-se ao reino das trevas, o *Tifis Pernambucano* é para Frei Caneca um meio de transmitir as luzes da razão, um instrumento do esclarecimento e de educação política. Assim, escreve Frei Caneca no primeiro número do jornal, publicado em 25 de dezembro de 1823: "O teu *Tifis* te apontará as ciladas, [...] te notará os perigos até onde se estender o horizonte de sua vista; ele subirá o mais elevado tope da tua gávea sem mudar a cor do rosto".

Frei Caneca mostra o significado do 12 de novembro de 1823 para a vida da nação independente. É a representação brasileira da cena do 18 Brumário, quando os "déspotas da França dissolveram a representação".

De acordo com o princípio do esclarecimento de Frei Caneca (1875, p.181), sua *Dissertação político-social* ensina o que se deve entender por pátria do Cidadão: o "primeiro cuidado do governo para criar uma República bem-sucedida é iluminar o povo com as luzes das ciências, artes e ofícios, sem poupar gastos".

A opinião pública faz a história

Na imprensa de opinião do início do século XIX, surge uma nova concepção de história. Esta já não é mais o produto da ação heroica nem das conversas de salões, regadas a vinho e promessas. Mas, sim, produto do jornalismo político: a opinião pública. Vejamos o que diz Cipriano Barata sobre ela para entender essa nova concepção de história, no caso, a história da Independência de 1822, em Pernambuco:

> Fez-se o movimento, uniu-se Pernambuco, aclamou-se o Imperador etc., mas tudo isso foi operado pela opinião pública e pelo estado das relações políticas entre o Brasil e Portugal. [...] A opinião pública é essa Rainha do Mundo, que tudo governa, que estabeleceu muitos reinos sobre as ruínas de Roma, que tem destruído as pretensões dos Papas, que tem combatido o despotismo e feito as revoluções na América do Norte e do Sul, que derrubou Bonaparte etc. (SL, 2.7.1823, n.26)

É interessante observar que a história já não é mais um produto da ação de reis, príncipes e outros soberanos, já não é mais obra de um indivíduo, por mais importante e poderoso que ele seja. A partir da imprensa, que "dá luzes ao povo" – que se coloca como preceptor do povo, para esclarecê-lo e guiá-lo, que denuncia os erros e tramoias dos governantes, a história passa a ser feita pela opinião pública, ou melhor, pela maioria, a grande parte da esfera pública liberal que representa as opiniões da coletividade sobre questões de interesse geral (Nascimento, 1989). Assim, a opinião pública é o encontro do povo com a razão, é o povo esclarecido, lugar de verdade. Sua força depende de conseguir impor-se em relação à autoridade dos poderosos.

Crítica do ensino aristocrático

Durante a Monarquia, o ensino dito "para todos" era para poucos. Cipriano Barata denuncia a "aristocracia jurídica" e pergunta: "Por que não se criam cursos de Direito e de todas as Ciências para todas as castas?".

Relacionando o direito à educação, à emancipação política e à consequente necessidade de formação de quadros para o Estado nacional, questiona: "Pretende o ministério continuar a admitir portugueses em nossa administração?" (SL, 27.9.1823, n.51).

A democratização do ensino superior é importante para nacionalizar os quadros administrativos e políticos do País, entregues majoritariamente aos portugueses e para ampliar e diversificar a elite brasileira: "Que desordem! Que confusão! Tudo isto ainda nos espanta mais quando vemos que se não cuida em estabelecer estudos de Direito e de todas as Ciências para termos literatos para a nossa administração de toda casta" (SL, 27.9.1823, n.51).

A denúncia da "aristocracia jurídica" leva à denúncia do que a *Sentinela* chama de "aristocracia de chinelos", da qual fazem parte, entre outros, os magistrados. Produtos dos cursos jurídicos reformados por Pombal, para Barata os magistrados estão todos comprometidos com a manutenção da ordem monárquica ou, para usar os termos do jornalista, preocupados em "despolitizar e tiranizar a nação Brasileira". Isso porque, explica Barata, "são ignorantes que mal ouviram falar em leis". Têm "dois dedos de direito romano" e "o descaramento de clamar que não convém ao Brasil nem o Tribunal de Jurado nem a liberdade de imprensa, só porque com essas duas instituições eles ficarão refreados e não poderão enriquecer-se nem oprimir a seu arbítrio a ninguém como costumam" (SL, 28.6.1823, n.25).

Educação é um direito

Para Cipriano Barata e Frei Caneca, a educação está entre os mais elementares direitos do homem e do cidadão. A cidadania exige o fim do obscurantismo e a consequente promoção das luzes. A denúncia do caráter aristocrático do ensino e a reivindicação da educação, voltada inclusive para os filhos dos chamados "homens livres e pobres da ordem escravocrata", colocava em pauta a igualdade de oportunidades – um dos esteios da ideia de liberdade defendida pela *Sentinela* e pelo *Tifis Pernambucano*. Barata, por exemplo, louva a conservação de um seminário para meninos pobres e desamparados, onde cerca de sessenta garotos aprendem as primeiras letras. Frei Caneca propõe escolas de primeiras letras e seminários para filhos do "povo pobre" (TP, 3.6.1824).

Nesse contexto, há uma discussão sobre preconceito racial entre Barata e Frei Caneca, que está associada à reivindicação da educação como um direito.

Diálogo sobre o preconceito racial

Comentando carta de Frei Caneca sobre o preconceito racial e o uso dos termos "mulato" e "negro", Barata lastima as desconfianças entre brancos e negros e tenta explicar as raízes do preconceito pela dominação colonial. Para subjugarem os brasileiros, "intrigaram os pais brancos com os filhos mulatos; os mulatos com os parentes pretos;

ambos estes com os caboclos; e todos, por fim, com os brancos, e até estes depois contra os da Europa" (SL, 12.7.1823, n.29).

Se o domínio colonial foi a causa do preconceito racial, o governo constitucional, diz Cipriano Barata, "torna os homens livres de certo modo iguais, patriotas e amigos". E explica: "os senhores homens de cor podem estar bem certos que os redatores de Pernambuco todos são filósofos que zombam dessas distinções que procedem da ignorância vulgar [...], a superstição, do fanatismo e das instituições políticas". E conclui: "eles, os de cor livres e brancos fazem o total do povo livre" (SL, 12.7.1823, n.29).

Escola e o recrutamento forçado

Na época da Regência, mais precisamente entre 1834 e 1835, a *Sentinela da Liberdade* faz diversas denúncias do recrutamento forçado de meninos pobres, tirados das salas de aula e mandados para o serviço da Marinha. Lembra o passado colonial e a época de D. Pedro I, em que para o recrutamento das tropas de linha arrancavam-se meninos das aulas de primeiras letras, mandando-os para o "cativeiro das tropas" (SL, 20.9.1834).

Segundo Barata, as leis do governo central permitem aos presidentes de província

> prender bruscamente sem forma de justiça, sem ser ouvido, nem convencido, nem defendido e sentenciado pelo Júri, como é de direito; quero dizer, a capturar arbitrariamente a quem quer, e mandar para a marinha; conservando-se desta arte um recrutamento perpétuo e tirânico em benefício da nossa Esquadra [...] que apenas serve para ameaçar os brasileiros, dar apoio aos atentados ministeriais e aos presidentes e incutir sustos e terror nos corações dos cidadãos. (SL, Presa na Fragata Niterói, 1832 e SL, 1834, n.1)

A *Sentinela da Liberdade* faz, dessa forma, uma tripla denúncia: a da obrigatoriedade do serviço militar, sua utilização despótica e o uso da escola para o recrutamento forçado de garotos:

Não são mandados para grumetes marinheiros os filhos dos empregados públicos, dos mestres de gramática, filosofia e retórica, nem dos lentes e bacharéis, dos magistrados, dos oficiais militares, do senhor de engenho, os padres e frades, nem os ricos, e quaisquer aristocratas, mesmo dos de chinelos etc. O mal recai sobre os desvalidos pouco favorecidos de fortuna, que na guerra sofrem o ferro e o fogo, e as feridas, e que trabalham para nutrirem um montão de ociosos (falo dos supérfluos) e que vivem carregados de todos os encargos; sim, são estes os nervos da sociedade, produtores de riqueza, chamados 'rasgados' por desprezo; são os pobres. (SL, 29.7.1835)

Iluminismo brasileiro: história dos vencidos

A preocupação em iluminar, esclarecer, ensinar repete-se na *Sentinela da Liberdade*. Para Cipriano Barata, o jornal é a "voz da verdade", denunciando os que pretendem "estabelecer em Pernambuco o reino das trevas e do arbítrio". Com os habitantes de Pernambuco, Paraíba e outras províncias do Norte, a *Sentinela da Liberdade* afirma o princípio da "instrução patriótica" e coloca-se como "luminoso farol da Brasileira Constituição liberal" (SL, 17.5.1823, n.13).

Eis os objetivos de Cipriano Barata da *Sentinela da Liberdade*: "clarear ideias e dar luzes aos leitores, combater erros, lembrar o bem público, repreender os abusos do poder e de seus empregados, e atirar flechas eivadas contra os servis aristocratas e os que solapam o nosso liberal sistema" (SL, 12.1.1831, n.1).

Frei Caneca vai mais longe, associa a república à educação para a cidadania. Para ele, não há república sem luzes. Assim, o primeiro cuidado do governo para criar uma república bem-sucedida é este: "iluminar o povo com as luzes das ciências, artes e ofícios, sem poupar gastos" (Caneca, 1875, p.23).

Tudo isso evidencia o caráter pedagógico-político pretendido pela imprensa iluminista. Os jornais apresentavam-se como um instrumento de esclarecimento, no sentido que Kant dá ao termo, isto é, a saída dos homens da menoridade (Adorno, 1995, p.169). É a possibilidade dada pela razão de superar a ignorância e os preconceitos e pensar por si próprio, com autonomia intelectual, sem separar a especulação da vida, mas unindo filosofia e política, razão teórica e razão prática, pois, como bons iluministas, Cipriano Barata e Frei Caneca estavam mais interessados na vida política do que na especulação política, por isso faziam jornal para interferir nos acontecimentos políticos. Porém os movimentos políticos de que participam foram reprimidos no nascedouro, porque tinham um caráter radical e democrático e eram vistos como ameaças às reformas do alto.

O Iluminismo português, conforme Laerte Ramos de Carvalho, foi reformismo oficial e pedagogismo. As reformas pombalinas visavam à formação de uma elite competente para aumentar o poder do rei e promover o desenvolvimento econômico.

Já o Iluminismo brasileiro, nascido no campo da oposição liberal radical, da imprensa de opinião, saiu dos estreitos limites do oficialismo. Caracterizou-se pelo jornalismo político, crítico da ordem patrimonial-escravocrata, com a proposta pedagógica de "dar luzes" aos cidadãos para formar a opinião pública, enquanto encontro de razão e verdade, a serviço de uma mudança política: a independência com república federalista, com os direitos e liberdades democráticas. Mas essas ideias não se desenvolveram o suficiente para romper a unidade da cultura, a estrutura política da Monarquia, a dependência de Portugal e da Inglaterra, e nem sequer arranharam a verticalidade da estrutura social então existente. Nesse contexto, o Iluminismo brasileiro acabou ficando circunscrito a *propostas* de reformas políticas e pedagógicas fundadas no mito de que a felicidade dos povos encontra-se na razão, no saber e no progresso da ciência. É diferente do Iluminismo francês, que foi revolucionário. No Brasil, as ideias iluministas fazem parte da história cultural dos vencidos, da história do pensamento dos vencidos. As ideias e propostas de Cipriano Barata e Frei Caneca foram cortadas no nascedouro, não vingaram na pirâmide social do tempo do Império, caíram no vazio daquela sociedade que fez da Independência uma transferência de poderes para as mãos da mesma classe.

Frei Caneca e Cipriano Barata sentiram o peso da repressão na própria pele. Daí, a importância que atribuem à liberdade de imprensa, o desespero com que defendem essa liberdade, numa sociedade onde impera a "liberdade de faca". Em uma *Carta de Pífia a Damião* sobre os *Projetos despóticos do Ministério do Rio de Janeiro*, Frei Caneca associa a perseguição à imprensa ao "despotismo" de destruir a instrução política do cidadão. Nas palavras dele:

> Bem certo de que o despotismo não pode suster-se e progredir nos lugares, em que é lícito ao homem dizer com franqueza seus sentimentos; o ministério, por meio da perseguição à imprensa contra os escritores liberais e patrióticos, tolheu a liberdade à imprensa e destruiu o veículo por onde se podia instruir a nação de seus verdadeiros interesses, e apontar-lhe os abismos em que lhe podiam submergir a sua felicidade, a sua honra e a sua glória. (Caneca, 1976, p.105)

Na mesma carta, acrescenta: "Que liberdade é a nossa, se temos a língua escrava!".

Percebendo a insensibilidade dos donos do poder em relação à liberdade de imprensa, Barata transforma a luta pelos direitos democráticos em verdadeiros rituais, com todos os requintes de repetição. Vejamos, ao menos, um deles:

> [*Sinal da + católico e político* que] devem fazer todos os brasileiros de manhã quando se levantarem, quando saírem para a rua; e quando se deitarem; e de hoje em diante deve ser o princípio de todas as Sentinelas, a fim de refrescar a memória dos Constitucionais Livres, com os primeiros objetos que devem fazer aceitar uma Constituição e sem eles não:
> Pelo Sinal da Santa + Livre-nos Deus Nosso senhor + do comando das tropas no imperador; e do veto absoluto, que é irmão do despotismo, de nossos inimigos + nobres em câmara e sem ela formando nobreza hereditária com morgados e vínculos. Em nome do Padre seja criada a completa Liberdade de Imprensa e da consciência; em nome do Filho, se crie a liberdade das indústrias de corpo e de espírito, para se gerarem ciência e riqueza, com toda segurança individual; em nome do Espírito Santo + se crie já o verdadeiro Tribunal de jurados e a responsabilidade dos ministros e de todos os empregados públicos. Amém. (SL, 27.9.1823, n.51)

Iluminismo mestiço

Vejamos como Frei Caneca coloca a questão. Sua capacidade crítica em relação à forma monárquica de governo e ao princípio de sanção divina leva-o a questionar as relações entre religião e política, a reinterpretar a lei natural, encontrando uma simbiose entre a razão e a lei natural. Assim, escreve ele:

> a Deus se devem atribuir não só aqueles estabelecimentos feitos imediatamente por sua ordem, mas igualmente aqueles que foram feitos pelos mesmos homens, conduzidos pelas luzes da reta razão, para se desonerarem dos deveres que lhes impõe a lei natural, conforme as conjunturas do tempo e do lugar. Deste princípio, é de ser Deus o autor da lei natural, é que se entende ter Deus mandado manifestamente fazer as sociedades civis, e mais nada. Quero dizer que não se deve deduzir que Deus haja determinado que se faça esta ou aquela sociedade debaixo desta ou daquela forma de governo, tirando dos povos e nações a escolha do seu governo e o poder de que são investidos os governantes, e a faculdade de mudarem quando julgarem de razão para seu melhoramento e feliz existência. (Caneca, 1876, p.306)

Porém Frei Caneca afirma a ingerência da divindade na sociedade, por meio da autoridade do clero. Esta última pode, inclusive, definir a sorte dos movimentos sociais, desde que haja adesão da população – elemento essencial do princípio da soberania popular.

Barata e Frei Caneca são herdeiros do Iluminismo, leitores de Raynal, Montesquieu, Condillac, Mably, Rousseau, Voltaire. Opõem as luzes da razão às trevas do irracionalismo e da ignorância. Mas, como bons brasileiros, mesclam, sem cerimônia, os princípios da razão aos elementos da religião. Contrário à monarquia – Barata vê a sagração dos reis como pantomima teatral. Porém não é por isso que deixa de afirmar seu "credo político" : "creio na comunicação e reunião das províncias, que para terem força hão de formar um só corpo maciço, a fim de fazer oposição e dissolver qualquer trama que possa ser inventada para desorganizar o sistema liberal [...] creio na ressurreição da liberdade de imprensa" (SL, 17.5.1823, n.13).

Como se vê, o Iluminismo brasileiro é mestiço, une a razão ao ritual religioso, o profano ao sagrado, na busca da liberdade. Ao reino das trevas, pertencem a monarquia, o governo unitário, a sagração dos reis, o despotismo, os governadores de armas, mas não a religião católica como tal. Como diz Amalio Pinheiro, há alguma coisa na cultura mestiça que está "aquém da identidade" e "além da oposição" (Pinheiro, 1994).

O papel dos livros proibidos na formação de Barata e Frei Caneca

Cipriano José Barata de Almeida nasceu na Freguesia de São Pedro Velho em Salvador, Bahia, a 26 de setembro de 1762, conforme consta da matrícula feita na Universidade de Coimbra. Era filho do tenente das Tropas Regulares Portuguesas, Raimundo Nunes Barata e de Luísa Josefa Xavier.

Vindo da incipiente camada média da colônia, estudou grego, latim e retórica nas Aulas Régias da Reforma Pombalina, em sua cidade natal. Em 1776, matriculou-se na Universidade de Coimbra, onde estudou filosofia, matemática e medicina, o que não era comum na época.

Em todos os sentidos, Barata não foi um estudante convencional. Ao entrar na universidade, tinha 24 anos. Era oito anos mais velho que o estudante típico da época, que iniciava os estudos universitários com 16 anos e formava-se aos 22 anos. Fazer três cursos também não era padrão. Mas tem a ver com os ideais do Iluminismo: o desejo de instrução, a busca de saber, o amor às liberdades política e intelectual, a universalidade da cultura e, provavelmente, a busca por *status* e prestígio. Naquele mar de analfabetos, ter o título de doutor dava *status* equivalente ao de um proprietário de terras. Terras era o que Cipriano Barata não tinha.

Naquele tempo, as Faculdades de Filosofia e Matemática diferenciavam-se das demais pelo duplo destino de seus cursos. Havia duas categorias de alunos: ordinários e obrigados. Os primeiros eram alunos desinteressados ou que se aplicavam aos estudos filosóficos para fazer carreira universitária. Para os segundos, tais estudos constituíam subsídios preparatórios para o ingresso em outras faculdades. No curso de Matemática, a classe dos obrigados era a que se destinava ao curso de Medicina, que exigia três anos de estudos de matemática.

Cipriano Barata fez os três cursos, bacharelou-se em filosofia, porém não pôde tirar o diploma de médico. Por causa da morte de seu pai, teve de interromper o curso de medicina, cuja duração era de seis anos. Porém, naquela época, para exercer a profissão de cirurgião, não havia necessidade do diploma. Barata tornou-se então um "cirurgião aprovado"(Tavares, 1986).

Nas províncias do Brasil independente havia inclusive o "Cirurgião do Partido Público", lugar remunerado pela administração. Esse cirurgião trataria dos presos de justiça que adoecessem e dos pobres em geral. Teria pulso livre, atendendo aos chamados e consultas de quem pagasse"(Cascudo, 1947, p.161).

Na biografia de Cipriano Barata, não consta que ele tivesse cargos desse tipo. Ele foi um *profissional liberal* e manteve-se às custas de sua própria clínica.

Comentando sua profissão de cirurgião, em carta a um amigo, ele escreve, com o humor que lhe é peculiar: "Aqui fico curando uns e matando outros, sem dr." (Carta, 1959).

Inteligência viva, apaixonada e diversificada, em 1798, o cirurgião Cipriano Barata tinha a agenda repleta de horários de visita aos clientes. Como era próprio para um "cirurgião-agitador", ele atendia gratuitamente aos clientes pobres. Quando foi preso em 1798, teve sua biblioteca sequestrada, mas, mesmo assim, ele dava aulas de matemática e filosofia para os companheiros da prisão.

A universidade sob a viradeira

Cipriano Barata ingressou na Universidade de Coimbra em 1786, após a Reforma Pombalina da Universidade de 1772 e também após a *Viradeira*. Sabemos que a Reforma de Pombal deu ênfase às ciências. Tanto nos métodos, quanto nos conteúdos, a ênfase deslocou-se para as ciências físicas e matemáticas. A nova Faculdade de Filosofia concentrou-se nas ciências naturais: física, química, botânica etc. Contudo, é importante ressaltar que Cipriano Barata fez três cursos universitários numa situação muito diferente da deixada por Pombal, após um episódio pouco conhecido na história da educação, que gostaríamos de comentar.

Pombal deixou o governo após a morte do rei D. José I, em 1777, quando teve início uma reação contra o pombalismo, chamada *Viradeira*, que deixou consequências amargas na universidade. Professores e estudantes foram processados e expulsos pelos tribunais da Santa Inquisição, sob a acusação de deísmo, naturalismo, enciclopedismo e heresia (Carvalho, 1978).

A universidade abandonou a ênfase às ciências naturais e o direito voltou a ser ensinado nos moldes anteriores à reforma, isto é, de acordo com o modelo antigo do direito romano.

A maior parte da geração de políticos e burocratas brasileiros, que atuou na primeira metade do século XIX, estudou na Universidade de Coimbra após a *Viradeira*. Eles foram formados na tradição do mercantilismo e do absolutismo português.

Cipriano Barata, porém, apesar de ter feito três cursos, não foi enquadrado pela universidade, assim como não foi enquadrado pelas diversas tentativas de cooptação e de suborno, e nem sequer pela prisão, onde passou mais de dez anos.

Mas se Cipriano Barata tinha um autêntico desejo de saber, próprio dos iluministas, cabe a pergunta: que importância teve a universidade amordaçada pela onda reacionária em sua formação, principalmente em sua formação filosófica e política?

Nossa hipótese é a de que o mais importante para a formação de Cipriano Barata foi a vida acadêmica, a vida universitária fora da sala de aula, com as leituras de livros proibidos e as discussões informais sobre filosofia e a conjuntura política nacional e internacional do momento.

No final do século XVIII, segundo Sodré, a circulação dos livros entrados clandestinamente no País suplantava o comércio oficial. Isso não acontecia só no Brasil. A França exportava os novos lançamentos de

Rousseau, Voltaire, D'Alembert, Helvetius, para Espanha, Portugal, para todos os lugares, inclusive aqueles em que as autoridades pretendiam persegui-los. Os pacotes de livros chegavam de Paris por meio de vendedores audaciosos e transportadoras clandestinas (Chartier, 1998, p.53). Os livros que tiveram maior importância na formação de Cipriano Barata e Frei Caneca foram os dos filósofos iluministas adquiridos no comércio clandestino e existentes nas bibliotecas particulares. Já as bibliotecas públicas eram as dos jesuítas, dos carmelitas, das outras ordens religiosas e, depois da vinda da corte, a Biblioteca Nacional do Rio de Janeiro – biblioteca oficial, fundada na capital, numa época em que os melhores livros eram os proibidos.

Bibliotecas sequestradas

Quando trabalhamos com história da educação, ficamos sabendo dos livros existentes em uma biblioteca particular por causa do sequestro dela! A biblioteca era sequestrada e seu proprietário preso!? Conforme Chartier, a "cultura escrita é inseparável dos gestos violentos que a reprimem" (Chartier, 1998, p.23). Esses gestos não são medievais, mas modernos.

A maior e mais importante biblioteca particular do século XVIII tinha cerca de mil livros. Pertencia ao cônego Luís Vieira da Silva, professor de filosofia na Sé de Mariana, em Minas Gerais, que foi considerado o mais instruído e eloquente de todos os conjurados mineiros, pelo historiador Joaquim Norberto de Sousa Silva. A biblioteca do cônego foi sequestrada pela repressão à Inconfidência Mineira.

A biblioteca de Cipriano Barata foi sequestrada por ocasião da prisão de Barata em 1798, durante a devassa à Inconfidência Baiana. Nela, havia 74 volumes. Não era uma biblioteca notável, não estava entre as maiores bibliotecas particulares da época, mas continha o essencial para que Cipriano Barata pudesse adquirir liberdade interior diante da Universidade dominada pela *Viradeira*, diante do rei ou da metrópole, e conquistar autonomia intelectual suficiente para identificar-se como escritor-filósofo capaz de dar luzes ao povo.

Entre seus livros, destacamos: *Ouvre*, de M. L'abbé de Condillac; *Geographie moderne*, de Nicolle de Lacroix; *História das revoluções acontecidas no governo da república romana*, de René Aubert Vertot D'Auboeut; *Recreação filosófica*, do padre Teodoro de Almeida; *Théorie des três sensibles au cours complet de phisique*, de François de Phanjas etc. Na biblioteca, havia também uma folhinha de reza, o lado católico do iluminista mestiço.

Barata não lia somente os livros de sua biblioteca. Provavelmente, os livros emprestados tinham um papel tão importante quanto os próprios. Um dos autores mais citados na *Sentinela da Liberdade* é Tracy, no tocante às liberdades individuais e públicas.

Mas o que é fundamental nas leituras de Cipriano Barata e de Frei Caneca encontra-se nas obras iluministas de ciência política, que embasaram para a prática política e jornalística de ambos. Por isso, gostaríamos de tecer alguns comentários sobre as principais obras lidas e citadas por eles nos jornais.

A noção de soberania popular associou-se à emancipação política, desde a época das inconfidências, por meio das leituras de *Orador dos Estados Gerais de 1789*, *Fala de Boissy D'Anglais*, *O aviso de Petersburgo*. Consolidou-se com *O contrato social*, de Rousseau. Esse Rousseau, da vontade geral e da legitimidade da autoridade, é básico e sempre citado por Frei Caneca. Ele foi um dos poucos filósofos democratas daquele tempo, e seu livro andava de mão em mão entre os leitores do Brasil. *Júlia ou a nova Heloísa*, de Rousseau, tornou-se popular entre os revolucionários baianos de 1798, após a tradução feita pela sociedade secreta Cavaleiros da Luz (Mattoso, 1969).

Raynal, citado por Barata, era autor de um dos livros mais conhecidos entre fins do século XVIII e início do XIX, e mais eficazes na propaganda revolucionária: *Histoire philosophique et politique des Etablissements et du Commerce des Européens dans lês deux Indes*. A novidade deste livro estava na abordagem histórica das crueldades dos colonizadores católicos, contada não como sucessão de batalhas, mas como determinada pelas preocupações econômicas dominantes na Europa. Entre os escritores mais incendiários da época, estavam

Voltaire e Diderot, na crítica ao absolutismo dos governantes, à corrupção dos aristocratas, à depravação do clero e à licença geral dos costumes.

Barata era particularmente impressionado com a prosperidade obtida pela República Federativa dos EUA, então recém-independente. E, provavelmente, conhecia o *Recueil des lois constitutivesdes Etats-Unis de Amérique*, um exemplar de leis americanas em língua francesa, que circulava na época, e que inclusive serviu como peça acusatória no processo dos inconfidentes de Minas Gerais. Contudo, é interessante observar que ele dizia que suas ideias federalistas vinham dos estudos históricos dos gregos, a cidade-Estado autônoma, autossuficiente, provavelmente das leituras de obras de história antiga mencionadas acima.

Cipriano Barata (1830) não poderia deixar de ler Dominique de Fourt de Pradt, lido em toda a América, já que abordava os acontecimentos americanos pelo ângulo dos europeus. Claro, Barata lia tudo com muito senso crítico. Em um de seus mais famosos discursos, quando deputado nas cortes de Lisboa, dizia que, com a elevação do Brasil a Reino Unido, "Portugal reduzia-se a uma nação de quarta ordem [...] e de certo modo tomara a si os atributos de colônia".

Não foram só esses os livros lidos no Brasil. Ouro Preto, Rio de Janeiro, Bahia e Pernambuco eram centros intelectuais onde havia pessoas que se inteiravam do movimento das ideias europeias. Dos últimos anos do século XVIII às duas primeiras décadas do seguinte, uma minoria de homens instruídos leu também Mably, Montesquieu, Burlamaqui, Vattel, Morelly, Turgot, Brissot, Volvey (Frieiro, 1981).

Mably, dos *"Direitos do cidadão"*, foi muito comentado na época. O princípio representativo, os três poderes e o constitucionalismo de Barata e Frei Caneca vêm das leituras de Montesquieu, cujas obras *L'esprit des Lois* e *Grandeur et décadence des romains* estão entre as mais importantes do século XVIII.

Obra capital da época e que chama particularmente atenção foi encontrada na biblioteca do cônego Luís Vieira da Silva, considerado o inconfidente mais ilustrado de Minas Gerais: a *Enciclopédia*, de Diderot e d'Alembert, que provavelmente era conhecida de Barata e Frei Caneca, pois era uma verdadeira máquina de guerra a serviço do espírito crítico e da incredulidade, movida por livres-pensadores que almejavam subverter os fundamentos políticos e religiosos da sociedade. Não é de espantar que se achassem alguns volumes dessa obra ímpia entre os livros do cônego, junto aos doutores da Igreja e outros autores repousantes. O filosofismo contaminara o clero, e não só o alto clero bem acomodado na vida ou os abades mundanos e peraltas, mas até os padres sérios, pacatos e moderados e, também, os jovens seminaristas. (Frieiro, 1981, p.49)

Nem todas as ideias do século XVIII vinham diretamente da França. Muitas passavam pela metrópole antes de chegar à colônia. E lá eram filtradas, deformadas, atenuadas. Foi o que aconteceu com o Iluminismo em Portugal, que se tornou pombalismo, ou seja, reforma pedagógica do alto. No Brasil, as ideias iluministas influíram na Conjuração Mineira, na Inconfidência Baiana, no jornalismo político ligado aos movimentos de independência das primeiras décadas do século XIX, principalmente na Revolução Pernambucana de 1817 e na Confederação do Equador de 1824. Contudo, em que pese o esforço dos reformadores, as ideias não tiveram no Brasil a força revolucionária que conquistaram na França; deram colorido ao movimento, mas não conseguiram atingir a estrutura social. Porém, como na França, foram reformistas e pedagógicas, fundadas no mito de que a liberdade e a felicidade dos povos só podiam encontrar-se na difusão das luzes do saber e nos progressos da razão. Daí, a importância do papel pedagógico da imprensa de opinião.

A FORMAÇÃO DE FREI CANECA

Entre Marília e a pátria
coloquei meu coração:
a pátria roubou m'o todo;
Marília que chore em vão.

Quem passa a vida que eu passo
não pode a morte temer;
Com a morte não se assusta
quem está sempre a morrer.

Tem fim a vida daquele
que a pátria não soube amar;
A vida do patriota
não pode o tempo acabar.
(Versos escritos por Frei Caneca alguns dias antes de morrer. v.Fontes)

Frei Joaquim do Amor Divino Caneca (1779-1825) nasceu em 1779, em Recife. Filho de Domingos da Silva Rabello e Francisca Alexandre de Siqueira. Seu pai era tanoeiro, tinha uma oficina artesanal de tonéis e canecas, de onde advém o apelido dado pelos colegas, que se tornou o sobrenome do frei.

Pouco se sabe a seu respeito antes da ordenação no Convento do Carmo, em Recife, em 1796. Mas Frei Caneca estudou de Filosofia, Teologia e Geometria.

> Anos e anos de estudos o habilitaram com os mais altos conhecimentos científicos da época, tanto nas ciências exatas quanto nas 'humanas'. Mas em toda sua vida forjou-se a integridade do *ver-julgar-agir,* e ele tentou concretizar os céus na terra, jogando luz sobre os tais mistérios. [...] Celebrava missas, sim. Fazia sermões; criou fervorosas orações sacras. Na quietude do convento, estudou incansavelmente, a ponto de ser considerado um dos maiores letrados daquele tempo. (Morel, 1987, p.9)

Como Barata, Frei Caneca, tinha inteligência aberta e diversificada e também fez opções de estudos variadas, pouco convencionais, como geometria, além da filosofia e teologia. Acreditamos que também na formação de Frei Caneca a leitura de livros proibidos tenha sido mais importante que a dos livros oficiais.

Frei Caneca ocupou funções importantes na Ordem dos Carmelitas. Foi conselheiro e secretário da Ordem. Como era comum na época, teve três filhas, que chamava de "afilhadas", mantendo o nome da mãe no anonimato.

Em 1803, foi nomeado professor de Geometria e Retórica no Convento Nossa Senhora das Graças, onde também lecionou Teologia. Leu Rousseau e Montesquieu e admirava a concepção de Universo de Galileu, apesar da posição inflexível da Igreja e da Inquisição.

O conhecimento é a pedra de toque de seu pensamento, como se pode observar pela leitura de suas palavras:

> Por mais que se metam em consideração as circunstâncias do tempo, do lugar, do gênio do povo, dos seus conhecimentos, de suas inclinações, falham os cálculos, desmoronam-se os edifícios, inutilizam-se os trabalhos e só se colhe o conhecimento de que não se acertou e que o coração do homem é um abismo insondável, e um mistério que se não pode entender. (Morel, 1987, p.6)

Começava então a delinear-se o conflito entre as regras da religião e a política. Embora a disciplina religiosa o proibisse, Frei Caneca frequentou as sociedades secretas que prepararam os movimentos políticos de 1817 e 1824, mantendo uma perspectiva conciliadora entre seus ideais políticos e filosóficos e sua formação católica.

Na Confederação do Equador, sua figura destaca-se como eminente mentor intelectual, ágil, rebelde, tenaz, mordaz, contundente e coerente em seus escritos. Coerência incomum, especialmente quando se tratava da crítica do despotismo: "De ordinário, combate-se o despotismo porque está nas mãos dos outros; em chegando às nossas, tudo nos é lícito, tudo podemos, e levamos a rojões quanto se opõe ao furor dos nossos afetos e ao nosso ponto de honra" (Caneca, 1976, p.36).

Atuou corajosamente na imprensa política, enfrentando a fase absolutista do imperador, após a dissolução da Assembleia Constituinte e defendendo os princípios da Confederação do Equador: a soberania popular, as liberdades civis e políticas, os direitos humanos e do cidadão, a federação e a livre união das províncias.

> [Frei Caneca]não era só razão. Era, antes, coração. Inflamado, solidário, incandescente com os sofrimentos humanos; suas palavras transmitiam esse mesmo calor, comoção e tinham penetrante poder de convencimento pela sinceridade e limpidez com que eram ditas. Diante de uma sociedade como a brasileira, tal personalidade, por mais que tentasse atuar no plano das ideias, dificilmente poderia ter uma postura conciliatória. (Morel, 1987, p.10)

Ele não estava só: foi uma das principais expressões da Igreja durante o processo de emancipação política. No movimento de 1817, envolveram-se cerca de sessenta padres e dez frades. Em 1824, na Confederação do Equador, participaram mais de quarenta padres.

Frei Caneca foi um dos maiores críticos do liberalismo moderado e do absolutismo de D. Pedro I. Em 25 de dezembro de 1823, ele iniciou a publicação do *Tifis Pernambucano,* um jornal bissemanal que durou apenas nove meses. O último número é de 29 de setembro de 1824. Publicado com o objetivo de formar a opinião pública e preparar a Confederação do Equador, o jornal de Frei Caneca enfrentou o período autocrático de D. Pedro I, iniciando-se logo após a dissolução da Assembleia Constituinte (12.11.1823) e a prisão de Barata (17.11.1823). Os seguintes textos de Frei Caneca delineiam seu pensamento político:

> A soberania estava nos povos. Os povos não são herança de ninguém. Deus não quer sujeitar milhões de seus filhos aos caprichos de um só. Os reis não são emanação da divindade, são autoridades constitucionais" (Caneca, 1876, p.79).

> Os povos têm o direito de mudar a forma de governo. As cortes são superiores ao imperador. Clamando-se ao soberano congresso sobre alguma lei, que dele emanar, a qual contrária seja aos interesses dos povos, se estes não forem atendidos, desfeito está o pacto; cabe-nos então reassumir nossos direitos (idem, p.80).

> "Nós queremos uma constituição que afiance e sustente a nossa independência, a união das províncias, a integridade do império, a liberdade política, a igualdade civil, e todos os direitos do homem em sociedade; o ministério quer que, à força de armas, aceitemos um fantasma irrisório e ilusório da nossa segurança e felicidade" (Caneca, 1976, p.53).

Uma elite com senso crítico

Frei Caneca e Cipriano Barata fazem parte de uma elite capaz de fazer a crítica da ordem vigente.

Quando Cipriano Barata funda a *Sentinela da Liberdade* na Guarita de Pernambuco, ele havia sido eleito deputado constituinte por sua província, a Bahia. Mas troca o cargo pela carreira jornalística. Sua trajetória é oposta à dos políticos conservadores e carreiristas.

Barata não faz parte dessa linhagem de políticos que quer ser governo a qualquer preço, desses que, em vez de intervir nos grandes debates, limitam-se, como dizia Machado de Assis, a cortejar "a pasta por meio de rapapés, chás, comissões e votos". Porém, ele saiu da mesma "sociedade seleta" de onde saíram tais políticos, proprietários, comerciantes e letrados. Ele saiu da mesma "sociedade seleta", onde impera a "vulgaridade de caracteres, amor das aparências rutilantes, do arruído, frouxidão da vontade, domínio do capricho, e o mais. Dessa terra e desse estrume é que nasceu essa flor" (Machado, 1987, p.130-150).

Mas flor não é Brás Cubas, nem burocrata da corte. Sem ser carreirista, a flor lutou pelo poder. A *Sentinela da Liberdade* é um meio que o político liberal republicano do Nordeste encontra para contrapor-se às "sete mil baionetas" do imperador. Nessas circunstâncias, se fosse ao Rio de Janeiro participar da Assembleia Constituinte, sua voz soaria como "voz no deserto" (SL, 9.4.1823).

Esse tipo de conduta, a escolha dos três cursos: Filosofia, Matemática e Medicina e a profissão liberal já mostram uma diferença de mentalidade entre Cipriano Barata e a maioria de políticos conservadores que fizeram a opção convencional pelo curso de Direito e pela carreira de Estado.

Os profissionais liberais (médicos, jornalistas e, posteriormente, os advogados) não constituem um grupo à parte da "elite política imperial", os magistrados, militares, senadores, ministros, conselheiros de Estado. Em conjunto, eles formam uma "ilha de letrados num mar de analfabetos", mas alguns traços os distinguem: os profissionais liberais "constituem o que mais se aproximava na época de uma elite intelectual [...] capaz de crítica dos valores e instituições vigentes" (Carvalho, 1980, p.77). Os liberais radicais, em geral, fazem parte desse grupo, ou são militares de baixa patente, ou padres e religiosos como Frei Caneca, com formação francesa ou brasileira, voltada para as ciências humanas e para as ciências naturais, e capazes de conciliar os dogmas da religião católica com os ideais iluministas e os direitos do cidadão.

Críticos dos descaminhos absolutistas do liberalismo, Frei Caneca e Cipriano Barata pertencem ao que José Murillo de Carvalho chamou de "elite política imperial". Porém – e é isso que os diferencia dos donos do poder – Barata e Frei Caneca são o que se pode chamar propriamente de "elite intelectual"; têm autonomia do pensamento e, diferentemente do grupo no poder, são capazes de crítica dos valores e da ordem social e política vigente. Os profissionais liberais, médicos como Barata, religiosos como Frei Caneca, os militares de baixa patente têm, em geral, formação francesa ou brasileira; são os que mais se aproximam do conceito de intelectual e os que mais se inclinam ao liberalismo republicano.

Fontes de pesquisa

Material de Frei Caneca[1]

Tifis Pernambucano (1823-1824)
Obras Políticas e Literárias, Recife: Tip. Mercantil, 1876.
_____. Edição Fac similada, Recife: Assembleia Legislativa, 1979.
Dissertação político-social. Recife: Tip. Mercantil, 1875
Bases para a Formação do Pacto Político e Social. In: *Obras Políticas*. Recife: Tip. Mercantil, 1876.
CANECA, F. J. A. D. *Ensaios Políticos*. Antônio Paim (org.) RJ: PUC-RJ, 1976.

Material de Cipriano Barata[2]

Fala que fez Cipriano Barata no Congresso de Lisboa, 1830.
Carta a Luis Grecent, Autos da Devassa do Levantamento e Sedição dos Intentados na Bahia em 1798. *Anais do Arquivo Público da Bahia*. Salvador: Imprensa Oficial, 1959, v. 35 e 36.

---

1 O material de Frei Caneca encontra-se na Seção de Obras Raras da Biblioteca Municipal de São Paulo.
2 O material de Cipriano Barata encontra-se na Seção de Obras Raras da Biblioteca Nacional do Rio de Janeiro.

Memória do Dr. Barata ou Motivos de minha perseguição e desgraça em Pernambuco e Rio de Janeiro
Sentinela da Liberdade na Guarita de Pernambuco (1823)
Sentinela da Liberdade na Guarita de Pirajá (1831)
Sentinela da Liberdade em sua primeira Guarita, a de Pernambuco (1834-35)

Referências bibiográricas

ASSIS, M. *Memórias póstumas de Brás Cubas.* SP.: Ática, 1987.

_____. *Teoria do Medalhão,* Rio de Janeiro: Secretaria Municipal de Cultura, Divisão de Editoração, 1995, p.48.

BAKHTIN, M. *A cultura popular na idade média e no renascimento:* o contexto de François Rabelais. São Paulo: Hucitec e Universidade de Brasília, 1987.

BOTO, C. *A Escola do homem novo:* entre o Iluminismo e a Revolução Francesa. São Paulo:UNESP, 1996.

BOURDIER, P., PASSERON, J. *A reprodução:* elementos para uma teoria do sistema de ensino. Rio de Janeiro: Francisco Alves, 1975.

BRANDÃO, U. *A confederação do Equador.* Edição Comemorativa do Primeiro Centenário. Pernambuco: Oficinas Gráficas da Repartição de Publicações Oficiais, 1924.

CAMPOS, H. *O sequestro do barroco na formação da literatura brasileira:* o caso Gregório de Mattos. 2ª. ed. Salvador: FCJA, 1989.

CANDIDO, A. *Formação da Literatura Brasileira.* Belo Horizonte: Ed. Itatiaia, 2000, v.1.

_____. "O escritor e o público", In: *Literatura e sociedade.* São Paulo: Nacional, 1973.

CARVALHO, J. M. de. *A construção da ordem:* a elite política imperial. Rio de Janeiro: Campus, 1980.

CARVALHO, L. R. *As reformas pombalinas da instrução pública.* São Paulo: Edusp e Saraiva, 1978.

CHARTIER, R. *A aventura do livro: do leitor ao navegador.* São Paulo: Unesp, 1998

CASCUDO, L. da C. *História da cidade de Natal.* Natal: Prefeitura do Município de Natal, 1947.

CASSIRER, E. *O mito do Estado.* Rio de Janeiro: Zahar, 1976.

CUNHA, L. A. *A universidade reformada.* Rio de Janeiro: Francisco Alves, 1988.

FAORO, R. *Existe um pensamento político brasileiro?* São Paulo: Ática, 1994.

_____. *Os donos do poder:* a formação do patronato brasileiro. v.1, 5ª. ed. Porto Alegre: Globo, 1979.

FOUCAULT, M. *As palavras e as coisas:* uma arqueologia das ciências humanas. São Paulo: Martins Fontes, 1985.

FRAGO, A. V. *Alfabetização na sociedade e na história: vozes, palavras e textos.* Porto Alegre: Artes Médicas, 1993.

FREUD, S. "El humor", In: *Obras Completas.* 4ª.ed. Madrid: Biblioteca Nueva, 1981, t.3.

FRIEIRO, E. *O diabo na livraria do cônego.* 2ª.ed. B.H.: Itatiaia e USP, 1981.

FROMM, E. *O medo a liberdade.* Rio de Janeiro: Zahar, 1970.

HABERMAS, J. *Mudança estrutural na esfera pública.* Rio de Janeiro: Tempo Brasileiro, 1984.

JAKOBSON, R. *Linguística e comunicação.* 6ª. ed. São Paulo: Cultrix, s.d.

MARRACH, S. A. A. *O jornalismo político de Cipriano Barata.* (Tese de doutorado) PUC-SP, 1992.

MATOS, F. *A comunicação social na revolução dos alfaiates.* Salvador: Núcleo de Publicação do Centro Editorial e Didático da UFBA, 1974.

MATTOSO, K. *Presença francesa no movimento democrático baiano de 1798.* Salvador: Itapuã, 1969.

MONCADA, L. C. *Um iluminista português do século XVIII:* Luís Antonio Verney. São Paulo: Livraria Acadêmica, 1941.

MOTA, C. G. *Nordeste, 1817.* São Paulo: Perspectiva e USP, 1972.

_____. *Atitudes de inovação no Brasil: 1798-1801.* Lisboa, Livros Horizontais, s.d. *Nordeste 1817.* São Paulo: Perspectiva/USP, 1972.

NASCIMENTO, M. M. *Opinião pública e revolução.* São Paulo: Edusp, e Nova Stella, 1989.

PINHEIRO, A. *Aquém da identidade e da oposição:* formas na cultura mestiça. Piracicaba: Unimep, 1994.

PRADO Jr., C. *Evolução Política do Brasil*, 11ª. ed. São Paulo: Brasiliense, 1979.

RODRIGRES, J. H. *Independência:* revolução e contrarrevolução. v1. Rio de Janeiro: Francisco Alves, 1975.

RUI, A. *A primeira revolução social brasileira.*2ª. ed. São Paulo: Ed. Nacional, 1978.

SODRÉ, N.W. *Síntese da Cultura Brasileira.* 8ª. ed. Rio de Janeiro.: Civilização Brasileira, 1980.

_____. *História da Imprensa no Brasil.* 2ª. ed. Rio de Janeiro: Graal, 1977.

_____. *A fúria de Calibã.* Rio de Janeiro: Bertrand Brasil, 1994

WEREBE, M. J. A. *Educação, História Geral da Civilização Brasileira.* 2ª. ed. (Holanda, S.B. org.)T. 2, v.4, São Paulo: Difel, 1974.

2
A TRANSFORMAÇÃO DO ILUMINISMO EM EDUCAÇÃO PARA O CONTROLE DAS ALMAS

O chamado *regresso* enterrou a corrente liberal radical e, durante a fase de consolidação da Monarquia, prevaleceu o liberalismo moderado, cujas repercussões na educação constituem objeto de análise deste capítulo. Vamos rediscutir o impacto das ideias liberais no pensamento educacional, focalizando a corrente que se tornou hegemônica após o declínio do liberalismo radical, isto é, o liberalismo moderado, conciliador, conservador. Faremos uso de fontes bibliográficas e literárias para que possamos compreender as contradições do pensamento educacional liberal, e para descortinar uma mudança que ocorre sutilmente no decorrer do século, a saber: alguns elementos do Iluminismo fundem-se nas teias do discurso pedagógico liberal, em que ocorre a transformação do ritual revolucionário da educação democrática em mito da modelagem ou controle das almas. Em outras palavras, ao longo do século há uma passagem do rito do esclarecimento ao mito da educação como controle das almas, que a fina intuição de escritores como Machado de Assis e Eça de Queirós apreendeu.

Conservadorismo, conciliação e educação

A consciência conservadora, conforme Mercadante, nasce no cruzamento da sociedade escravocrata com a economia mercantil. É pragmática, pouco afeita às inquietações teóricas e intelectuais. Prefere as atitudes habituais às mudanças repentinas; considera o existente como a ordem natural das coisas. Não descarta de todo as mudanças, desde que sejam graduais. Seu lema é "reformar para conservar". É eclética e contemporizadora. Prefere as soluções de compromisso. A *intelligentzia moderada de 1822* soube enquadrar o liberalismo político às necessidades do trabalho escravo e conciliar a mudança nas relações externas com o escravismo nas relações internas, fazendo uma "síntese que adotava a política do desenvolvimento gradual [...] "Tudo pois conduzia o domínio rural, por sua elite, e arrastando a seu reboque as classes urbanas, vinculadas ao comércio importador e exportador, a tomar o liberalismo econômico como ponto de partida para a sua política de consolidação da abertura dos portos" (Mercadante, 1980, p.234 e 239). O pensamento centrista dos "heróis do meio-termo", como Evaristo da Veiga, é hegemônico no Império. Seu ponto de partida é o critério realista, o apego ao real existente; a grande preocupação é adequar a política e as instituições às circunstâncias. Adaptar, ajustar, conciliar são as palavras de ordem para aqueles que acham que "a verdade não se acha nos extremos".

A consciência conservadora não está preocupada com os princípios de justiça e liberdade do liberalismo. Para ela, a atitude política depende das circunstâncias. A transação ou conciliação é a moral de sua política e a autoridade, sua escola. A ideia conciliadora não é a da imobilidade. O movimento é a lei de sua conservação. Ao espírito ilustrado dos conservadores caberia, em toda a história do século XIX, o mérito das reformas, realizando-as prudentemente (Mercadante, 1980).

Ensino público e ensino aristocrático

A conciliação mantém equilibradas as contradições sociais, políticas e educacionais do Império. O problema da educação brasileira no século XIX não é a autonomia das ideias em relação à realidade educacional, nem a disjunção aparente com a função de dissimular conflitos e desigualdades de oportunidade. O problema é a adaptação do ensino público, de matriz liberal, à educação aristocrática, como distintivo de classe. Essa adaptação é obra do conservadorismo prudente, moderado, conciliador, que foi dominante no Império, e não do liberalismo.

A contradição mencionada é fruto da sociedade de coloração aristocrática que, contudo, não tinha uma aristocracia tradicional. Mas uma "nobreza de toga" (Holanda, 1978) formada pela Universidade de Coimbra e, mais tarde, pelos cursos jurídicos de São Paulo e Pernambuco, e que era nobilitada pelo Estado patrimonial.

Numa sociedade em que as oligarquias são proeminentes, isto é, os grupos dirigentes são compostos de poucas famílias, unidas por interesses de classe e por laços de sangue, e onde o liberalismo convive com o patrimonialismo, a ordem burocrática é aristocratizada; o emprego público nobilita e o letrado torna-se letrado para conquistar um cargo (Faoro, 1979). Nesse quadro, a consciência conservadora conciliou a ideia originalmente liberal de ensino público aos privilégios de uma classe, o que resultou na educação como distintivo de classe. A grande preocupação educacional é com a formação da aristocracia, com o curso superior, ao qual cabe dar unidade e homogeneidade ideológica à elite. Os outros níveis de ensino servem apenas para preparar para o superior.

Além do mais, os próprios estatutos dos cursos de Direito, redigidos pelo visconde de Cachoeira, afirmam menos a ideia de formar juristas do que a ideia de formar deputados, senadores, altos empregados públicos. José de Alencar chegou a falar em "aristocracia burocrática". "No Brasil", escreve ele, "os ministros são nomeados pela Coroa, mas quem faz o gabinete é somente a burocracia; nela reside a soberania popular fraudada à nação." No Brasil do século XIX, coube à escola formar essa aristocracia burocrática.

A escola e o colégio para além da retórica

A educação, conforme Henri-Irénée Marrou (1969), constitui fenômeno secundário, subordinado à civilização, da qual representa um resumo, uma condensação, uma síntese. A escola inicia a juventude na *cultura real* de uma civilização, de uma sociedade.

A organização escolar, no Brasil do século XIX, assumiu o verticalismo da estrutura social. Refletiu uma sociedade profundamente hierarquizada, marcada por rígidas barreiras raciais e de classes. Do discurso iluminista à prática da política educacional, identificamos, apoiados na arguta observação de Machado de Assis, a transformação do ritual revolucionário da educação democrática no mito da modelagem ou controle das almas.

É função do historiador da educação compreender o sentido das mudanças, no caso, a passagem do rito ao mito do esclarecimento. Vista pela chancela histórica, a obra de Machado de Assis é muito mais que uma fonte histórica, pois contém uma interpretação. Sidney Chalhoub bem mostrou o texto literário machadiano como uma interpretação histórica possível, marcada pela exploração da ideologia senhorial. E onde há uma posição ambivalente, como na personagem Helena, "condenada a uma introjeção crítica dos valores e significados que organizam o mundo a partir do ponto de vista de Estácio". A "contemplação exclusivista do próprio nariz, tão saliente em Estácio e Brás, seria a essência de um ser político específico, historicamente determinado, aqui apelidado de 'classe senhorial'". [...] A obra machadiana "buscava representar a classe senhorial no período em que vivera o ápice de seu poder e prestígio social, ou seja, entre os anos 1840 e o aprofundamento da crise política que resultaria na lei de 28 de setembro de 1871" (Chalhoub, 2003, p.24-5). Em Machado, os antagonismos entre senhores e seus dependentes são entendidos no interior da lógica da dominação paternalista, do apadrinhamento, abordando inclusive a experiência dos dependentes livres e escravos diante da dominação.

No Brasil monárquico, enquanto o discurso parlamentar falava da educação para a cidadania, na prática, o descaso da política educacional com a educação básica era absoluto, o que só confirma a cultura retórica, espelhando o narcisismo da classe dominante. A ausência de educação básica durante o século XIX deve-se ao fato de que a maior parte da população estava submetida a controles externos, à ameaça de violência física direta – e não nos referimos somente aos escravos, mas também ao contingente de homens livres e pobres, chamados "mestiços", "pardos", "cabras" e "crioulos", que apenas teoricamente eram livres, pois na verdade estavam presos à lógica da dominação paternalista.

À escola do século XIX, coube proceder a modelação social dos filhos da "boa sociedade" ou "sociedade seleta", para usar a expressão de Machado de Assis (1987). Mas a rara e pobre, escola de primeiras letras, recebeu, além dos filhos da "boa sociedade", os filhos de pequenos e médios funcionários, de professores primários, de militares e caixeiros. É que, entre a população livre, as barreiras sociais não eram de todo impermeáveis, sobretudo em função do patronato.

A escola de nível médio era socialmente mais seletiva, pois os melhores colégios estavam em mãos de particulares. A essa escola coube preparar uma parcela privilegiada da juventude para o ingresso no curso superior.

Durante o Segundo Reinado (1840-1889), os colégios destinavam-se aos filhos dos grandes proprietários rurais e grandes comerciantes. No final do Império, os filhos dos burocratas do segundo escalão e dos profissionais liberais conseguiram chegar aos colégios, embora com alguma dificuldade, pois a maioria era autodidata ou iletrada, já que os preceptores e as escolas custavam caro.

O ensino era baseado nos padrões europeus – os colégios empregavam, inclusive, um ou dois europeus leigos ou religiosos, normalmente de origem francesa, que ensinavam em textos franceses ou traduzidos, conforme a receita da França da Restauração: ensino humanista, conservador e católico.

O ensino era para os meninos. Para as meninas, as perspectivas educacionais eram poucas, não havia quase nada para elas, exceto as aulas para pequenos grupos, organizadas a partir dos anos 1830 por mestres estrangeiros, e os colégios de freiras, além dos conventos franceses, para os quais se dirigiam as de famílias mais abastadas. Elas aprendiam línguas, piano e uma lista de refinamentos, que visavam ao preparo para a vida matrimonial, com noivo escolhido pela família, ou melhor, pelo pai de família.

Uma das instituições mais representativas do ensino secundário foi o Colégio Pedro II, fundado em 1837, sob a égide imperial, na capital do País. Seu currículo foi elaborado de acordo com o modelo do ensino clássico francês, voltado para as línguas e literaturas antigas e modernas, retórica, história, filosofia e religião.

Somente no final do Império, a matemática e as ciências naturais passaram a ganhar algum terreno. Por isso, Fernando Azevedo (1975) critica o ensino retórico e literário daquela época. Mesmo durante a República Velha, quando deixa de ser o principal colégio da elite brasileira, o Pedro II manteve o apoio governamental e a primazia de determinar os padrões nacionais dos textos didáticos e das avaliações.

O Colégio Pedro II tinha um externato localizado em um imponente sobrado da Cidade Velha, reformado por Bittencourt da Silva, em estilo eclético, por volta de 1870, e mantinha um internato perto das fazendas do bairro do Engenho Velho e, mais tarde, em São Cristóvão. Em 1865, tinha 327 alunos, que estudavam com professores hoje reputados como grandes escritores, entre eles, Capistrano de Abreu, Sílvio Romero, Gonçalves Dias, Joaquim Manuel de Macedo, entre outros.

O método de ensino era o tradicional "decoreba", de acordo com o depoimento de um professor, que explicou a um ex-aluno a razão para forçar o estudante a decorar as lições: "Menino, estudante que não decora só não diz besteira quando compreende o ponto, e isso não acontece sempre. Por isso tomei o partido de exigir sempre que me decorassem a matéria, porque desse modo não diriam tolices, embora sem compreender o assunto" (Needel, 1993, p.77).

Joaquim Manoel de Macedo (1820-1882) – mais conhecido como romancista – como professor de História do Pedro II, escreveu um livro didático de História do Brasil, marcado pela concepção narrativa e linear dos fatos. Seu livro foi bastante utilizado na época (Mazzeu, 1995) e criticado por Werneck Sodré: Macedo era filiado ao Instituto Histórico e Geográfico e chegou a substituir Varnhagen na direção. Escreveu *Lições de História do Brasil* para usar nas aulas do Colégio Pedro II. O livro é baseado na famosa obra do mestre: *História Geral do Brasil*. Macedo introduziu nos ensinos primário e secundário os chamados "quadros de ferro" de Varnhagen. Isto é, os temas abordados eram dispostos cronologicamente e listados por datas (dia, mês e ano), colocadas na margem esquerda do livro. Era uma história narrativa e linear, que valorizava os fatos e glorificava os atores principais, tratando-os como heróis; uma história marcada pelo idealismo e pela noção de progresso cumulativo. Esse tipo de história só passou a ser criticado com o advento dos modernos métodos de pesquisa historiográfica (Sodré, 1980).

A educação em Machado de Assis

Vejamos agora como era a educação no Império, nas obras de Machado de Assis e de Eça de Queirós.

Vamos começar pelo *Conto da escola*, publicado pela primeira vez nos folhetins da imprensa carioca e, mais tarde, em uma coletânea dos melhores contos que o autor reuniu em vida, chamada *Várias histórias, 1897.*

O *Conto da escola* passa-se em 1840, quem sabe, é uma biografia de Machado, o garoto Pilar dividido entre a escola da rua Costa Barros, onde Machado estudara, e as brincadeiras no morro do Livramento, com os meninos vadios, "a fina flor do bairro e do gênero humano". Pilar resolve ir à escola por causa da lembrança do último castigo – uma sova de vara de marmelo dada pelo pai por faltar à aula.

O professor chamava-se Policarpo. Tinha mais ou menos cinquenta anos. Usava colarinho caído, jaqueta de brim desbotada e calça branca e lenço vermelho. Enquanto os alunos faziam os exercícios de gramática, o mestre lia os jornais. Era o final da Regência e a política brasileira estava pegando fogo. Policarpo lia "artigo por artigo, pontuando-os com exclamações, com gestos de ombros, com uma ou duas pancadinhas na mesa" (Machado, 1995, p.137).

Enquanto isso, o garoto Pilar, um dos melhores alunos da classe, recebia de Raimundo – aluno lento, filho de Policarpo, e com quem o mestre era mais duro – a tentadora proposta de ensinar-lhe a lição de sintaxe em troca de uma moedinha de prata. Os dois confabularam. Pilar pensava na novidade da proposta, a troca da lição pelo dinheiro, pensava no medo que Raimundo tinha de ser castigado pelo pai: "O pobre-diabo contava com o favor – mas queria assegurar-lhe a eficácia, e daí recorreu à moeda que a mãe lhe dera e ele guardava como relíquia ou brinquedo".

Apesar do medo, Pilar topou, recebeu a moeda, passou a cola da lição e bem baixinho explicou tudo, tirando todas as dúvidas de Raimundo. A transação teria dado certo se Curvelo, outro aluno da escola, não tivesse observado tudo e contado ao mestre. Policarpo bradou: "Então o senhor recebe dinheiro para ensinar as lições aos outros?" Pegou a palmatória que ficava pendurada no portal da janela. Falou um monte de coisas duras, deu-lhes um sermão e doze bolos em cada um. Chamou-os de "sem-vergonhas, desaforados", "porcalhões, tratantes" etc.

No dia seguinte, Pilar não foi à escola. Quis procurar a moeda, que o mestre atirou pela janela. Não achou. Pensou em se vingar de Curvelo. Mas acabou acompanhando os fuzileiros, ao som do rufo, cantarolando alguma e depois brincando, brincando tanto que chegou em casa com as calças enxovalhadas.

O que ele aprendeu na escola?

Além da lição de sintaxe, o garoto adquiriu conhecimento da corrupção, da delação e do castigo.

E o que desejava o mestre?

Machado de Assis explica: "Lição de cor e compostura na aula, nada mais, nada menos do que quer a vida". A escola procura modelar no indivíduo uma segunda natureza, a das convenções, das condutas constantes, a repetição das relações sociais.

Memórias póstumas de Brás Cubas e o curso jurídico

Em *Memórias póstumas de Brás Cubas* (Assis, 1987), há um bom retrato da educação no Brasil monárquico. O personagem vai à escola de primeiras letras, onde aprende a ler, escrever e contar, dar e receber cacholetas e fazer travessura nos morros e praias. Na escola, também se aprende o convívio social, a brincadeira e o prazer não isento de pequenas agressões entre amigos.

A atitude do mestre introjeta os comportamentos desejados, mas não sem inspirar a chacota. Lembrando seu primeiro professor, Brás Cubas não se esquece das baratas mortas colocadas na gaveta de sua escrivaninha por causa de seu nome, Ludgero Barata. Não se esquece de que fora ele quem lhe ensinou as primeiras letras e as convenções básicas que a vida exige. Mas a lembrança não é isenta de um certo desprezo. Desprezo por sua pobreza, mediocridade e obscuridade. Brás Cubas nasceu numa família abastada e com boas relações na corte. Aprendera com o pai a ter horror da vida obscura e calada. Tinha "amor da glória e da nomeada". Fez o curso superior de Direito para ser deputado. A última frase merece um comentário. Numa sociedade de coloração aristocrática que, contudo, não tinha aristocracia tradicional, coube à escola formar a nobreza de toga que o Estado patrimonial nobilitaria com a concessão de cargos públicos.

O bacharelismo e a casca de todas as coisas em Machado

O diploma de bacharel representava uma carta de recomendação aos mais rendosos e prestigiosos cargos. Distinguia seu portador do comum dos mortais, fazendo dele um ser superior às contingências. Conferia dignidade e importância, além de assegurar uma privilegiada situação econômica.

Os quadros administrativos e políticos que atuaram no período da consolidação do Império foram preparados pela Universidade de Coimbra. As faculdades de Direito de São Paulo e Recife formaram a elite política que atuou a partir de 1850.

Bem, mas o que a Universidade de Coimbra ensinou aos estudantes de Direito?

Desde as Reformas Pombalinas da Instrução Pública, os ventos liberais atingiram aquela universidade. Ensinava-se, além do Direito Romano, Direito Português, Direito Natural, Direito Público Universal, Direito das Gentes, História Civil dos Povos etc. Mas o espírito da universidade permaneceu conservador; Rousseau, Voltaire, entre outros, continuavam proibidos (Carvalho, 1978).

Vamos acompanhar a trajetória de Brás Cubas para ver o que a Universidade de Coimbra lhe ensinou.

O capítulo sobre a ida de Brás Cubas para a universidade tem o título "Curto, mas alegre" (Assis, 1987). Na época nenhum problema afligia sua alma, nem o existencial. Era trivial e, embora não tivesse opinião própria, era presunçoso.

Foi fazer Direito por aceitar um projeto de grande futuro proposto por seu pai: o diploma, o casamento com a filha de um Conselheiro e uma cadeira na Câmara dos Deputados.

Dos conhecimentos que a Universidade de Coimbra lhe ensinou, Brás Cubas assimilou a retórica e nem por isso deixou de receber a carta de bacharel. Decorou "as fórmulas, o vocabulário, o esqueleto". Embolsou "três versos de Virgílio, dois de Horácio, uma dúzia de locuções morais e políticas, para as despesas de conversação. Assim tratou a história, a jurisprudência, a filosofia, colheu a "fraseologia, a casca, a ornamentação". Aprendeu o "liberalismo teórico" e as "Constituições escritas". E viveu em Coimbra a vida do estudante folgado e folião, chegado às aventuras amorosas.

A cultura retórica de Brás Cubas vestiu como uma luva aquela inteligência pouco afeita às indagações teóricas e sempre disposta a contemporizar, a buscar o meio-termo, a conciliar ideias opostas. Aliás, para conciliar as contradições do Império, "os aprendizes do poder" precisariam ser como Brás Cubas: dado a extrair de todas as coisas a casca, de modo a aderir prudentemente a doutrinas opostas, para buscar fórmulas moderadas. Trata-se do que Sérgio Buarque de Holanda (1978, p.113) chamou de sociabilidade "cordial", "o viver nos outros" que, na vida intelectual, se manifesta na facilidade com que a *intelligentzia* assimila doutrinas de diferentes matrizes, sustentando, ao mesmo tempo, ideias díspares, sem se interrogar se as doutrinas são adequadas para a interpretação da realidade brasileira. Ao contrário, procura, invariavelmente, simplificar o real complexo em fórmulas fixas e leis genéricas, que facilmente circunscrevem a realidade e a colocam "ao alcance de raciocínios preguiçosos".

O bacharelismo do século XIX foi uma das manifestações da tendência à exaltação da personalidade; o título distinguia o bacharel do comum dos mortais, fazendo dele um ser superior às contingências. O diploma de bacharel conferia não só *status* e prestígio, como assegurava uma privilegiada situação econômica, representando uma carta de recomendação aos mais rendosos cargos públicos.

Mas voltemos a Brás Cubas. Na formatura, ao receber o diploma, ele chegou a sentir um certo medo da responsabilidade, que logo foi dissipado pela promessa de grande futuro que o diploma representava, e por seu ardente desejo de influir, de ser nomeado para um cargo, de ser reconhecido pela opinião e, assim, gozar a vida, prolongando a universidade.

Memórias póstumas de Brás Cubas mostra que o curso de Direito da Universidade de Coimbra preparou o estudante para conquistar cargos públicos, que não exigem conhecimentos maiores do que os que arranham a superfície e, além disso, propiciam uma vida suave, sem rosto suado e com agradáveis distrações.

Com o diploma de bacharel e o apadrinhamento do regente, conseguido por intermédio do pai, Brás Cubas fez-se deputado.

Um dia, encontrou-se com um antigo colega de colégio que era ministro. E teve vontade de ser ministro mais por "amor da glória" do que por amor ao poder. Por vaidade, ambição, gosto de ser reconhecido pela opinião pública, para saborear a vida. Faltou-lhe contudo o "interesse de outra natureza. Vira o teatro pelo lado da plateia; e, palavra, que era bonito. Soberbo cenário, vida, movimento e graça na representação". Por isso, Brás Cubas não conseguiu chegar ao topo da pirâmide, por ver o teatro do lado da plateia.

O conde Abranhos

Mas vejamos um outro bacharel; um bacharel que viu o teatro pelas coxias, foi ministro e conselheiro: o conde Abranhos, personagem de Eça de Queirós, formado pela mesma Universidade de Coimbra em que estudou seu contemporâneo, Brás Cubas (a título de informação, vale dizer que a novela *O conde Abranhos* foi escrita depois da publicação de *A relíquia*, época em que, além da literatura de observação, Eça de Queirós (1845-1900) desenvolve o veio irônico e até cômico, que já aparece em *O mandarim* (Queirós, 1970).

Como Brás Cubas, Abranhos extraiu do ensino universitário do Direito a casa de todas as coisas, a frase feita, as fórmulas, a cultura retórica, enfim. Mas, enquanto o primeiro embolsava frases para "as despesas de conversação", o segundo dava-lhes a "solenidade de um dogma".

Da universidade, Abranhos descobriu três grandes vantagens: a separação entre o bacharel e o "futrica" (o povo iletrado); a garantia da continuidade da ideia conservadora e a manutenção da hierarquia.

Brás Cubas conhecia a separação entre o bacharel e o "futrica" de longa data, desde criança, quando brincava de cavalgar sobre seu pequeno escravo, Prudêncio. Mas nunca se interessou por sistematizar tal vantagem, como fazia Abranhos, que pensava assim: "O Bacharel, sendo o Espírito, deve impedir que o Futrica, que é apenas Matéria, aspire a governar como ele, a pensar como ele, a viver como ele, deve mantê-lo portanto no seu trabalho subalterno, que é o seu destino providencial".

Para garantir a vigência da ideia conservadora, a universidade tinha como recurso a "sebenta", apostila para o estudante decorar sem comentar e criticar. O método valia para formar o hábito salutar de obedecer aos dogmas e todo tipo de instituições e de ideias preconcebidas. Tinha a vantagem de cortar no nascedouro a menor inclinação ao livre exame, por exemplo, a curiosidade de querer saber a razão dos fatos e das coisas. Assim, o método de aceitar incondicionalmente a ideia dos mestres eliminava os riscos do livre-arbítrio.

Abranhos interpretou tão bem a sebenta que assimilou a Constituição liberal ao absolutismo da apostila:

> Hoje, destruído o regime absoluto, temos a certeza que a Carta liberal é justa, é sábia, é útil e sã. Que necessidade há de a examinar, discutir, verificar, criticar, comparar, pôr em dúvida? O hábito de decorar a Sebenta produz mais tarde o hábito de aceitar a Carta. A Sebenta é a pedra angular da Carta! O Bacharel é o gérmen do Constitucional.

Abranhos admirava a dependência dos estudantes aos severos mestres. Estes obrigavam os estudantes a curvar-se, a humilhar-se sorrindo para abrandar sua austera severidade. Esta prática diária durante cinco anos fazia que o estudante se habituasse a respeitar a autoridade e descobrisse que a dignidade pessoal "leva ao amor exagerado da independência civil". Habituado a obedecer, lisonjear, suplicar,

> o bacharel entra na vida pública disciplinado e, em lugar de ser um homem que quer tomar na vida o lugar que lhe convém (o que seria a desorganização das posições sociais) se vai humildemente com um sorriso colocar-se no lugar, na fila, no cantinho, que lhe mandaram os que governam – e assim se forma uma imperecível harmonia social.

Sabendo de tudo isso, Abranhos bacharelou-se e tornou-se o conde Abranhos, ministro e estadista, enquanto Brás Cubas tentava uma vaga no Ministério. Brás Cubas não se curva, não se coloca humildemente na fila. Seu método é outro e decorre de seu "amor da glória". Ele quer brilhar e ser ministro às custas de seu próprio brilho. Assim, na Câmara dos Deputados, faz um discurso cheio de citações de autores estrangeiros sobre a necessidade de diminuir o tamanho da barretina da Guarda Nacional. Todos admiraram a forma perfeita do discurso e a capacidade de tirar tantas ideias da barretina. Mas, ao ministro da Justiça, provavelmente parecido com o conde Abranhos, o discurso tinha qualquer coisa de oposição.

Entre o parlamentar, de um lado, e o ministro, do outro, está a diferença entre o político e o quadro administrativo. O primeiro precisa da palavra fácil necessária ao debate no interior do parlamento. O segundo apega-se mais à autoridade. Ambos compõem a nobreza de toga do Império brasileiro, ou a "aristocracia burocrática" formada pela universidade.

O caráter retórico e conservador do ensino da Universidade de Coimbra, descrito por Machado de Assis e Eça de Queirós, aparece também no testemunho do parlamentar Bernardo Pereira de Vasconcelos sobre a Universidade de Coimbra, onde se bacharelou:

> O direito de resistência, este baluarte da liberdade, era inteiramente proscrito; e desgraçado de quem dele se lembrasse..! [A Universidade de Coimbra] está inteiramente incomunicável com o resto do mundo científico. Ali não se admite correspondência com outras academias; ali não se

conferem os graus senão àqueles que estudaram o ranço dos compêndios; ali estava aberta continuamente uma inquisição pronta a chamar às chamas todo aquele que tivesse a desgraça de reconhecer qualquer verdade ou na religião ou na política. (apud Mercadante, 1978)

O curso de Direito do largo de São Francisco

No dia 1º de março de 1828, foi fundado em São Paulo o curso de Ciências Jurídicas. Tanto este, quanto o curso criado em Pernambuco, foram inspirados no modelo do existente em Coimbra. Os primeiros professores eram ex-alunos daquela universidade. Mas o isolamento intelectual a que estavam submetidos os estudantes de Coimbra foi, em parte, superado nos cursos jurídicos de São Paulo e Olinda. Mesmo assim, as ideias mais inovadoras e radicais não figuravam nos compêndios escolares. A orientação predominante foi eclética e pragmática. Sob a influência de Victor Cousin e Bentham, o curso jurídico reforçava o liberalismo moderado, a consciência conservadora e a ética de compromisso.

[O curso de Direito] produziu um tipo específico de intelectual: politicamente disciplinado conforme os fundamentos ideológicos do Estado; criteriosamente profissionalizado para concretizar o funcionamento e o controle do aparato administrativo; e habilmente convencido se não da legitimidade, pelo menos da legalidade da forma de governo instaurada.

É fundamental ressaltar que a atividade pedagógica foi essencialmente política, não tanto pelos conteúdos transmitidos, mas estimulou um tipo de aprendizado de que "a militância política deveria se orientar por critérios intelectuais". Marcada pelo liberalismo oitocentista, a política era concebida como "atividade dirigida por critérios intelectuais", e a "vida intelectual" era percebida "como atividade potencialmente política" (Adorno, 1988, p.91).

A estrutura curricular do curso de Direito baseava-se no perfil do curso da Universidade de Coimbra, mas era influenciada pelo jusnaturalismo e voltada para superar o passado colonial, procurando formar advogados e magistrados capazes de construir o moderno Estado nacional. Compunha-se de nove cadeiras: Direito Natural, Direito Público, Análise da Constituição do Império, Direito das Gentes e Diplomacia, Direito Pátrio Civil, Direito Pátrio Criminal, Direito Público Eclesiástico, Teoria do Processo Criminal, Direito Mercantil e Marítimo e Economia Política. Esta última foi a grande inovação brasileira, introduzida inclusive antes da França. As disciplinas eram ministradas por professores de notório saber, que ocupavam cargos no Estado – cargos de magistrados, deputados etc. e lecionavam para ter uma atividade auxiliar e manter *status* e prestígio intelectual, pois, naquela época, a produção de conhecimentos era independente da tarefa do professor.

Mesmo assim, depoimentos dos estudantes, citados por Sérgio Adorno, mostram insatisfação e um certo desencanto em relação ao ensino: "o padre Vicente não sobressaía, nem pela ciência, nem pelo talento. Limitava-se a expor, com pouco desenvolvimento, e sem elaboração pessoal, as doutrinas de Melo (Melo Freire) com os adminículos de um ou outro civilista português que trazia em pedacinhos de papel, entre as folhas do compêndio." O que mais importava para os estudantes eram as associações como o Clube Acadêmico, a imprensa e as leituras paralelas às da sala de aula, como as de Nabuco, por ele comentadas: "O ano de 1866 foi para mim o *ano* da Revolução Francesa: Lamartine, Thiers, Mignet, Louis Blanc, Quinet, Mirabeau, Vergniaud e os Girondinos, tudo passa sucessivamente pelo meu espírito; a Convenção está nele em sessão permanente" (Adorno, 1988, p.103-4).

Os estatutos de 1831 impunham normas rigorosas de civilidade e cortesia nas salas de aula e no interior da academia. Os casos de interrupção do silêncio e de perturbação das atividades didáticas eram punidos. Quando cometiam as primeiras pequenas faltas, os estudantes eram advertidos. Já as mais graves implicavam suspensão, prisão e até a perda do ano letivo.

No entanto, durante o final da Regência, a agitação popular contagiou os estudantes. A insubordinação era tão grande que, em 19 de agosto de 1837, o decreto número 42 determinou que o aluno que ameaçasse o diretor o os professores, com injúrias ou violências, seria recusado na matrícula por um período de um a seis anos, conforme decisão da Congregação da Faculdade.

Contudo, tanto os rigores do estatuto como os do decreto foram insuficientes para disciplinar os estudantes. Conhecedores do assunto como Sérgio Adorno, Spencer Vampré e Alberto Venâncio Filho concordam que, nas últimas décadas do século XIX, a indisciplina deixou de ser coisa de estudante e perdeu seu caráter meramente ligado à jovialidade estudantil, adquirindo um sentido político.

O período regencial foi muito conturbado politicamente. O Segundo Reinado manteve uma paz aparente, tentando esconder nos porões da sociedade um dos problemas mais graves de então, o problema da escravidão, que minava as bases do Império e que os estudantes, permanentemente rebelados, se propunham a resolver. Em 1871, quando foi promulgado o decreto número 4.806, que regulamentava os exames do curso de Direito, abolindo o sorteio de ponto com 24 horas de antecedência para o exame escrito e estipulando em seu lugar o exame oral, os alunos invadiram as salas de aula e depredaram mesas e carteiras. É interessante observar que os estudantes rebelados foram defendidos por renomados republicanos.

Em 1878, o professor da Faculdade de Direito de São Paulo e ministro do Império do gabinete liberal Leôncio Carvalho levantou a bandeira do *ensino livre*. Isto é, da liberdade de ensino de acordo com a concepção do liberalismo cientificista aplicado à educação, que preconizava nada de lições, nada de controle de faltas e de notas. Partia-se do pressuposto de que a noção de responsabilidade era fundamental no sistema de ensino racional, que acreditava numa espécie de seleção natural dos bacharéis, sendo que num clima de liberdade científica – os críticos chamavam de liberdade de não aprender – os melhores iriam se destacar. A reforma do ensino livre, sancionada pelo decreto 7.247 de 19 de abril de 1879, estabelecia maior rigor nos exames, deixando a critério do professor a escolha do método para melhor realizar este objetivo.

Entretanto, enquanto Leôncio Carvalho supunha que o espírito livre de controles e coações significasse progresso no ensino de Direito, as contradições da Faculdade acentuaram-se, e a reforma acabou produzindo efeitos contrários ao que se propunha, conforme vaticinou

Joaquim Nabuco na sessão parlamentar de 15 de maio de 1879. A inexistência de controles de notas e faltas não estimulou a produção científica, o ensino não se democratizou e o ensino livre acabou debilitando ainda mais a estrutura pedagógica do curso de Direito.

A imprensa acadêmica

Em uma pesquisa, Maria Aparecida dos Santos Rocha (1995) chamou atenção para a importância da participação do aluno na política estudantil. Tratava-se de uma participação na militância política e na imprensa acadêmica liberal moderada do Império.

Estudando a Faculdade de Direito de São Paulo, Sérgio Adorno (1988, p.162) desenvolveu a tese de que mais importante do que a sala de aula, foi a intensa vida acadêmica dos estudantes de Direito. Ele toma uma frase de Venâncio Filho para dizer: "ser estudante de Direito era, pois, sobretudo, dedicar-se ao jornalismo, fazer literatura, especialmente a poesia, consagrar-se ao teatro, ser bom orador, participar dos grêmios literários e políticos, das sociedades secretas e das lojas maçônicas". A imprensa acadêmica foi a principal instituição para a formação da *intelligentzia* brasileira oitocentista, na qual se recrutavam os parlamentares, magistrados, administradores e professores. Concebida como porta-voz dos estudantes e bacharéis, a imprensa acadêmica transformou-se em tribuna livre e fórum dos direitos civis e políticos e das liberdades democráticas. Quem conquistou os estudantes, inspirando a criação do jornalismo acadêmico e liberal em São Paulo, foi o médico e professor de geometria Giovanni Baptista Líbero Badaró, fundador do *Observador Constitucional* (23.10.1829), que, com uma série de artigos denunciando os abusos das autoridades de São Paulo e defendendo a liberdade de expressão, granjeou a simpatia dos estudantes do largo de São Francisco. O primeiro jornal acadêmico foi *O Amigo das Letras,* fundado pelo estudante Josino Nascimento da Silva a 4 de abril de 1830. Seguindo a influência de Líbero Badaró, defendia as liberdades públicas e democráticas e criticava os abusos do poder.

Na época, os jornais duravam pouco em função da repressão política. Publicava-se um ou dois números, vinha a repressão, "empastelavam" o jornal, pronto. Acabou. No dia seguinte, era criado um outro jornal. Novamente vinha a repressão... E surgia um novo periódico. Por isso, na época, calcula-se que tenham existido cerca de duzentos periódicos, com diferentes títulos, em função do caráter efêmero não só da imprensa acadêmica como da imprensa de opinião.

Vinculada aos institutos e diretórios acadêmicos, a imprensa acadêmica não só acompanhava a situação política nacional e regional como publicava artigos sobre literatura, poesia e crítica literária. Um dos temas mais candentes dessa imprensa foi a escravidão e a campanha pela abolição da escravatura.

Os colaboradores, redatores, assim como as comissões editoriais, eram recrutados entre personalidades que, mais tarde, iriam alcançar notoriedade política, literária ou jornalística. Entre eles, José de Alencar, Tavares Bastos, José Bonifácio de Andrada e Silva, Rui Barbosa, Nabuco de Araújo, Castro Alves, entre outros.

Para fins do presente trabalho, importa reter que, pelo debate que propiciava, pela militância política que constituía, a imprensa acadêmica foi a antessala da Câmara dos Deputados, do Senado... Nas palavras de Sérgio Adorno (1988, p.165),

> foi a antessala de profissionalização da atividade política. Responsável pela formação publicista do recém-egresso da vida acadêmica, ela configurou-se *locus* privilegiado da deflagração de campanhas e de movimentos sociais, políticos, artísticos e culturais. Antes de tudo, essa imprensa ensinou ao acadêmico como tomar partido, lutar e apaixonar-se por uma causa, adquirir responsabilidade moral por atos praticados; enfim, esse jornalismo ensinou algo além do aprendizado da sala de aula: o princípio de que a política se faz em público e com a utilização desses dois instrumentos que são a palavra escrita e a falada.

O primeiro editorial de *O Amigo das Letras* revela a preocupação básica da imprensa acadêmica, a saber, a formação do leitor. E não era de qualquer leitor, não era do público médio em geral, do leitor culto, não. Era o bacharel em Direito. O objetivo central da imprensa acadêmica era garantir a boa formação do bacharel. Para tanto, o jornal tinha uma concepção de educação completa ou integral do indivíduo, que abrangia todos os conhecimentos disponíveis, procurava fazer da leitura um objeto de prazer, para disciplinar e organizar o pensamento, a percepção, a linguagem, para disciplinar a vontade política do leitor acadêmico, segundo o princípio da prudência e da moderação.

Um trecho do editorial do primeiro número de *O Amigo das Letras* dá-nos uma ideia da intensidade da preocupação da imprensa acadêmica com a formação liberal moderada dos estudantes:

> RADICAR profundamente o amor da liberdade no coração de seus leitores, animá-los a respeitar e a promover a moral pública, sem a religiosa observância da qual cai em desprezo a prática dos bons costumes, e periga a independência das Nações; são estes os dois grandes objetivos a que se dedica *O Amigo das Letras*: e para dignamente desempenhar tão importante tarefa, recorrerá o seu redator aos Publicistas de maior renome, e aos literatos mais abalizados, antigos e modernos, assim nacionais como estrangeiros; extraindo de suas obras aquelas passagens, que encerram os melhores preceitos de política e de moral. (apud Adorno, p.166-7).

Educação para o controle das almas

A vida acadêmica formou os quadros políticos e administrativos do Império, ensinando-lhes o liberalismo com a arte da prudência e da moderação. A imprensa acadêmica foi um poderoso meio de difusão do pensamento liberal despojado de princípios democráticos. O principal efeito da vida acadêmica dos "aprendizes do poder"

> consistiu na formação de uma elite de políticos profissionais coesa e diversa, que sintetizava harmonia e contradição, que expressava tanto os interesses agrários quanto os urbanos e – sobretudo – que se constituía como agrupamento multifacetado, porém, que representava a única parcela politicamente organizada da sociedade. (Adorno, 1988, p.155)

Importa reter que o curso jurídico, assim como a cultura acadêmica fora da sala de aula, produziram um tipo específico de bacharel disciplinado politicamente, de acordo com os fundamentos ideológicos do Estado monárquico, e profissionalizado, isto é, capaz de manter o funcionamento e o controle do aparato administrativo, mesmo sem acreditar na legitimidade da forma de governo instaurada, já ele estava habilmente convencido de sua legalidade. Eis a transformação do Iluminismo/esclarecimento, que propunha a educação democrática, em mito da modelagem ou controle das almas, a segunda natureza machadiana da lição de cor e compostura tanto na aula como na vida. Em outras palavras, ao longo do século XIX, ocorreu a passagem da busca do esclarecimento ao mito da educação como controle das almas, que a fina intuição de escritores como Machado de Assis e Eça de Queirós foi capaz de identificar, e que a presente pesquisa, fundamentada nos trabalhos de Sérgio Adorno, Sérgio Buarque de Holanda, Fernando Azevedo, Paulo Mercadante, entre outros, procurou registrar.

A nobreza de toga e conciliação

No Brasil monárquico, o bacharel foi o projeto de deputado, senador, desembargador, ministro e conselheiro de Estado. Para Raymundo Faoro (1979), havia um estamento de bacharéis; uma camada rala e ignorante da noção de soberania popular, que se coloca acima da sociedade e ao lado do foco principal de poder, o imperador, comandando, dirigindo e implementando as reformas do alto e a modernização tirânica. É importante abrir um parênteses para dizer que toda especialização, toda profissionalização implica cegueira, ignorância. No caso, a especialização em concretizar o funcionamento e o controle do Estado monárquico tinham, necessariamente, que gerar a ignorância da soberania popular.

Embora discordando do conceito de estamento, Thomas Flory nota, como Faoro, a não-correspondência entre a classe economicamente dominante e o grupo político dirigente. Reconhece que os senhores de engenho serviram de fundamento político do Império, dando-lhe alma, porém sem governá-lo. Quem governou foi uma "oligarquia judicial". No Brasil independente, como no período colonial, os magistrados foram "os guardiões políticos do governo, os representantes do poder, assim como (idealmente) os representantes desinteressados da lei" (Flory, 1991).

O quadro administrativo do Império possuía educação superior e, via de regra, formação em Direito. Mas sua origem social está ligada ao comércio exterior, à própria administração pública e às profissões liberais. E estes setores raramente se separam da propriedade rural. José Murilo de Carvalho mostra que, do reduzido contingente de 0,3% da população ativa e de 0,1% da população total, saíram cerca de "95% dos ministros, 90% dos deputados, 85% dos senadores, 100% dos conselheiros de Estado". E que "boa parte dos elementos com possibilidade de acesso a posições na elite política estava de alguma maneira vinculada à máquina estatal, pois o Estado se constituía no maior empregador dos letrados que ele próprio formava", fundindo a elite política à burocracia (Carvalho, 1980).

Para Sérgio Buarque de Holanda (1978), a nobreza de toga tem origem nas oligarquias tradicionais. Ambas são frutos da herança rural, da escravidão, do latifúndio e da proeminência das poucas e influentes famílias que, de fato, dirigiam o País.

A "sociedade seleta" colocou os juristas no ápice da pirâmide. Queria se ver livre do arbítrio da metrópole por meio de leis e normas impessoais. Seguindo esse raciocínio, o ideal seria que os formados no curso superior de Direito elaborassem, interpretassem e aplicassem as leis.

Flory mostrou que liberais e conservadores convergiam em ver nos juízes os representantes da ordem constitucional. Eles divergiam, entretanto, no seguinte: os conservadores, desejosos de estabilidade e manutenção da tradição, queriam o juiz profissional, o magistrado dependente do governo na nomeação e no salário, de modo que a autoridade do magistrado representasse o governo central, seu patrão. Os liberais queriam o juiz local, o tribunal de júri, para assegurar a autonomia da província, os direitos políticos do cidadão e para debilitar o poder do governo central nas províncias, exercido por meio dos magistrados.

Político e jornalista com grande capacidade crítica, Cipriano Barata percebeu bem a situação dos desembargadores em relação ao monarca; a cultura jurídica era usada para assegurar a sobreposição do poder pessoal do imperador sobre a nação. Na *Sentinela da Liberdade*, ao denunciar a perspectiva de dissolução da Assembleia Constituinte de 1823, Barata comentou o papel destinado aos desembargadores:

> Depois das novidades vindas do Rio de Janeiro [...], tem continuado os homens de juízo e doto o povo liberal, a perguntar o que devem fazer as províncias, ao caso de que os batalhões do Rio de Janeiro [...], escravos sem amor à Pátria, acometam e dissolvam o Congresso [...] e deem as leis que o Imperador quiser a sua única vontade, segundo o voto dos Severianos e outros que tais Servis Desembargadores [...], que com dois dedos de Direito Romano, Ferreira e pegas à Ordenação, querem nos dar Leis e governar o mundo com a ponta do pé. (*SL*, set. 1823)

Apesar das denúncias de Barata, liberais moderados e conservadores precisavam de um juiz. Nisso foram ambos bons continuadores da ordem colonial, que fez do juiz seu guardião. Buscando menos o livre-arbítrio do que um juiz para o Brasil independente, liberais e conservadores parecem confessar uma certa ausência de juízo próprio, um certo temor do livre-arbítrio.

Embora a nobreza de toga represente uma continuidade colonial na jovem nação independente, é preciso lembrar que o lema de seu conservadorismo é reformar para conservar. Mercadante bem mostrou que o princípio da consciência conservadora não é o da imobilidade. O movimento é a lei de sua conservação. Daí ser a conciliação sua estratégia política preferida.

O lema *reformar para conservar* implica uma orientação pelo critério realista, um esforço para adequar a ação política e as instituições às circunstâncias. Nesse quadro, entende-se como a nobreza de toga conciliou as contradições de seu tempo. A Universidade de Coimbra, reformada por Pombal e retomada pela reação, na qual a *intelligentzia* de 1822 estudou, tinha o objetivo de colocar a educação a serviço do fortalecimento do poder real e da recuperação econômica da metrópole. Mas formou também os construtores do Império brasileiro, isto é, aqueles que, ao lado dos senhores de engenho, levaram a cabo a independência em forma de revolução palaciana e construíram as bases jurídicas e políticas do Estado nacional.

Os cursos jurídicos de São Paulo e Recife – sobretudo pela vida acadêmica dos "aprendizes do poder" – prepararam os quadros políticos e administrativos que enfrentaram de forma conciliadora a questão da abolição da escravatura. A nobreza de toga, filha da aristocracia rural, minou aos poucos um dos esteios da monarquia e de sua classe, que já havia se transformado, pondo em crise o velho mundo senhorial.

Joaquim Nabuco (1963, p.193-4) assim descreveu o movimento:

> Quando a campanha da abolição foi iniciada, restavam ainda quase dois milhões de escravos [...]. A humanidade estava por demais adiantada para que se pudesse ainda defender em princípio a escravidão, como o haviam feito nos Estados Unidos. A raça latina não tem dessas coragens. O sentimento de ser a última nação de escravos humilhava a nossa altivez e emulação de país novo. [...] Nossos proprietários emancipavam aos centos os seus escravos, em vez de se unirem para linchar os abolicionistas, como fariam os criadores de Kentucky ou os plantadores da Lusiana. [...] Cinco ações ou concursos diferentes cooperaram para o resultado final: 1) a ação motora dos espíritos que criavam a opinião pela ideia, pela palavra, pelo sentimento, e que a faziam valer por meio do Parlamento, dos *meetings*, da imprensa, do ensino superior, do púlpito, dos tribunais; 2) a ação coercitiva dos que se propunham a destruir materialmente o formidável aparelho da escravidão, arrebatando os escravos ao poder dos senhores; 3) a ação complementar dos próprios proprietários, que, à medida que o movimento se precipitava, diminuíam diante dele as resistências, libertando em massa as suas *fábricas*; 4) a ação política dos estadistas, representando as concessões do governo; a ação dinástica. [...] No dia em que a Princesa Imperial se decidiu ao seu grande golpe de humanidade, sabia tudo o que arriscava. [...] A classe proprietária ameaçava passar-se toda para a República.

Referências bibliográficas

ADORNO, S. *Os aprendizes do poder*: o bacharelismo liberal na política brasileira. Rio de Janeiro: Paz e Terra, 1988.

ASSIS, M. *Memórias póstumas de Brás Cubas*, São Paulo: Ática, 1987

_____. *Papéis velhos e outras histórias*. Rio de Janeiro: Secretaria Municipal de Cultura, 1995.

AZEVEDO, F. *A cultura brasileira*. 5ª.ed. São Paulo/ Brasília: Melhoramentos e INL, 1975.

CAMBI, F. *História da pedagogia*. São Paulo: Unesp, 1999.

CARVALHO, J. M. *A construção da ordem. A elite política imperial*. Rio de Janeiro: Campus, 1980

CARVALHO, L. R. *As reformas pombalinas da instrução pública*. São Paulo: Edusp e Saraiva, 1978.

CHALHOUB, S. *Machado de Assis historiador*. São Paulo: Companhia das Letras, 2003.

FAORO, R. *Os donos do poder*: a formação do patronato político brasileiro. v.1. Porto Alegre: Globo, 1979.

FOUCAULT, M. *Vigiar e punir*. Petrópolis: Vozes, 1977.

GOLDMAN, L. *A criação cultural na sociedade moderna*. São Paulo: Difel, 1972.

MARTIN, A. V. *Sociologia de la Cultura Medieval*. Madrid: Coleccion Civitas de Estudios Políticos, 1954.

HOLANDA, S. B. *Raízes do Brasil*, 12ª.ed. Rio de Janeiro: José Olympio, 1978.

MARROU, H. I. *História da educação na Antiguidade*. São Paulo: Herder e Edusp, 1969

MAZZEU, E. M. R. *O ensino de história do Brasil no Império*. (Dissertação de mestrado), Santa Catarina.: UFSC, 1995.

MERCADANTE, P. *A consciência conservadora no Brasil*. Rio de Janeiro: Nova Fronteira, 1980.

NABUCO, J. *Um estadista do império:* Nabuco de Araújo. Sua vida, suas opiniões, sua época. T. I (1813-1857), Rio de Janeiro: H. Garnier, s.d.

NABUCO, J. *Minha formação*. Brasília: UNB, 1963.

NEEDEL, J. *Belle époque tropical*. São Paulo: Companhia das Letras, 1993.

QUEIRÓS, E. *O conde Abranhos*. Obra completa v.2. Rio de Janeiro: Aguilar, 1970.

ROCHA, M. A. S. *Os rapzes do Triângulo*: a participação política dos estudantes de Direito de São Paulo no Império. Marília: pesquisa mímeo, Unesp, 1995.

SODRÉ, N. W. *Síntese da cultura brasileira*, 8ª.ed. Rio de Janeiro: Civilização Brasileira, 1980.

VAMPRÉ, S. *Memórias para a história da Academia de São Paulo*. Brasília: INL, Conselho Federal de Cultura, 2.v.

VENÂNCIO FILHO, A. *Das arcadas ao bacharelismo*. São Paulo: Perspectiva, 1977.

WEREBE, M. J. A Educação. *História Geral da Civilização Brasileira*. 2ª.ed. (org.) Sérgio Buarque de Holanda, t.2, v.4, São Paulo: Difel, 1974.

Parte II

Do esclarecimento à educação na sociedade administrada

3
A TRANSFORMAÇÃO DA SOCIEDADE BURGUESA LIBERAL EM SOCIEDADE ADMINISTRADA E O PROBLEMA DA EDUCAÇÃO

O Brasil foi um dos últimos países a acabar com a escravidão. O fim desta instituição assinala o término da era colonial e o início de uma nova era, que, apesar de ser fundada no trabalho livre, Hobsbawm (1988, p.24) chamou de Era dos Impérios, um período de expansão capitalista e dominação europeia.

> [Foi] uma era de estabilidade social crescente, dentro da zona de economias industriais desenvolvidas, que forneceram os pequenos grupos de homens que, com uma facilidade que raiava a insolência, conseguiram conquistar e dominar vastos impérios; mas uma era que gerou, inevitavelmente, em sua periferia, as forças combinadas da rebelião e da revolução que a tragariam. [...] Foi uma era de paz sem paralelo no mundo ocidental, que gerou uma era de guerras mundiais igualmente sem paralelo.

Na lembrança dos liberais da alta classe média, essa época aparece envolvida por uma névoa dourada, com o nome de *belle époque*.

Vamos tentar entender as mudanças, acompanhando a trajetória de Stefan Zweig – um escritor liberal e pacifista, que viveu em Viena entre fins do longo século XIX e início do breve século XX. Em *O mundo que eu vi*, ele escreve:

Conheci na época anterior à Primeira Grande Guerra o mais alto grau de liberdade individual e depois o mais baixo nível, ao qual ela não tinha descido havia séculos; fui festejado e banido, livre e não, rico e pobre. Todos os sinistros ginetes do Apocalipse passaram impetuosamente pela minha vida, a revolução e a fome, a desvalorização do dinheiro e o terror, as epidemias e a emigração, vi crescerem e propagarem-se sob as minhas vistas as grandes ideologias das massas, o fascismo na Itália, o socialismo nacional na Alemanha, o bolchevismo na Rússia e, sobretudo, essa arquipeste, o nacionalismo, que aniquilou a florescência da nossa civilização europeia. (Zweig, 1953, p.10)

Zweig viveu em Viena do fim do século XIX, a capital do Império dos Habsburgos, uma cidade liberal, que cultivava o amor às artes, o teatro principalmente, mas também a música, a ópera, a literatura, as artes plásticas. Viena foi a metrópole onde nasceu a música de Mahler, a psicanálise de Freud, a moderna pintura de Gustav Klimt, a linguística de Wittgenstein.

O autor de *O mundo que eu vi* nasceu em 1881, num grande império, a Monarquia dos Habsburgos. E, sobre ela, escreveu:

Não a procurem, porém, no mapa: ela foi extinta e não deixou vestígio. Cresci em Viena, a bimilenária metrópole, e como um criminoso tive de abandoná-la, antes de ter sido ela rebaixada à condição de simples cidade alemã de província. Minha obra literária foi reduzida a cinzas, no mesmíssimo país em que os meus livros fizeram de milhões de leitores amigos meus. (idem, p.8)

Entre o mundo que Zweig viveu e o atual, há um abismo, provocado por duas guerras mundiais, revoluções e experiências totalitárias. Em *O mundo que eu vi*, o escritor descreve o "mundo da segurança", a vida estável e familiar que compartilhou na infância e na juventude. Seus pais e seus avós viveram sempre no mesmo país, na mesma cidade, na mesma casa; viveram uma vida tranquila, regrada, rotineira, uniforme, com orçamento fixo, sem imprevistos, domicílio seguro, negócios que passavam de geração à geração.

Era um mundo ordenado, sem paixões e sem pressa, com mudanças suaves; um mundo que evitava a petulância da juventude e cultivava a dignidade do homem maduro, grave, de cabelos grisalhos, considerando indelicada a pressa. "Tudo na nossa monarquia austríaca, quase milenária, parecia estabelecido para sempre e o próprio Estado parecia ser o supremo garantidor dessa estabilidade" (idem, p.13).

Educação e moderação

O mundo burguês, sistemático, com seu apego à ordem, proclamava a moderação, não gostava da juventude, desconfiava do ímpeto da mocidade, por isso tinha de se colocar acima dos jovens. Este era o segredo da educação enfadonha, do desinteresse pela escola dos métodos escolares tradicionais. Convencida do progresso linear e gradual, a burguesia proclamava a moderação e a calma.

> Os jovens, que por instinto sempre pretendem alterações rápidas e radicais, eram, pois, considerados como elemento perigoso, que pelo maior tempo possível deveria ficar afastado ou ser reprimido. Por isso não havia razão para que nos tornassem agradáveis os anos de escola; deveríamos fazer jus a toda forma de ascensão mediante paciente espera. (Zweig, 1953, p.38)

Diferentemente do século XX, que foi o século da juventude e da cultura jovem, o século XIX foi o século que valorizou a experiência da maturidade, a moderação, os óculos, a barba e os cabelos grisalhos. Nesse quadro, a pedagogia tradicional encontrou um campo fértil, pois a palavra do pai era irrefutável assim como a do professor, que representava a estabilidade do Estado monárquico.

Assim, a vida dos jovens não poderia ser muito cômoda. Eles tinham de aprender que tinham um grande número de deveres a cumprir até amadurecer, principalmente o dever da completa docilidade, antes de adquirir os primeiros direitos. As escolas, com seus corredores frios, cheirando a mofo, com salas lotadas, foram construídas como se os corpos em crescimento pudessem ficar em completa imobilidade. Elas constituíam um ambiente austero e insípido, que transformava o conhecimento em algo penoso e sem sentido.

Nas palavras de Zweig (1953, p.40):

> Também os nossos professores não tinham culpa da falta de atrativo daquela atividade escolar. Não eram bons nem maus, não eram tiranos nem camaradas prestimosos, mas sim pobres diabos que, presos como escravos ao esquema, ao plano de ensino estabelecido pelo Estado, tinham de executar a sua tarefa como nós a nossa e se sentiam – isto percebíamos claramente – tão felizes como nós quando ao meio-dia tocava o sino da escola, que a eles e a nós dava a liberdade. Não gostavam de nós, não nos odiavam, e mesmo não tinham motivo para isso, pois nada sabiam a respeito de nós. Ainda após alguns anos só conheciam pelo nome muito poucos de nós; de acordo com o método de ensino de então, nada lhes preocupava senão verificar quanto erros o "aluno" cometera no último exercício. Eles estavam sentados em cima, na cátedra, e nós embaixo, nos bancos, perguntavam e tínhamos que responder; fora disso não havia entre eles e nós relação alguma, pois entre o professor e o aluno, entre a cátedra e o banco escolar, entre o visível que estava em cima, e o visível que estava embaixo, se achava a barreira invisível, a "autoridade", que impedia todo contato.

A ausência de união espiritual entre Zweig e seus professores era tanta que ele simplesmente esquecera o nome e a fisionomia de todos.

Os cafés e o sabor do conhecimento

Entretanto, como boa parte dos jovens vienenses da geração que viveu entre fins do século XIX e início do XX, Zweig adquiriu o gosto pelo conhecimento por meio da imprensa, dos cafés, dos teatros, da atmosfera cultural e estética de Viena. A imprensa dedicava seções especiais às artes e espetáculos. Os cafés eram verdadeiros clubes democráticos, acessíveis a todos pela quantia módica de uma xícara de café. Por esse preço, o freguês podia ficar sentado horas e horas, discutindo e lendo poesia, escrevendo cartas, lendo jornais e revistas vienenses ou, então, revistas importadas, vindas da Inglaterra, da Itália, da Alemanha, dos Estados Unidos. Zweig (1953, p.49) diz que a sua geração interessava conhecer o novo, as últimas novidades mais extravagantes, o que dificilmente era acessível: tínhamos "simples prazer esportivo de superarmos uns aos outros, era uma espécie de vaidade pueril de, mediante a ocupação com a arte, nos sentirmos presunçosamente superiores ao meio sem senso artístico, formado por nossos parentes e professores". E observa: "Ainda hoje fico assombrado de ver quanto nós, rapazes, graças a esse entusiasmo pela literatura, então sabíamos, quão precocemente por esse ininterrupto discutir e dissecar havíamos adquirido capacidade crítica".

Dessa forma, lendo e discutindo Mallarmé, Zola, Rimbaud, Munch, entre outros, os jovens do fim do século XIX aprenderam uma nova maneira de encarar a poesia, a literatura e pintura modernas. Com Strauss e Schöenberg, descobriram novos ritmos e tonalidades musicais. Com Nietzsche compreenderam a revolução no pensamento filosófico contemporâneo e, observando as mudanças nas construções arquitetônicas, despojadas da ornamentação clássica, colocaram em dúvida o sólido conceito do belo artístico e lançaram-se com entusiasmo contra o oficialismo da crítica dos jornais burgueses.

A ascensão de Napoleão estimulou o ímpeto de uma geração inteira. Neste sentido, é interessante a leitura que Zweig (1953, p.57) faz de Balzac:

> A fascinante ascensão de um simples tenente, Bonaparte, a imperador do mundo constituiu para Balzac o triunfo não só de uma pessoa, mas também da juventude. Não é necessário haver nascido príncipe para cedo conseguir o mando, poder descender de qualquer família modesta e até pobre e, apesar disso, ser general aos vinte e quatro anos, soberano da França aos trinta e, dentro em pouco, do mundo inteiro, tudo isso fez centenas de indivíduos deixarem suas modestas profissões e suas cidades de província: o tenente Bonaparte exaltou os cérebros duma mocidade inteira. Levou-a a uma grande ambição: criou os generais do grande exército, os heróis e os arrivistas da *Comédie Humanine*.

Crença no progresso e o mal-estar na civilização

Os homens que viveram no século XIX acreditavam que tinham encontrado o caminho do progresso, o que era confirmado pelas conquistas da medicina nos campos da saúde pública, da higiene, dos esportes e pelas novas invenções: a luz elétrica, o automóvel, o telefone, o telégrafo. Acreditavam também no progresso humano, no fim da escravidão, na tolerância, na conciliação: "Julgavam sinceramente que as fronteiras e as divergências entre as nações e as crenças religiosas pouco a pouco iriam desaparecer e ser substituídas pelo humanitarismo, e com isso a paz e a segurança, os maiores bens, seriam proporcionados à humanidade" (Zweig, 1953, p.15).

Porém havia o imperialismo, o nacionalismo. Viena foi invadida pelos alemães, a guerra mundial explodiu e as palavras estabilidade, segurança, progresso humano foram banidas do dicionário do novo século, fazendo os homens que viveram nos Oitocentos aprender a não se surpreender mais com as explosões de brutalidade coletiva.

Freud, que viveu em Viena no fim do século XIX, e cujo pai fora vítima do preconceito racial, bem interpretou esse sentimento de descrença na educabilidade do ser humano. Para o psicanalista vienense, a educação é impossível, pois a civilização é apenas uma leve camada que pode ser rompida a qualquer momento pelos instintos destrutivos (Millot, 1992). A consciência não é o centro do ser humano, assim como o homem não é o centro da criação e a terra não é o centro do Universo. A psicanálise, esta ciência que alguns chamam de a-histórica (Schorske, 1989), só poderia ter sido criada em Viena – centro de um mundo que desmoronou sem pedir licença. Sim, a psicanálise, cujas interpretações procuram tornar suportável um mundo a girar fora de órbita e do controle do indivíduo, só poderia ter sido criada em *Viena fin-de-siècle*.

Viena: o esteticismo da cultura burguesa e a boa educação

Viena foi a capital cultural do século XIX. Tudo acontecia lá: teatro, ópera, ciência, música, psicanálise, linguística... A estabilidade da Monarquia não estimulava ambições políticas e militares. Assim, o orgulho nacional voltou-se para a arte. Lá, brilharam os imortais

Haydn, Gluck, Mozart, Beethoven. Para Viena, confluíram todas as correntes culturais europeias: o alemão, o eslavo, o húngaro, o espanhol, o italiano, o francês, o flandrino... Na música, Viena harmonizou todos esses antagonismos, criando algo novo e *sui generis*, vienense.

Nessa cidade os velhos palácios da corte e da nobreza narravam acontecimentos históricos; aqui Beethoven tocara em casa dos Lichnowsky, ali Haydn fora hóspede dos Esterhacy, acolá, na velha Universidade, a "Criação" de Haydn fora ouvida pela primeira vez [...] A Universidade vira em seu seio inúmeros luminares da ciência. [...] Viena cultivava a boa educação, o bom gosto, o comportamento obsequioso e os prazeres mais finos da cultura burguesa ou cultura erudita tradicional: o livro, o teatro, a música.

Há uma observação de Stefan Zweig (1953, p.24-5) que mostra a singularidade do espírito vienense:

O primeiro olhar de um cidadão vienense, no jornal da manhã, não se dirigia para as discussões do parlamento, nem para as notícias mundiais, mas sim para o repertório do teatro, que para a maioria das outras cidades quase não assumia na vida social importância concebível. É que o teatro imperial, o Burgtheater, para um vienense, para um austríaco, era mais do que um simples teatro em que o ator representava peças, era o microcosmo que refletia o macrocosmo, era o espelho em que a sociedade se mirava, o único verdadeiro 'cortigiano' do bom gosto. No ator do Burgtheater, o espectador via como se deveria vestir, entrar numa sala, conversar, ouvia que palavras lhe era permitido usar e quais tinha de evitar como pessoa de bom gosto; o palco, em vez de destinar-se apenas a fins de diversão, era um guia falado e plástico das boas maneiras, da pronúncia correta, e uma auréola de respeito circundava tudo o que tinha relação, mesmo muito remota, com esse teatro.

Os atores, as cantoras de ópera eram conhecidos e admirados não só pelos burgueses, mas também pelos caixeiros, cocheiros etc. Por isso a grande aspiração dos escritores vienenses era que suas peças fossem representadas no Burgtheater.

Como toda cidade da época, Viena era uma cidade rigidamente estratificada, embora todas as classes se encontrassem no teatro e nas grandes festas. O Paço Imperial era o centro da supernacionalidade da Monarquia. Em torno do Paço, ficavam os palácios da alta nobreza austríaca, checa, polonesa e húngara, no coração da cidade. Depois vinha a "boa sociedade", formada pela pequena nobreza, pelo alto funcionalismo público, industriais e famílias tradicionais, que habitavam as proximidades do Ringstrasse. A pequena burguesia morava nas chamadas "zonas internas" e o proletariado, na periferia.

Todas as classes sociais viviam cada qual em sua esfera, em seu lugar social, mas se encontravam no teatro e nas grandes festas, no corso das Flores do Prater, em que trezentas mil pessoas aclamavam os ricos em suas carruagens ornadas. Em Viena, "tudo que apresentava cor ou música, as procissões, como a do Corpo de Deus, as paradas militares, a 'banda do Paço', era motivo de festa; mesmo os enterros tinham grande afluência, e a ambição de todo verdadeiro vienense era ter um 'bonito enterro', com muito aparato e grande acompanhamento" (idem, p.27).

Amante da arte e exigente com as coisas da arte, Viena era uma cidade despolitizada, que colocou a política em segundo plano, sendo indiferente e até indulgente com as faltas e desleixo dos políticos. O que imperava era o esteticismo vienense, que alguns jovens escritores e artistas plásticos questionavam, perguntando sobre a função social da arte. Porém a cidade resistia-lhes, como resistia à psicanálise de Freud, aceita por intelectuais como Hofmannsthal e Schinitzler. O primeiro lucidamente escreveu: "É preciso algo mais do que esta boa vida que nos empobrece. A vida que levamos em Viena não é saudável. Intelectualmente, vivemos como certas mulheres que só comem saladas francesas e sorvetes" (apud Giroud, 1989, p.124).

Um mundo caiu e a sociedade administrada nasceu

"Hoje", escreve Stefan Zweig (1953, p.63), "depois que a grande tempestade, há muito, desabou, sabemos com certeza que aquele mundo da segurança foi um castelo de sonhos, mas meus pais nele habitaram como numa casa de pedra". E, lembrando, comentava: As transformações no domínio da arte, da pintura, da música, da literatura "eram apenas vibrações e prenúncios de alterações de muito maior extensão que iriam sacudir e, por fim, aniquilar o mundo de nossos pais, o mundo da segurança".

Na velha Áustria dos Habsburgos, durante o último decênio do século, as grandes massas, antes caladas, começaram a organizar-se reivindicando direitos, sacudindo a velha Monarquia, rompendo a amena calmaria.

O primeiro grande movimento popular na Áustria foi o socialista, dirigido pelo médico Viktor Adler, que aglutinava os trabalhadores das indústrias e reivindicava os direitos do proletariado, entre outros, o direito de voto, que, até então, só era dado aos abastados.

A pequena burguesia e a classe média insatisfeitas, com receio da proletarização, foram arrebanhadas por Karl Lueger, hábil líder popular, que aproveitou o medo dessas classes para lhes ensinar a eficiência do antissemitismo, canalizando todo o ódio para um único inimigo, desviando dos grandes proprietários de terras e de indústrias. Foram essas classes ressentidas que, mais tarde, Hitler reuniria em massa, sob seu comando.

Havia também o partido nacional alemão, a "flor predileta de Bismarck", cujo objetivo era destruir a monarquia austro-húngara para construir a Grande Alemanha, almejada pelos chefes prussianos e protestantes, antes de Hitler. Era um partido pequeno, com feroz agressividade e desmedida brutalidade. Hitler aproveitou-se das ideias e das técnicas dos poucos deputados do partido nacional, que aterrorizavam o parlamento da Áustria. De Georg Schöneres, adotou o lema "livre-nos de Roma", seguido por milhares de alemães que, opondo-se ao imperador e ao clero, passaram do catolicismo ao protestantismo. Copiou também o uso da tropa de assalto. Os homens da S.A. dissolviam reuniões com pancadas e cassetetes e assaltavam adversários.

Conforme Stefan Zweig (1953, p.68), "todas as fendas entre as raças e classes que, a época da conciliação com tanto trabalho havia fechado, abriram-se e se tornaram abismos. Na realidade, no último decênio do século passado, já começara na Áustria a guerra de todos contra todos". O império múltiplo estava se desintegrando desde 1890 por conflitos nacionais cada vez menos administráveis. As nacionalidades politicamente organizadas disputavam vantagens e poder. Depois do assassinato do arquiduque Francisco Fernando, em princípio, escreve Hobsbawm (1988, p.446-7),

> ninguém nem se preocupou com o fato de uma grande nação intervir pesadamente num vizinho pequeno e problemático. Desde então, cerca de cinco mil livros foram escritos para explicar o aparentemente inexplicável: como, dentro de pouco mais de cinco semanas após Sarajevo, a Europa se encontrava em guerra. A resposta imediata parece agora tão clara como simples: a Alemanha decidiu dar apoio total à Áustria, ou seja, não acalmar a situação. O resto seguiu-se inexoravelmente. Pois, em 1914, *qualquer* confronto entre os blocos em que se esperasse que um dos dois lados recuasse os levava à beira da guerra.

É que as crises internas e internacionais dos anos imediatamente anteriores a 1914 fundiram-se. A Áustria, porque estava ameaçada pela desintegração, a Rússia, pela revolução social, a Alemanha, polarizada em divisões políticas. A Alemanha iniciou sua espetacular ascensão em 1871. Em 1914, estava à frente da Inglaterra e da França. Porém havia escassez de matérias-primas e eram poucas suas colônias. Para desenvolver seu potencial econômico, a Alemanha precisava conquistar territórios e matérias-primas na Europa e na África. Assim, combinando um potencial industrial com tendência à expansão e à ambição da casta militar, deflagrou a guerra de 1914 e quase conseguiu conquistar seus vizinhos ocidentais e derrotar a Rússia (Fromm, 1969).

Um escritor assim explicou o significado da "civilização ocidental" em 1900:

> Quando estiverdes entre os chineses... diz [o imperador da Alemanha], lembrai que sois a vanguarda da Cristandade e atravessai com vossas baionetas todo odioso infiel de marfim que virdes. Fazei-os compreender o que significa a nossa civilização ocidental... E se, por um acaso, tomardes uma pequena extensão de terra enquanto isso, não deixeis nunca que um francês ou um russo a tomem de vós. (Mr. Dooley's Philosophy, apud Hobsbawm, 1988, p.87)

A guerra foi o desdobramento da era dos impérios (1875-1914) em que as potências europeias procuraram superar as dificuldades da industrialização e os limites do crescimento econômico pela ampliação dos mercados mundiais, em que "os pequenos grupos de homens que, com uma facilidade que raiava a insolência, conseguiram conquistar e dominar vastos impérios" (Hobsbawm, 1988, p.24). A guerra assinalou o fim da sociedade burguesa confiante no liberalismo e na ideologia do progresso, pois a era dos impérios gerou uma era de rebeliões e revoluções na periferia, além de duas guerras mundiais sem paralelos na história, dando origem à sociedade do controle, ao mundo administrado da burocracia e da Indústria Cultural.

Para Hobsbawm, foi o avanço do mundo burguês que gerou sua "morte estranha". As democracias eleitorais, os partidos e movimentos de massas, liquidaram o liberalismo. A burguesia passou por transformações e por uma crise de identidade.

> Sua existência mesma como classe dirigente foi solapada pela transformação de seu próprio sistema econômico. As pessoas jurídicas (ou seja, grandes organizações empresariais ou sociedades anônimas), de propriedade de acionistas, que empregavam administradores e executivos assalariados, começaram a substituir as pessoas concretas e suas famílias na propriedade e na administração de suas próprias empresas. (Hobsbawm, 1988, p.25)

Criou-se assim um controle burocrático, centralizado, em que a burocracia tornou-se uma forma de dominação, agindo antiteticamente: de um lado, respondendo à sociedade de massas, convidando todos à "participação". De outro, assentada nos pilares da hierarquia, da especialização e do sigilo administrativo, realiza a coação econômica e a repressão política (Tragtenberg, 1980, p.190).

As mudanças na vida econômica, política e cultural evidenciavam a morte de um mundo e o início de um outro.

Stefan Zweig testemunha como o avião, que venceu o tempo e o espaço, e como a rapidez das comunicações transformaram o mundo em um aldeia global. Os meios de comunicação de massa democratizaram o acesso à informação. Porém não havia defesa contra a imposição constante de ser informado diariamente. As liberdades individuais acabaram. O direito de ir-e-vir foi submetido ao controle, sobretudo por meio do passaporte; a liberdade de expressão do pensamento foi sufocada, os correios, censurados. Todos tinham de submeter-se às exigências do Estado, servir de presas da burocracia. A guerra trouxe a tortura, as pilhagens, os campos de concentração.

Stefan Zweig refugiou-se no Brasil. Foi morar em Petrópolis com Lotte, sua segunda mulher. Foi recebido oficialmente pelo Governo Vargas. Escreveu o livro *Brasil: país do futuro*. Mas seu espírito liberal e pacifista não suportou ver seu mundo cair. Sofria ao ler as notícias de jornal, não suportava o peso da informação, os acontecimentos mundiais sufocavam-no. A ascensão de Hitler, as informações sobre os amigos perseguidos torturavam-no. Então, juntamente com sua companheira Lotte, planejou a morte. Os dois tomaram veneno e morreram na noite de 23 de fevereiro de 1942.

Para efeitos deste trabalho, interessa-nos interrogar o sentido da palavra civilização em *O mundo que eu vi* – mundo habitado como castelo de pedra, mas que foi castelo de sonhos que facilmente desabou. E a civilização, o que era? E a educação, o que foi, o que se tornou?

A escola e a civilização

Como se tratava de um mundo que achava que os jovens não podiam ter uma vida cômoda – eles tinham antes de aprender seus deveres, principalmente a docilidade, para somente na maturidade adquirir direitos – a pedagogia tradicional ensinava-os a respeitar "a opinião do professor como infalível, a palavra do pai como irrefutável, as instituições do Estado como de valor absoluto e eterno" (Zweig, 1953, p.43).

Fechados nas escolas, os jovens ficavam quatro ou cinco horas imobilizados. O intervalo de apenas dez minutos era num corredor estreito e frio. Duas vezes por semana, havia aula de ginástica, numa sala com janelas fechadas. A cada passo dos alunos, a poeira do soalho de madeira levantava a altura de um metro, testemunha Zweig.

Por ter experimentado da escola como uma "casa lúgubre" e "desoladora", o escritor saudava a pedagogia moderna, que descobrira que os corpos em crescimento têm necessidade de ar e movimento. E, do século XX, admirava "tudo o que hoje se nos apresenta como posse digna de inveja, o viço, o sentimento do seu próprio valor, a intrepidez, a curiosidade, o prazer de viver da juventude", tudo que seu mundo condenava, porque só acreditava no que era "sólido" e "seguro".

Porém, diante da queda daquele mundo que parecia um castelo de pedra, mas que caiu como um castelo de sonhos, podemos perguntar: o que é civilização?

O sociólogo Norbert Elias (1993), que sobreviveu ao nazismo e morreu recentemente, com mais de 90 anos, bem mostrou que o processo civilizatório tem como ponto central o monopólio da lei e da força pelo Estado, que se inicia historicamente com a formação da sociedade de corte. Não menos importante, ao longo deste processo, é a substituição dos controles externos sobre os indivíduos pelo controle interno, assim como a passagem da violência física para a violência simbólica, que vem acompanhada de uma série de mudanças nos hábitos e costumes, como, por exemplo, o de comer com garfo e faca.

A Viena em que Zweig viveu a juventude era uma cidade que sabia aproveitar o melhor da civilização. Afinal, pergunta o escritor, o "que é civilização senão a forma de obter, mediante arte e amor, da matéria grosseira da vida, o que ela encerra de mais fino, mais delicado, mais sutil?" – o prazer do bom vinho, da boa música, do teatro, da dança (Zweig, 1953, p.24).

Vale ressaltar que Zweig testemunhou tudo isso sem se esquecer de Freud, outro vienense da mesma época, para quem a civilização não passava de "uma tênue camada, que a todo instante pode ser rota pelos instintos destruidores provenientes do subconsciente" (idem, p.16).

A civilização que Zweig viveu durante o final do século XIX caiu; o Império dos Habsburgos desapareceu do mapa. Um outro mundo construiu-se a partir de 1914. Conforme a periodização de Hobsbawm, a civilização que se constituiu após duas guerras mundiais, uma revolução e duas formas de totalitarismo, assenta-se sobre o poder das armas, do dinheiro, das técnicas de controle social e da burocracia.

Segundo Mannheim, trata-se de uma sociedade que passou pela transição do *laissez-faire* para a sociedade administrada, planificada. Isto é, uma sociedade com grande desenvolvimento de técnicas sociais de controle do comportamento humano, que favorecem o predomínio da minoria sobre a maioria. Assim, no campo militar, por exemplo, enquanto os exércitos do século XVIII e XIX eram equipados com fuzis e canhões, os do século XX possuíam "bombas, aviões, gases e unidades mecanizadas. Um homem armado de fuzil ameaça apenas umas quantas pessoas, porém o que possui uma bomba pode ameaçar milhares. Isso quer dizer que em nossa era a modificação da técnica militar contribui consideravelmente para a possibilidade de domínio da minoria" (Mannheim, 1973, p.14).

A mesma tendência à concentração ocorreu no campo da administração governamental, na área dos transportes e comunicações, nos meios de formação da opinião pública. A produção mecanizada de ideias, feita pelos meios de comunicação, agiu no sentido do controle social. As novas possibilidades técnicas permitiram ainda o controle da educação, do sistema escolar e da ciência. E vale lembrar Tragtenberg (1989): as técnicas, modificaram a sociedade, a política, a cultura e a educação. Elas aparecem sob o nome de *racionalidade administrativa*, que escondem/revelam um determinado tipo de poder hiperorganizado, especializado, com esferas de competências bem delimitadas, que "tendem ao funcionamento mecanicista, base de novas patologias; é a civilização dos *whitecollar*, do 'homem-organização', com a multiplicação dos 'funcionais' em detrimento do senso de responsabilidade dos 'hierárquicos'".

Nesse quadro, cabe a pergunta: e a educação? Como fica a educação no mundo administrado, burocratizado, onde a civilização não é mais que uma tênue camada que pode ser rompida a qualquer momento pelos instintos e poderes destruidores?

A escola liga-se ao processo civilizatório, buscando auxiliar a passagem da violência física para a violência simbólica, isto é, para o poder da palavra, da imagem, procurando vencer a força bruta com o padrão da linguagem civilizada, tentando favorecer a substituição do controle externo do indivíduo por seu próprio controle interno, por sua consciência.

Em *Uma consciência contra a violência*, Stefan Zweig descreve a luta entre Castelo e Calvino, o direito à heresia, a luta contra o dogma. Quando foi publicado, o livro – escrito no estilo impressionista característico do escritor, dirigido à inteligência e à sensibilidade, não aos instintos – ressoou como uma advertência contra a maré de intolerância que submergia o mundo. Humanista, pacifista e democrata, Zweig coloca a consciência acima da violência. E acredita nas novas tendências da educação moderna, que valorizam a infância, a educação do corpo ao ar livre, a curiosidade, a intrepidez e o prazer de viver da juventude.

Educação na sociedade administrada

Zweig foi até aí; foi um dos principais testemunhos históricos dos efeitos da Primeira Guerra Mundial sobre o indivíduo e a cultura burguesa tradicional. Sua obra constitui uma preciosa fonte de compreensão do período que engendrou a sociedade industrial-administrada, o mundo do controle, da burocracia, das grandes organizações, em que o indivíduo é aniquilado pelas engrenagens, o esclarecimento é engolido pelas novas formas de controle social e a cultura clássica burguesa é devorada pela Indústria Cultural. Seu testemunho é importante para quem deseja entender a educação contemporânea, pois é fundamental saber que a cultura burguesa, erudita ou tradicional, do livro, da ópera, do teatro e da música clássica, deixou de ser hegemônica há muito tempo. Ela ficou restrita a pequenos grupos intelectualizados, das classes altas e médias, às vanguardas artísticas e intelectuais e às áreas de conhecimento específico da universidade. A cultura dominante deste nosso mundo administrado é a cultura de massas, a primeira cultura mundializada, produzida pela Indústria Cultural que, no decorrer do século XX, afetou profundamente a educação e a dialética do esclarecimento, produzindo, inclusive, uma Indústria Cultural do ensino.

O século XX foi o século das técnicas sociais de controle, da sociedade administrada, planificada, em que poucos adquiriram o poder de controlar muitos. Segundo Eric Hobsbawm, o breve século XX começou em 1914, com a "era da catástrofe" (1914-1945): duas guerras mundiais, uma revolução, duas formas de totalitarismo (Hobsbawm, 1997). Nunca se matou tanto na história humana, com tecnologia desenvolvida pelo próprio homem. E foi no século XX que as massas começaram a participar da vida social e política. Daí as exigências de novas formas de controle social, entre elas, destaca-se a educação, que passou a atingir as novas classes médias e o proletariado, pois cresceu o medo do esclarecimento das massas. "O medo do Iluminismo conseguiu sobreviver ao próprio Iluminismo" (Enzensberger, 1995, p.45). Em outras palavras, o Iluminismo foi substituído pela educação, que se tornou objeto de controle exercido pelo Estado, por meio da política educacional. A formação, almejada pelos filósofos da Ilustração e pela burguesia revolucionária, já não podia ser empregada, afinal se tratava de preparar funcionários para a burocracia e operários para o trabalho na indústria. O mundo do início do século XX já não era mais o do liberalismo clássico burguês, mas o das grandes organizações burocráticas, das técnicas sociais, do controle, da sociedade administrada.

O problema, escreveu Mannheim, exilado em Londres, em 1941, é que a sociedade das técnicas sociais, de controle burocrático, tende para o planejamento autoritário, em que poucos decidem a vida de muitos. E a juventude não nasce com a consciência democrática. Por isso, se desejamos uma sociedade com planejamento participativo e democrático, é preciso ensinar à juventude os valores ligados à democracia.

A escola em que Zweig estudou era a que Mannheim chamava de escola compartimentada do século XIX. Ensinava línguas estrangeiras, matemática, história, geografia, ciências e valores eternos para crianças e jovens das classes tradicionais e proprietárias, que já traziam de casa as normas de civilidade e bom comportamento.

Ora, no século XX, essa escola que colocava a educação num compartimento à parte da vida já não bastava para a sociedade de massas do século XX – uma sociedade altamente populosa, na qual surgem partidos e movimentos que procuram arrebanhar as massas, que começam a participar da vida social.

Assim, Mannheim propunha a educação das massas para a vida. Porque o planejamento tornou-se próprio desta sociedade e porque a vida tornou-se incompreensível. Diferentemente de quem mora numa aldeia e tudo compreende, o indivíduo que habita a sociedade contemporânea industrial e administrada, cujas forças sociais e econômicas mais importantes atuam de forma invisível, não entende absolutamente nada. A sociedade torna-se enigmática para ele. E o esclarecimento torna-se cada vez mais complexo e mais difícil. O crescimento desta sociedade que ninguém entende, e em que ninguém se entende, provoca crise dos valores, da autoridade, da liberdade, a crise do bom senso, do senso comum, o desajustamento pessoal, social.

Daí a necessidade de uma escola não compartimentada, capaz de superar a escolástica, contribuir para a compreensão da sociedade e para a interpretação dos conflitos individuais. Trata-se de um esclarecimento mais complexo que coloca para a escola a necessidade de refazer o "elo de ligação entre as disciplinas que tratam dos assuntos humanos", pois "é impossível imaginar um professor que não enfrente, dia a dia, dificuldades de comportamento dos alunos que, convenientemente observadas, não passam de sintomas de conflitos dentro da família, da comunidade, entre diversos grupos de idade, etc. (Mannheim, 1973, p.78).

Vistos dessa forma, os problemas escolares adquirem uma dimensão humana e social profunda. Por isso, por enfrentá-los cotidianamente, o indivíduo moderno precisa das ciências humanas para aprofundar e ampliar a consciência, para compreender as motivações mais profundas do ser humano, suas misérias, suas angústias, suas quimeras, seus enigmas e os enigmas da sociedade. Consciência, para Mannheim, significa a capacidade para perceber prontamente e compreender o conjunto da situação em que o indivíduo se encontra, não só para orientar a ação de acordo com fins imediatos, mas para fundamentá-la em uma visão mais global. Há, portanto, uma necessidade de criar um elo entre as ciências humanas, num esforço para o entendimento da sociedade contemporânea, da ampliação da consciência dos indivíduos e de sua capacidade de tolerância com seus problemas e conflitos. Deste ponto de vista, compartilham, embora em linhas de pensamento diferentes, Zweig, Mannheim, Einstein, Adorno e Erich Fromm.

A consciência, essa visão mais global, mais profunda da sociedade, é fundamental para o indivíduo viver em uma sociedade em época de mudança. Por isso, escreve Mannheim (1973, p.79), é impossível que venhamos a retornar depois desta guerra, a mais desumana de toda a História, a condições de tempo de paz, sem contar com a ajuda dos professores para atacar essas tendências desintegradoras. Hoje ninguém pode pensar na paz após esta guerra como um mero retorno às condições do pré-guerra. Haverá demasiadas convulsões e, por conseguinte, uma necessidade premente de regeneração fundamental de nossa sociedade. Na sociedade de antanho, era possível passar de mão em mão hábitos, costumes e uma filosofia de vida estabelecida, que habilitavam o indivíduo a exercer papéis sociais mais ou menos predeterminados. Numa sociedade em transformação como a nossa, só uma educação para a mudança pode auxiliar-nos.

O problema, então, era saber: mudança social em que direção? Educação para quem? Esclarecimento para quê?

Sentindo as transformações do século na própria pele, libertários, anarquistas, socialistas e livres-pensadores procuraram enfrentar os problemas, elaborando novas propostas de educação para a mudança.

Nos próximos capítulos veremos a proposta dos libertários, expressa por Francisco Ferrer, que teve repercussão no Brasil, durante os anos 1910, e a lúdica-libertária de Walter Benjamin, desenvolvida entre os anos 1913 e 1930, que, só após os anos 60, seria conhecida no Brasil. Depois examinaremos o modo como o pensamento educacional brasileiro equacionou a questão do esclarecimento no contexto da educação para uma época de mudanças.

Referências bibliográficas

ADORNO, T. *Educação e emancipação*. Rio de Janeiro: Paz e Terra, 1995.
DINES, A. *Morte no paraíso:* a tragédia de Stefan Zweig. 2ª.ed. Rio de Janeiro: Nova Fronteira, 1981.
EINSTEIN, A. *Como vejo o mundo*. 11ª.ed. Rio de Janeiro: Nova Fronteira, 1981.
ELIAS, N. *O processo civilizatório*. v. 1. Rio de Janeiro: Zahar, 1993.
ENZENSBERGER, H. M. *Mediocridade e loucura*. São Paulo: Ática, 1995.
GIROUD, F. *Alma Malher ou a arte de ser amada*. Rio de Janeiro: Rocco, 1989.

FROMM, E. *Meu encontro com Marx e Freud*. 5ª.ed. Rio de Janeiro: Zahar, 1969.

_____. *La Revolución de la esperanza*. México: Fondo de Cultura Econômica, 1970.

HOBSBAWM, E. *A era dos impérios (1875-1914)*. 5ª.ed. Rio de Janeiro: Paz e Terra, 1988.

_____. *A era dos extremos*: o breve século XX (1914-1991). São Paulo: Companhia das Letras, 1997.

MANNHEIM, K. *Diagnóstico de nosso tempo*. Rio de Janeiro: Zahar, 1973.

MILLOT, C. *Freud Antipedagogo*. Rio de Janeiro: Zahar, 1992.

SCHORSKE, C. *Viena fin-de-siècle*: política e cultura. São Paulo: Companhia das Letras e Unicamp, 1989.

TRAGTENBERG, M. *Burocracia e ideologia*. São Paulo: Ática, 1980.

ZWEIG, S. *O mundo que eu vi*: minhas memórias. Rio de Janeiro: Guanabara, 1953.

_____. *Uma consciência contra a violência*. Rio de Janeiro: Guanabara, 1951.

4
ESCLARECIMENTO E AUTOEMANCIPAÇÃO NA PEDAGOGIA LIBERTÁRIA

Nos clássicos do pensamento anarquista, o tema da educação aparece associado ao da revolução. Como os anarquistas não confiavam na ação de nenhum tipo de governo, nem mesmo de um governo revolucionário, depositavam suas esperanças nas virtudes proporcionadas pela educação, principalmente porque, como homens do século XIX, acreditavam no progresso da humanidade. E tinham convicção que a educação despertaria vontades individuais e mentalidades libertárias. Para Malatesta, "não existem homens excepcionais nem partidos providenciais capazes de substituir a vontade própria e fazer o bem pela força. A vida toma sempre as formas que resultam do contraste dos interesses e ideias daqueles que pensam e querem. Portanto, convocamos a todos a pensar e a querer" (apud Luizzeto, 1987, p.44). A revolução para ele dependia basicamente da educação, da propaganda e da rebelião.

É importante ressaltar que o anarquismo "não se considerava um movimento de natureza classista, não pretendia resolver os problemas de *parte* da sociedade, mas de *toda* a sociedade" (idem, p.47). Por isso a educação, o esclarecimento e a formação da consciência libertária eram fundamentais.

Para efeitos deste trabalho, gostaríamos de refletir sobre o momento da virada do século XIX para o XX, quando o educador espanhol Francisco Ferrer (1859-1909) formulou e sistematizou os pressupostos orientadores da educação libertária, colocando em prática ideias educacionais adequadas aos propósitos da sociedade sem Estado e com disposição incansável de desafiar a educação oficial e a educação confessional, por meio da criação das chamadas "Escolas Livres", "Modernas", "Racionalistas", das "Universidades Livres", dos centros de estudos, bibliotecas e editoras.

Ferrer pertencia à chamada geração 1898, que é produto de uma época de mudanças que, na Espanha, se iniciaram em 1808, com a invasão das tropas napoleônicas. O país levantou-se e saiu do estado de torpor em que vivia para expulsar o estrangeiro. Este período desencadeia uma séria de mudanças políticas e culturais, assim como o florescimento da literatura e das artes.

No plano político, após a maioridade de Isabel II (1843), emerge um reformismo conservador de caráter fundamentalmente católico e voltado para manter a tradicional união entre Igreja e Estado. Mas com a morte do conservador Navaez, as forças militares, os partidos liberal, democrata e progressista unem-se para proclamar a soberania nacional, a liberdade de imprensa, de religião e de ensino. Em 1869, a liberdade de culto é votada pela primeira vez na Espanha. A rainha refugia-se na França e, em 12 de fevereiro de 1873, as cortes proclamam a República. As cortes foram predominantemente liberais e federalistas.

No entanto, nas palavras de Tragtenberg, Castelar, o novo chefe do governo renunciou "provisoriamente ao federalismo e mais claramente ao liberalismo, adotando a ditadura tradicional e suspendendo as garantias constitucionais. O exército era o único dono do poder ostensivo". Porém, embora a reação da Estado e da Igreja tivesse sido bastante ostensiva, as ideias democráticas penetraram "em todos os comitês, círculos, cooperativas, que aderiram, nessa época, à liberdade de expressão" (Tragtenberg, 1982, p.96). A geração 1898 trazia o ideal de liberdade e democracia, numa Espanha que tinha a tradição da "Reconquista", mandava expedições ao Marrocos e, após curta guerra, perdia Cuba e as Filipinas para os EUA.

À geração 1898, além de Ferrer, pertenciam Ganivet, Joaquim Costa e Unamuno; revoltava-se contra o passado político espanhol e contra uma burguesia mais interessada no poder do Estado que na liberdade. Revoltava-se contra a carência de educação que havia no país: em 1845, o "ensino primário obrigatório, conforme lei de 21 de julho de 1838, não foi efetivado. Quatro milhões de habitantes, em dezesseis, sabiam ler. Durante os 30 anos posteriores, até 1907, essa cifra elevou-se para 6 milhões em 18 milhões de habitantes" (idem, p.97).

Nesse contexto, Francisco Ferrer procurou orientar sua ação política por meio de um ideário pedagógico influenciado por Giner de los Rios, fundador do "Instituto de Ensino Livre". Diante do fracasso da República espanhola, Ferrer percebia que era impossível construir uma República com uma elite "esclarecida" e um povo "nas trevas". "A modernidade de Ferrer consiste na sua ênfase na tarefa educacional, realizada em parte pela Segunda República" (idem, p.98). Na época de juventude, Ferrer militou no Partido Republicano e depois no Partido Progressista. Nos fins do século XIX, foi exilado político na França, onde conheceu intelectuais e militantes interessados em construir uma obra educacional racionalista, fora do âmbito do Estado e da Igreja, inspirada em Pestalozzi e orientada para o futuro de uma nova sociedade, conforme as obras de Paul Robin e Elisée Reclus.

Assim, em 1908, Ferrer criou a Liga Internacional para a Educação Racionalista da Criança, que tinha uma instituição própria na França, a *L'Ecole Renovée* e, na Itália, a *Scuola Laica*, com seções na Bélgica, Suíça, Alemanha, Inglaterra, Holanda e Portugal. Tinha o apoio de Máximo Gorki, Anatole France, Bernard Shaw e do socialista Aristides Briand. Os intelectuais perseguidos na Espanha como Odon de Buen, os irmãos Giner de los Rios, Pi e Margall, entre outros, uniram-se em torno de Ferrer.

Ferrer fundou também "La Editorial" para fazer as publicações das obras da pedagogia racionalista e criou a Escola Moderna de Barcelona, cuja concepção ele assim explicou. Percebendo que o ensino das escolas oficiais tornava-se tão deturpado por preconceitos quanto o das escolas católicas, e desapontado com a educação política patriótica das escolas que se intitulavam laicas, Ferrer afirmou:

> Deus foi substituído pelo Estado; a virtude cristã pelo dever cívico; a religião pelo patriotismo; a submissão e a obediência ao rei, ao aristocrata e ao clero pelo acatamento ao funcionário, ao proprietário e ao patrão. [...]

[Daí que] a ideia de ensino não deveria ser acompanhado de nenhum qualificativo; responde, unicamente, à necessidade e ao dever que sente a geração atual de preparar a nova geração, entregando-lhe o patrimônio da sabedoria humana". (apud Luizzeto, 1987, p.60)

Por isso, por ministrar um ensino racional e científico, Ferrer denominava-a de Escola Moderna, racional, livre do Estado e da Igreja, baseada nos princípios da razão e da ciência, não da fé. Uma escola fundamentada no "desenvolvimento da dignidade e da independência pessoal, e não na piedade e na obediência"; fundada "na abolição da ficção divina, causa eterna e absoluta da servidão." A Escola Moderna defende a união entre teoria e prática, um ensino em que as teorias estão vinculadas à observação da realidade natural e social, onde o dogma e o saber livresco e retórico são substituídos pela dúvida, pela pergunta, pelo conhecimento sensível, capaz de unir a razão à sensibilidade, com método científico.

Para tanto, Ferrer fundou uma "Escola de Professores", uma espécie de Escola Normal Racionalista, de formação e reciclagem dos professores na nova ciência pedagógica racional, procurando sempre evitar que eles fossem devorados pela rotina, ou que caíssem nas armadilhas da metafísica e do dogmatismo.

Numa sociedade liberal, profundamente hierárquica e patriarcal, a Escola Moderna colocou em prática a coeducação das classes sociais, para favorecer o companheirismo e as relações horizontais. Com essa mesma preocupação, promoveu a coeducação dos gêneros, para possibilitar o desenvolvimento integral e harmonioso de homens e mulheres. E o mais importante: a Escola Moderna é libertária, isto é, ela consagra "em proveito da liberdade o sacrifício progressivo da autoridade, uma vez que o objetivo final da educação é formar homens livres que respeitem e amem a liberdade alheia" (Luizzeto, 1987, p.54).

A Escola Moderna acabou com três práticas rotineiras da escola tradicional: 1) a disciplina férrea, que aparentava ordem, enquanto os alunos, fazendo de conta que prestavam atenção, embarcavam em suas fantasias ou brincavam escondidos, aprendendo a cultivar a hipocrisia. A Escola Moderna cultivava apenas a disciplina necessária ao trabalho, ao cultivo do conhecimento, à criatividade. 2) A Escola Moderna pôs fim aos programas oficiais preestabelecidos por uma autoridade centralizada, fazendo a crítica da uniformidade educacional. Ofereceu liberdade de escolha dos conteúdos aos alunos e professores, favorecendo a livre-iniciativa, a responsabilidade e a originalidade pessoal de cada um na escolha de seu objeto de estudo, assim como a prática de um ensino voltado para o conhecimento da realidade de cada escola, de cada província, de cada região, de cada momento histórico específico. 3) A Escola Livre acabou com o sistema vertical de exames, classificações e notas, que gerava rivalidades, inveja e rancor, para favorecer relações horizontais, mais propícias ao desenvolvimento da liberdade e da solidariedade.

Além da Espanha, as Escolas Modernas ou Livres foram criadas também na Suíça, na Holanda, na Argentina, no Uruguai e no Brasil.

É importante ressaltar que a criação da Escola Moderna é fruto de uma época de crise da sociedade burguesa, em sua versão liberal; produto de um período de ebulição social e de ascensão do movimento operário, em que a questão social era tratada como caso de polícia e não havia direitos sociais, nem políticos, nem educacionais. A educação era extremamente elitista, só para os que estavam no topo da pirâmide. A ausência do Estado na educação, na cultura, nas áreas trabalhista e previdenciária, impediam o acesso das classes trabalhadoras à educação e aos bens culturais. Nesse contexto, floresceram ideias e práticas pedagógicas comprometidas com o movimento social, expressando as esperanças de um mundo melhor, que seria construído com base na nova educação. Os militantes anarquistas passaram a atuar em novas propostas educacionais e culturais de cunho libertário, como estratégia de sobrevivência e de transformação do homem e da sociedade. Em outras palavras, com a crise da sociedade burguesa, em sua versão liberal, e o início do processo de transição para a sociedade administrada, a escola tradicional entrou em crise, abrindo caminho para a proposta libertária de educação, articulada com a cultura popular e com a ideologia anarquista, desenvolvida no seio do movimento operário, expressando as contradições sociais e reivindicando uma educação emancipadora, com vistas ao esclarecimento do trabalhador, à autoemancipação e à criação de uma sociedade livre, sem Estado.

Pedagogia libertária no Brasil

Feita a Abolição, levas e levas de imigrantes, italianos, espanhóis, japoneses, árabes, suecos etc. chegaram ao Brasil para fazer o trabalho da lavoura e os primeiros serviços citadinos. Acelerou-se o processo de transição da sociedade agrário-escravocrata para a sociedade urbano-industrial.

Em 15 de novembro de 1889, o marechal Deodoro da Fonseca proclamou a República, que, no dizer do cronista, o povo assistiu bestializado, pensando que fosse uma parada militar. Sem saber que República significava a coisa pública, o bem público do qual todo cidadão deveria cuidar de forma democrática e representativa, sem saber o que significava cidadania, o povo assistiu a tudo, sem entender nada (Carvalho, 1992). E construiu-se assim a República dos militares, dos coronéis do café, do voto a cabresto, da política do café com leite, do liberalismo nos quadros do coronelismo, da enxada e do voto, bem estudados por Victor Nunes Leal (1948).

A República Federativa nada investiu na formação do cidadão. A educação continuou elitista e excludente como no Império, isto é, a política educacional republicana continuou voltada para o ensino superior, sendo o curso secundário compreendido somente em seu caráter propedêutico (Werebe, 1974). O ensino primário foi relegado ao município, que quase nada gastaria com ele.

Porém o Brasil passava por um surto de industrialização em função da explosão da Primeira Guerra Mundial, que fechava os mercados e obrigava o País, que até então importava tudo – até chapéu e caixão de defunto – a criar suas próprias indústrias. Nesse quadro, nasceram as primeiras indústrias, que funcionavam com a força de trabalho dos imigrantes e dos primeiros operários brasileiros, que nenhum direito trabalhista e previdenciário possuíam. Trabalhavam até 12, 14, 16 horas por dia, sem nenhuma garantia, sem nenhum seguro de saúde ou aposentadoria.

Mas muitos imigrantes, principalmente espanhóis e italianos, tinham experiência de lutas sociais e políticas travadas em seus países de origem. Assim, nos bairros de maior concentração de trabalhadores de São Paulo, como o Brás e o Belenzinho, desenvolveu-se o movimento operário anarquista, que lutava por uma sociedade livre, coletivista e sem Estado.

Mas como construir uma sociedade nova sem um homem novo?

Para resolver o problema, uma das práticas sociais do movimento anarquista das primeiras décadas do século XX foi a de criar escolas e universidades livres, centros culturais, bibliotecas e grupos de teatro para formar o homem novo, para promover o esclarecimento no sentido da autoemancipação. Articulando a educação com a cultura popular, eles fundaram um total de 25 escolas livres, centros de cultura popular, centros de educação artística, centros de ensino profissional, além de grupos de arte dramática e musicais (Rodrigues, 1992).

Em São Paulo, após o assassinato de Ferrer, foram criadas duas escolas livres: a Escola Moderna n.1 e a Escola Moderna n.2, no Brás e no Belenzinho que, na época, eram bairros industriais, com forte presença do imigrante italiano e do movimento anarquista. Assim, no Brasil, "verificamos o nascimento de uma classe operária sem vínculos diretos com uma 'cultura nacional', mas, pelo contrário, sendo uma combinação internacional de tradições culturais europeias diversas, trazidas com os imigrantes, com a experiência [...] advinda do trabalho camponês, do passado escravista", do pequeno setor artesanal e industrial das cidades (Hardman, 1983, p.68).

Como as escolas eram mantidas

Não eram escolas públicas, eram pagas, mas não se pode dizer a rigor que fossem particulares, pois eram escolas sustentadas pelo movimento anarquista, pelo coletivo, em conjunto com as mensalidades dos alunos e pelas contribuições individuais, em função da cultura da solidariedade então existente no meio operário e popular. Líderes como Edgard Leuenroth enviavam donativos de 28$000, Luciano Campagnoli entregava juros de hipoteca em torno de 100$000, durante quatro meses. O movimento operário organizava festas escolares, quermesses, festivais literários e apresentações teatrais em benefício das escolas (Rodrigues, 1992, p.51). Nessas ocasiões, as escolas recebiam doações que iam de uma lata de figos a uma caixa de papel. Dessa forma, as duas escolas sobreviveram precariamente durante seis anos, de 1913 a 1919 – um período de rápida ascensão do movimento operário anarquista, ao qual se seguiu a grande repressão a partir da greve geral de 1917. Na época do fechamento, tinham um total de 150 alunos.

Os professores eram militantes e educadores que trabalhavam em outras escolas e, por acreditarem nos ideais da pedagogia racional, davam sua contribuição à Escola Moderna. Entre eles, podemos citar: a educadora Maria Lacerda de Moura, preocupada com a autonomia do jovem; José Oiticica, que fazia conferências sobre a missão da escola racionalista; e Pedro Matera, que organizava recitais e festivais literários.

Em 1904, no Rio de Janeiro, foi criada a Universidade Popular de Ensino Livre que, de acordo com a proposta de Ferrer y Guardiã, tinha por objetivo "a instrução superior e a educação social do proletariado". A universidade era dirigida por Elísio de Carvalho, Vitor Schobnel, Tito de Miranda e Mota Assunção, que integravam o conselho administrativo. A universidade, que contava com a colaboração de professores e intelectuais, inclusive com os de formação positivista, ministrava cursos de Direito, Psicologia, História, Sociologia, Antropologia, Literatura, Matemática e Biologia (Rago, 1997).

Em Niterói, foi fundado o Grupo Operário de Estudos Sociais Germinal, que desejava criar uma biblioteca sociológica e abrir a *"Universidade Popular de Cultura Racional e Científica*, que tinha por objetivo a formação de professores. O currículo era composto das seguintes matérias: português, francês, inglês, italiano, latim, aritmética, álgebra, geometria, trigonometria, história universal, geografia, lógica, psicologia, química, física, história natural, sociologia e desenho. O curso ficava a cargo dos professores Antônio C. Pimentel, Saturnino Barbosa, Roberto Feijó e Florentino Carvalho. O curso era noturno e a mensalidade custava 7$000 em 1915 (Rodrigues, 1992, p.58).

Pedagogia libertária, Iluminismo e autodidatismo

Enquanto o objetivo da escola tradicional é adaptar o indivíduo à sociedade, formando personalidades dóceis com os superiores, e autoritárias com os inferiores, a pedagogia libertária dirige-se contra o exercício de poder e o verticalismo da hierarquia social. A pedagogia libertária visa à formação integral do indivíduo capaz de interagir igualmente com outros indivíduos, em uma sociedade onde todos possam conviver de forma horizontal. Assim, sacrifica os dogmas, a cultura oficial, as autoridades estatais e eclesiásticas, para formar um indivíduo que tenha iniciativa, criatividade, imaginação, vontade própria, capacidade de observação, independência, enfim, autonomia intelectual.

Diferentemente da escola de massas, que vê a criança como um pequeno selvagem que precisa ser civilizado, os anarquistas acreditam no princípio da bondade natural de Rousseau. A matriz do pensamento libertário é iluminista, fundamentada na concepção rousseauniana da bondade natural do homem. Assim, a pedagogia libertária não reprime os desejos e as tendências naturais da criança, ao contrário, cultiva-os. Contra a opressão da educação de massas, Ferrer opta por uma educação livre, sem prêmios, sem castigo, sem hierarquia, que procura ministrar os conhecimentos de acordo com as tendências naturais dos indivíduos, sem violar sua vontade, sempre atendendo a sua curiosidade, a suas prioridades.

Diferentemente da concepção originária de educar, que vem do latim *educare* e significa "endireitar o que está torto", justificando o enquadramento da infância e da juventude, a escola livre, de acordo com Margareth Rago, favorece as "tendências positivas da criança". Valorizando a vontade própria da criança, que é diferente do adulto e, sem querer domesticá-la, "o professor tem pouco que ensinar, mas deve observar muito, aproveitar as circunstâncias para que seu aluno descubra por si mesmo os inúmeros fatos de todo gênero, as múltiplas relações que mantêm entre si". O ensino, nas escolas livres, realiza-se de maneira prazerosa, a partir de jogos e práticas lúdicas, rompendo as barreiras entre trabalho intelectual e manual; aproveitando a natureza irrequieta e alegre da criança, suas faculdades e sentimentos, "falando mais ao olhar que ao ouvido, dedicando-se mais à inteligência do que à memória, esforçando-se por desenvolver harmônica e integralmente os seus órgãos" (Rago, 1997, p.150).

A valorização da educação e da cultura no projeto anarquista está ligada à ideia de autoemancipação. Em primeiro lugar porque, para os libertários, a revolução não está necessariamente inscrita no curso da história. Em segundo lugar, em função da descrença na ditadura do proletariado, mesmo que provisória. Para os anarquistas, "qualquer mudança radical dependeria do esforço pessoal de cada um no sentido de sua autoemancipação, e aí caberia um papel fundamental à educação enquanto formadora do homem novo" (idem, p.154).

Autoemancipação tem a ver com maioridade intelectual, com autonomia, independência. A matriz do conceito de autoemancipação, como o de emancipação, é iluminista, fundamenta-se na crença na bondade natural do homem, na luz da razão e na ousadia de saber mais que os limites impostos pela escolástica, pela escola de massas e pela cultura oficial.

Porém, diferentemente da matriz iluminista, em que o filósofo e o educador levam conhecimento ao povo, esclarecem o povo, calcado no mito iluminista do saber, a pedagogia libertária valoriza o autodidatismo, isto é, a capacidade de o indivíduo aprender por si próprio, uma espécie de autoesclarecimento.

Nas escolas livres, nos centros de cultura social, embora a aprendizagem se desse em conjunto com alunos e professores, tratava-se de valorizar a iniciativa pessoal, a diferença individual, os interesses de conhecimento de cada um. Nesse ponto, é completamente diferente da escola tradicional e da escola de massas, pois ambas uniformizam os indivíduos, e a segunda massifica o conhecimento, de modo que todos, indistintamente, têm de conhecer as mesmas coisas ao mesmo tempo, porque é determinado pelo programa oficial. Por isso, por causa da valorização das práticas pedagógicas autodidatas, dizemos que, para a educação libertária de Ferrer, os conceitos fundamentais são os de autodidatismo e autoemancipação, vinculados também a práticas sociais anarquistas.

Em primeiro lugar, é importante ressaltar que o autodidatismo é inerente à capacidade humana de conhecer. Mas floresceu somente em uma época em que a política educacional se caracterizava pelo elitismo, dificultando o acesso das classes trabalhadoras à cultura, sendo bastante utilizado pela militância libertária como estratégia de sobrevivência e como uma forma de resistência ao ensino formal (Ozaí, 2004). Além disso, o autodidatismo é uma forma de conquistar liberdade individual, do sujeito do conhecimento afirmar-se opondo-se ao ensino de massas despolitizado, que transmite uma série de noções desarticuladas e fragmentadas, em doses homeopáticas. Os anarquistas geralmente eram autodidatas – Proudhon é um exemplo. No Brasil, podemos citar Edgard Leuenroth, Pedro Catallo, Jaime Cubero, Maurício Tragtenberg (Valverde, 1996).

Para aprofundar um pouco a reflexão sobre os vínculos entre autodidatismo, pedagogia libertária e cultura política, focalizaremos a formação de Tragtenberg – autodidata por resistência às práticas de dominação escolar e por estratégia de sobrevivência intelectual, que se tornou professor universitário e expressivo crítico do regime militar entre os anos 60 e 80.

Durante a infância e a juventude, Tragtenberg adorava ler, mas não aguentava as regras escolares. Lia durante todo tempo que tinha; lia inclusive escondido da família, obras que julgavam não permitidas para sua idade. Começou a frequentar diariamente a Biblioteca Municipal de São Paulo – uma de suas "universidades", como ele dizia – onde conheceu Antonio Candido, Florestan Fernandes e outros intelectuais com quem passou a conviver e discutir.

Mas, além da Biblioteca Mário de Andrade, Tragtenberg ingressou-se no Centro de Cultura Social dos anarquistas. Faremos agora uma longa citação sobre o papel deste Centro em sua formação política e cultural, para entendermos as relações entre autodidatismo e esclarecimento:

> Bom, esse negócio da Espanha, aí entra a minha terceira universidade, que era o Centro de Cultura Social, criado pelo Edgard Leuenroth e o Pedro Catallo, que era sapateiro e dramaturgo. Autor de mais de trinta peças de teatro de cunho social. Ele lecionava na rua José Bonifácio, no centro da cidade. Tudo isso encontra-se na pesquisa da Maria Teresa Vargas, sobre Teatro Operário de São Paulo, editado pela prefeitura. E tem algumas fotos do pessoal. O Catallo morreu, mas tem o Jaime Cubero, que é um cara de origem espanhola, é dono de uma loja de sapatos no Brás, perto da rua João Boemer, em frente à igreja, na Celso Garcia. Ele pertenceu ao grupo de teatro social Florêncio Snaches, que era um autor muito representado na época.
>
> O Centro de Cultura Social reunia portugueses, espanhóis, italianos de origem anarquista. Muitos tinham feito a Guerra Civil da Espanha e

alguns tinham participado da Resistência da França. E um deles me dizia que, quando Paris foi libertada da Alemanha, o primeiro batalhão francês que entrou, entrou com o primeiro batalhão espanhol, também da Resistência, que era formada por ex-militantes da Guerra Civil e uma grande maioria de orientação anarquista, ligada à confederação, a CNT.

Houve uma comemoração da Guerra Civil Espanhola no Teatro Colombo, que reuniu todas as tendências. Mas eu não sabia disso, estava por fora da negociação de juntar o Partido Comunista Espanhol, o Partido Socialista, o pessoal da antiga UGT, que era o Sindicato da União Geral dos Trabalhadores e os anarquistas da CNT.

Eu estava angustiadíssimo porque o pessoal da CNT me pediu para fazer um quadro político explicativo do que foi a Guerra Civil, para apresentar na Comemoração, no Teatro Colombo. Senti uma das maiores angústias e depressões da minha vida.

Não saía da casa da Lélia [Abramo]. Por quê? Porque quanto mais lia sobre a Guerra Civil Espanhola, mais via que, tanto quanto o Franco, o PC acabou com a Guerra Civil.

Via isto pelo material que eu lia: as Atas da Guerra Civil Espanhola, que documentavam dia a dia, do começo ao fim da Guerra. As Atas mimeografadas, editadas pela CNT, me mostraram o problema terrível do stalinismo, que dominava a União Soviética. E os tais Processos de 1936 e 1938, que correspondiam à atuação de Stalin na Guerra Civil na Espanha. O Stalin ou o PC achou que, para legitimar os Processos de Moscou, o fuzilamento de todo pessoal do Comitê Central, tinha que montar uma conspiração internacional contra ele, na União Soviética e na Espanha. Na área republicana, o ministério da polícia estava na mão de um militante do Partido. Aí foi uma desgraça, porque o sujeito lutava contra o Franco, era de esquerda, mas não era do PC. Era do Partido Socialista ou era da Cooperação Nacional do Trabalho, ou era do POUM (Partido Operário de Unificação Marxista), que era uma cisão do Trotskismo. Então, aconteceu uma coisa terrível na Guerra Civil: o sujeito lutava na frente contra o Franco e era fuzilado pelas costas pelo pessoal do PC da época. Maior que o auxílio do Mussolini e do Hitler, foi o auxílio do PC, para a vitória de Franco; foi muito mais decisivo para a vitória dele.

Leio há mais de vinte anos sobre isso, li os depoimentos de pessoas que passaram por lá, inclusive o Santillan. Ele estava na Guerra Civil e codificou a experiência de autogestão que foi implantada na agricultura, no serviço público, na indústria, durante três anos, em oitenta por cento do território da Espanha. E tudo isso foi destruído por uma cisão do PC espanhol e pelo Franco do outro lado. Puta merda!

Então, imagina a minha situação lendo esse troço todo, lendo essa desgraceira toda e tendo que falar sobre ela. Então eu discutia isso com a Lélia, com os Abramo: como é que eu ia fazer isso?

E tinha que levar em conta o plano da conjuntura brasileira. Na Espanha, o Franco estava no poder, mas aqui, no entanto, podia ter uma manifestação contra o fascismo. E teve. Mas eu não estava sabendo que tinha tido um acordo de cavalheiros para acentuar as concordâncias, sem mostrar as diferenças das correntes de esquerda. Então, imagine o pau que deu! Claro, eu coloquei o saber social, não oficial, aquilo que chamam de 'o não saber das instituições', o que estava escondido. E isso bagunçou tudo. (Tragtenberg, 1999, p.33-5)

O texto acima citado mostra o vigor das relações entre o processo de conhecimento e a cultura política, entre autodidatismo, auto-emancipação e a prática política libertária em oposição à cultura oficial despolitizada e à uniformidade da escola de massas. Isto é, o saber não-oficial rompendo os limites do saber institucional...

É preciso ressaltar que Tragtenberg pertenceu a uma geração que se formou numa época de polarização ideológica, em que o indivíduo era chamado a participar, aderindo ou combatendo, o que favorecia o esclarecimento. Estava entre aqueles que, conforme Hobsbawm, aprenderam a pensar com os homens que viveram a "Era dos Impérios", isto é, o período 1875-1914, em que surgiram os primeiros movimentos operários e as novas ideologias anarquistas e socialistas, uma época marcada pelo pensamento de Marx, Freud, Bakunin, e por personalidades que impulsionaram as grandes transformações do breve século XX: Lenin, Stalin, Hitler, Mussolini, Franco, Mao Tsé-tung, Roosevelt, Gandhi. Personalidades cujas ações assinalaram a transição da sociedade burguesa em sua versão liberal para a sociedade do controle e de cultura de massas. Naquele período crucial para o desenvolvimento da cultura moderna, havia debates acalorados sobre temática política nacional e internacional, abrangendo desde o imperialismo, o declínio do império britânico, até o socialismo, o movimento operário, a Revolução Russa etc. Para Hobsbawm, o problema da continuidade e da descontinuidade histórica entre a Era dos Impérios e os dias atuais é muito importante, pois o pensamento, as emoções daqueles que viveram e atuaram até a década de 1980 foram moldados por aquele passado histórico, como foi o caso de Tragtenberg.

Formado durante os anos 40 e 50, Maurício Tragtenberg frequentou o Centro de Cultura Social numa época de polarização ideológica, o que favorecia o esclarecimento. O indivíduo acreditava ver claro, enquanto hoje em dia, com a massificação da cultura, o esclarecimento ficou bem mais difícil. Nas palavras de Marc Ferro (2004, p.E 3):

> Hoje em dia, através da televisão e do cinema, as pessoas estão mais bem informadas do que há 30 anos atrás. Isso produz uma chuva de informações que são bem gravadas pelo público, mas não são coordenadas, são totalmente disparatadas. Há 30 anos havia menos informações, mas, como havia polarização ideológica, o indivíduo era chamado a aderir ou a combater, e, assim, acreditava ver claro, enquanto hoje se sabe que não é possível ter clareza de nada.

Da propaganda das escolas livres à cultura de massas

Hoje em dia, nota-se o crescimento das escolas de massa – fundamental para a sociedade do controle. À massificação do ensino e da cultura, segue-se uma mudança na política. A política passa pelos filtros dos meios de comunicação de massa, com as eleições sendo decididas pela publicidade e pelo marketing. Na prática política, a diferença ideológica entre os partidos vai se esvaindo e a participação política vira máscara de aderência. A cultura política perde-se em meio às noções desarticuladas e às informações disparatadas veiculadas pelas escolas e pelos meios de comunicação de massa.

Mas, diferentemente da cultura de massas – que fundiu a propaganda à publicidade, levando tudo ao mercado – na cultura popular e libertária das primeiras décadas do século XX, a propaganda estava a serviço da difusão das ideias anarquistas, da divulgação das práticas sociais e pedagógicas do movimento, do desmascaramento ideológico.

Assim, a propaganda das Escolas Livres era feita pelo jornal *A Lanterna*, um dos jornais do movimento operário que mais divulgou as Escolas Livres de São Paulo. Vejamos um anúncio da Escola Moderna n.2:

> Esta Escola servir-se-á do método indutivo demonstrativo e objetivo, e basear-se-á na experimentação, nas afirmações científicas e raciocinadas, para que os alunos tenham uma ideia clara do que se lhes quer ensinar.
> Educação Artística, Intelectual e Moral.
> - Conhecimento de tudo quanto nos rodeia
> - Conhecimento das ciências e das artes
> - Sentimento do belo, do verdadeiro e do real
> - Desenvolvimento e compreensão sem esforço e por iniciativa própria
> As matérias a serem iniciadas, segundo o alcance das faculdades de cada aluno, constarão de: leitura, caligrafia, gramática, aritmética, geometria, geografia, botânica, zoologia, mineralogia, física, química, fisiologia, história, desenho, etc. (Hardman, 1983, 75)

Este anúncio é interessante, porque deixa clara a opção pelo método científico, experimental, voltado para o entendimento da realidade, sem nada de metafísica. Nas Escolas Livres, o ensino não é massificado, ministrado igualmente para todos, de modo que todos tenham de aprender a mesma coisa porque estão na mesma série e têm a mesma idade. Não, nas Escolas Livres, procura-se respeitar a individualidade do aluno, seu gosto e suas inclinações, de modo que o ensino é trabalhado de acordo com a curiosidade, o interesse e o desejo de aprender de cada um.

A publicação de anúncios das escolas nos jornais do movimento anarquista era fato comum na época, pois as Escolas Modernas de São Paulo foram mantidas graças ao domínio da cultura operária e popular que, então, tinha forças para contrapor-se às agências ideológicas do Estado e da Igreja e aos primeiros meios de comunicação, que começavam a produzir a cultura de massas. Vejamos o seguinte trecho de um artigo publicado no jornal *A Plebe:*

> Os padrecos, coitados, andam às tontas para ver se conseguem escorar o edifício da sua seita parasitária [...] eles lançam mão de todos os recursos de catequização e fanatismo. Domingo, na igreja do Belenzinho, houve sessão

cinematográfica, com o intuito evidentíssimo de atrair para aí meia dúzia de pobres de espírito. De modo que a Igreja – que já era taverna, casa de tavolagem, bordel elegante e frege tenebroso – acrescentou, agora, a todas essas boas qualidades a de casa de ... espetáculos! (Hardman, 1983, p.78)

É importante lembrar que, no início do século XX, o processo de implementação da Indústria Cultural de massas apenas se iniciava, e o movimento libertário já se preocupava com o extraordinário poder de comunicação e persuasão da linguagem cinematográfica.

A autoemancipação como experiência lúdica de busca de conhecimento

Durante os primeiros anos da República, não se pode dizer que houvesse intervenção estatal nas áreas da cultura, educação, saúde pública, previdência social, trabalho e lazer. Nesse contexto, nos bairros industriais e populares de São Paulo, onde havia forte presença do imigrante, florescia as culturas operária e popular, dirigida pelo movimento anarquista e anarco-sindicalista, que se expressava em jornais como *A Lanterna* e *A Plebe, A Terra Livre* etc.

A cultura popular, criada entre os grupos de vizinhança, em meio à pobreza, desenvolvia a solidariedade. A superexploração – numa época que inexistia legislação trabalhista – fortalecia a revolta e a rebelião dos operários, contra a tirania das fábricas e contra o Estado, alimentando a luta de classes cultivada pelo movimento operário.

No auge da crise da sociedade burguesa em sua versão liberal, numa época ainda marcada pela ausência do lazer de massas programado e de intervenção cultural, houve espaço para o florescimento da cultura popular, para o desenvolvimento da pedagogia libertária e de experiências lúdicas, como a criação de diversos grupos de teatro amador. Os grupos de teatro anarquista, que surgiram entre 1909 e 1935, apresentavam peças cujo principal objetivo era divulgar os ideais do movimento operário, como *Primeiro de Maio, Pecado da Simonia* e *Sonhos de Uma Noite de Outono,* apresentadas no Auditório Celso Garcia, no centro de São Paulo. No movimento operário da época, a cultura representava não apenas aspirações individuais, mas coletivas, ligadas às práticas lúdicas, aos jogos, às experiências prazerosas.

Crítica da escola pública

Desde que os iluministas colocaram a escola pública na pauta da discussão em prol do esclarecimento, o pensamento libertário preocupou-se em apontar o outro lado da questão. Transformado em escola, o Iluminismo ficou reduzido a uma forma de controle e domesticação, que conduziu à perda da imaginação criadora dos estudantes. Assim, conforme Enzensberger (1995, p.47), a substituição do conceito de Iluminismo pelo de educação associada à preocupação de pôr fim ao analfabetismo das massas foi uma

> notícia boa demais para ser verdadeira. Os povos aprenderam a ler e a escrever não por vontade própria, mas porque se viram obrigados a tanto. A emancipação deles foi simultaneamente uma cassação dos seus direitos. A partir de então, o ato de aprender passou a ser controlado pelo Estado e suas agências: a escola, o exército e a justiça.

Dessa forma, para os libertários, a escola pública, como a religiosa, é vista como controle, repressão, doutrinação ideológica, intervenção na cultura popular. A escola livre, moderna, foi uma das estratégias de desterro da classe operária do início do século. E desterro, como bem mostrou Foot Hardman, tem a ver com autonomia, liberdade de ser diferente, de poder escolher os próprios caminhos, de traçar os próprios destinos e, para tanto, de buscar o próprio esclarecimento.

Assim, a pedagogia libertária resgatou do Iluminismo clássico, principalmente de Rousseau, a noção de autoemancipação como uma maneira de substituir a opressão que mantinha as crianças e os jovens presos durante horas a fio numa sala de aula fechada, para inculcar-lhes conhecimento doutrinário, ideológico, enfadonho, por uma escola livre, aberta, onde crianças e jovens encontrassem liberdade de ser e pudessem desenvolver sua curiosidade, buscando conhecimento espontaneamente, de forma lúdica, prazerosa, para tornar-se um homem novo, libertário, pronto para construir a sociedade livre.

Fonte jornalística

FERRO, M. *Folha de São Paulo*, 11.9.2004, p. E 3

Referências bibiográficas

CARVALHO, J. M. de. *Os bestializados*. São Paulo: Companhia das Letras, 1992.

ENZENSBERGER, H. M. *Mediocridade e loucura e outros ensaios*. São Paulo: Ática, 1995.

HARDMAN, F. F. *Nem pátria nem patrão*: vida operária e cultura anarquista no Brasil. São Paulo: Brasiliense, 1983.

HOBSBAWM, E. *A era dos impérios (1875-1914)*. 5ª.ed. Rio de Janeiro: Paz e Terra, 1988.

LEAL, V. N. *Coronelismo, enxada e voto*. Rio de Janeiro: Forense, 1948.

LUIZZETO, F. *Utopias anarquistas*. São Paulo: Brasiliense, 1987.

RAGO, M. *Do cabaré ao lar*: a utopia da cidade disciplinar: Brasil 1890-1930. 3ª.ed. Rio de Janeiro: Paz e Terra, 1997.

RODRIGUES, E. *O anarquismo na escola, no teatro, na poesia*. São Paulo: Achiamé, 1992.

SILVA, A. O. *Maurício Tragtenberg e a pedagogia libertária*. (Tese de doutorado) FEUSP, 2004.

TRAGTENBERG, M. Francisco Ferrer e a Pedagogia Libertária. *Sobre educação, política e sindicalismo*. São Paulo: Cortez e Autores Associados, 1982.

_____. *Administração, poder e ideologia*. 2ª. ed. São Paulo: Cortez, 1989.

_____. *Memórias de um autodidata no Brasil*. Org. de Sônia Marrach. São Paulo: Escuta e Fundunesp. 1999.

VALVERDE, A. J. R. *Pedagogia libertária e autodidatismo*. (Tese de doutorado em educação) Unicamp, 1996.

WEREBE, M. J. A educação. *História geral da civilização brasileira*. Org. de Sérgio Buarque de Holanda. 2ª.ed., t2, v4. São Paulo: Difel, 1974.

5
A EDUCAÇÃO, O LÚDICO E A UTOPIA EM WALTER BENJAMIN

Para os libertários, as experiências lúdicas estão ligadas à ideia de libertação. Os textos de Walter Benjamin, escritos dentre 1913 e 1931, sobre a criança, o brinquedo e a educação, aproximam o olhar da criança ao olhar do revolucionário. Seu interesse pelo universo lúdico da criança está ligado à ideia de que brincar significa libertação, não só para a criança, mas também para o adulto, pois, para Benjamin, a criança é o pai do homem. Ela é o homem na infância e conserva rastros da infância da humanidade. O universo lúdico da criança evoca o paraíso perdido da utopia.

Assim, neste capítulo, analisaremos a questão do lúdico no pensamento pedagógico libertário de Walter Benjamin, elaborado nas primeiras décadas do século XX, quando o autor, ainda jovem, depositava esperanças na Revolução Soviética e desenvolvia um pensamento utópico.

A utopia libertária tocou profundamente o pensamento de Walter Benjamin. Nascido na Alemanha em 1892, Benjamin viveu as transformações da virada do século XIX, a transição da sociedade burguesa, em sua versão liberal, para o mundo administrado. Sofreu as perseguições do nazismo e os abalos decorrentes de duas guerras mundiais. Foi um dos mais importantes intelectuais da Escola de Frankfurt e autor de uma obra irredutível a classificações – seu pensamento encontra-se na encruzilhada das mais importantes correntes políticas e filosóficas de seu tempo. Benjamin foi um dos primeiros intelectuais a perceber a revolução na superestrutura causada pelas novas tecnologias, que deram origem à Indústria Cultural. Seu texto mais importante a respeito é *A obra de arte na época de sua reprodutibilidade técnica*. Entre suas principais obras, destacam-se as teses *Sobre o conceito de história* e o *Trabalho das passagens* – esta última inacabada. Além disso, Benjamin dedicou parte significativa de seus escritos ao estudo de questões relacionadas ao lúdico e à educação de crianças e jovens. Esses textos constituem o objeto de estudo do presente capítulo.

Desde 1913, quando era um jovem estudante universitário, até 1931, Benjamin escreveu diversos artigos e resenhas sobre universidade, juventude, educação da criança proletária, pedagogia socialista, brinquedo, teatro, jogos e livros infantis, focalizando os aspectos lúdicos do processo de conhecimento.

Quais as razões que levaram o autor de as teses *Sobre o conceito de história* a preocupar-se com a criança e a juventude? Que relações há entre seu interesse pelo lúdico e sua visão de história, especialmente, sua utopia?

Estas são as questões que procuraremos responder a seguir.

Antes de tudo, porém, é preciso lembrar que as preocupações de Benjamin com a educação se exprimem em dois níveis: 1) O desejo de livrar crianças e jovens do enquadramento. Ele voltou-se para as misérias da universidade burocrática, para o filisteísmo da vida estudantil, para a pedagogia tradicional e para os brinquedos realistas. E a isso contrapôs a universidade livre do Estado, o teatro infantil, o lúdico, a brincadeira, a experiência do conto de fadas, enfim, uma pedagogia na qual a liberdade é requisito para o conhecimento e que, por isso, permite o gesto livre da criança. 2) O interesse de Benjamin pelo universo lúdico da criança está ligado a sua ideia de que brincar significa libertação, inclusive para o adulto autômato, ameaçado pelos choques cotidianos da modernidade. Para ele, a criança é o pai do homem. Ela é o homem na infância e conserva rastros da infância da humanidade. O universo lúdico da criança evoca o paraíso perdido da utopia.

Escrevendo para sobreviver

Walter Benjamin é um dos grandes intelectuais judeus e de esquerda, nascido em Berlim em 1892 – uma área geográfica unificada pela cultura germânica, sob o Império austro-húngaro. Primeiro filho do casal Emil Benjamin e Paula Schönflies, foi um menino franzino e enfermiço, que desenvolveu uma relação apaixonada com os livros. Seu pai vendia tapetes e antiguidades que comprava em Paris. Viveu a infância num meio abastado, desfrutando da fartura que a família lhe proporcionara durante o período *Kaiser*.

Ingressou na universidade em 1913, ano em que começou a escrever sobre educação e juventude. Nas universidades em que estudou, exerceu intensa atividade política e cultural.

Em 1919, deu um passo importante para fazer a carreira universitária, escrevendo a tese de doutorado sobre *O conceito de crítica de arte no romantismo alemão*, que foi defendida na Universidade de Berna, na Suíça.

Mas durante os anos 20, sob a República de Weimar, viu-se obrigado a fazer diversas atividades, tais como resenhas, artigos para jornais, suplementos e traduções para assegurar a subsistência.

Em julho de 1925, candidatou-se ao cargo de professor universitário, preparando uma tese de livre-docência *(habilitation)* sobre a *Origem do drama barroco alemão*, que foi recusada pela Universidade de Frankfurt/Main.

Na década de 1930, com o agravamento da crise alemã, Benjamin escrevia a seu amigo Scholen que o "clima sufocante" da Alemanha estava "cada vez mais difícil de suportar" (Konder, 1988, p.46). Nessa época, Benjamin vivia sem o apoio financeiro do pai e estava sozinho, já divorciado, pagando caro à ex-mulher pela antecipação de uma herança do sogro. Fez até palestras radiofônicas remuneradas e escreveu pequenas peças teatrais para o rádio.

Em plena crise da República de Weimar, Benjamin conheceu Asja Lacis, militante comunista por quem se apaixonara. Nessa época, lia *História e consciência de classe,* de Luckas, e buscava no legado de Marx instrumentos de análise para questionar a sociedade em que vivia.

Alimentava esperanças em relação à nova sociedade que surgia com a União Soviética. No entanto, deparava-se com um marxismo cada vez mais institucionalizado e percebia que o Estado criado por Lenin já não era o mesmo sob Stalin. Asja Lacis, que era cidadã soviética, foi morta num dos "expurgos" do período stalinista.

Infeliz no amor, Benjamin tinha amigos de diversas tendências filosóficas, mas se sentia só, pois seus amigos não gostavam uns dos outros e cada um o queria encaminhar para sua própria linha político-filosófica. Gerschom Scholem queria que Benjamin se dedicasse à teologia judaica e fosse, como ele, morar em Jerusalém, onde decidiu viver a partir de 1923. Brecht desejava que Benjamin mergulhasse no comunismo. Adorno queria que ele cultivasse o pensamento crítico que o levaria à dialética negativa. Mas Benjamin, embora próximo de todas essas correntes, procurava preservar sua liberdade de pensamento e pesquisava tudo, em todas as direções que lhe pareciam interessantes.

Walter Benjamin viveu uma época de extraordinário florescimento cultural. Uma época que produziu Freud, Kafka, Ernest Bloch, a Escola de Frankfurt – voltada para a crítica da cultura contemporânea – da qual Benjamin foi um dos mais importantes intelectuais.

Mas essa época assistiu também à destruição da cultura judeu-alemã. Como muitos intelectuais de seu tempo, Benjamin tentou o exílio para sobreviver ao massacre do nazismo. Foi viver em Paris. Mas em maio de 1940, as tropas de Hitler invadiram a Holanda, a Bélgica e Luxemburgo. Em 14 de junho, Paris foi ocupada, e o governo francês, sediado em Vichy, assumiu o compromisso de colaborar com Hitler. Benjamin entregou seus escritos a Georges Bataille, que os guardou na Biblioteca Nacional. Encontrou-se com Arthur Koestler e ganhou metade de seus tabletes de morfina para a possibilidade de precisar suicidar-se. Prevenido, foi em busca da última saída: juntamente com um grupo de intelectuais alemães, tentou a travessia clandestina da França para a Espanha. Benjamin tinha problemas cardíacos. Mesmo assim procurou fazer a passagem dos Pirineus, levando na maleta a última versão do *Trabalho das passagens*. A Espanha já estava sob a ditadura de Franco, mas permitia que os portadores de autorização para entrar nos Estados Unidos, como era seu caso, atravessassem o país para chegar a Portugal para, então, cruzar o Atlântico. No entanto, quando eles chegaram, a polícia comunicou que, por ordem de Madri, a autorização estava suspensa. Para Benjamin, isso significava campo de concentração. Então, naquela noite, ele ingeriu os tabletes de morfina que tinha e morreu na manhã seguinte, dia 27 de setembro de 1940.

O estudante e a utopia

Quando ainda era um estudante de ginásio, Benjamin interessou-se pelas ideias de Gustav Wyneken, pedagogo alemão que exerceu certa influência no início do século XX, mas logo foi esquecido, pois, sob o impacto da Primeira Guerra, Wyneken deixou-se envolver pelo espírito belicista e pela exacerbação do sentimento nacionalista e patriótico. Benjamin logo se afastou do pedagogo, escrevendo-lhe em uma carta: "No senhor, a *teoria* tornou-se cega" (Konder, 1988, p.16).

Naquela época, Benjamin participava do *Movimento da Juventude Livre Alemã*, colaborando na revista do movimento chamada *Anfan*. Seu pensamento era eclético, marcado por influências de Nietzsche, Kant e voltado para a retomada de questões metafísicas colocadas por Platão, Spinoza e pelos românticos.

Ativo no movimento estudantil, Benjamin defendia a ideia de que a *teoria* tinha de ser livre, independentemente dos interesses do Estado, de grupos e instituições particulares. Isto é, a teoria não podia sucumbir ao utilitarismo, se quisesse preservar a inquietação e seu poder de questionar tudo. Este era o tema do texto *A vida dos estudantes*, escrito em 1914 pelo jovem estudante universitário ligado às *Organizações dos Estudantes Livres*.

Nesse texto, a teoria tinha a função crítica de libertar o futuro da desfiguração do presente. Aos estudantes caberia lutar contra a petrificação do estudo, que a universidade reduzia ao mero acúmulo de conhecimentos sem sentido, e recuperar a noção de totalidade, para criar condições para a utopia, expressa na ideia de "Revolução Francesa" ou o "reino messiânico".

Em *A vida dos estudantes*, esboçam-se as relações entre suas preocupações com o movimento estudantil e a concepção de história que o autor desenvolveria em 1940; entre a utopia e o papel do jovem na construção da utopia. Nesse texto, a crítica principal dirige-se à concepção burocrática da vida universitária; expressão máxima da ideologia do progresso na universidade. Atrelada ao poder do Estado, a universidade tem seus fins distorcidos. Ela se torna uma "corporação de funcionários públicos portadores de grau acadêmico" (Benjamin, 1984, p.32).

Longe de ser uma comunidade de pesquisadores, comprometida com os grandes ideais da humanidade, onde o indivíduo atuante se expressa integralmente, a universidade afasta-se cada vez mais do mundo social. Amarrada a convenções e hierarquias, nela impera o espírito burocrático. Este se sobrepõe à pesquisa. O ensino profissionalizante sufoca o espírito criador, a informação prevalece sobre a formação e a ciência é apresentada como algo que nada tem a ver com a vida real.

A vida jurídica na universidade é personificada no Ministério da Cultura. O ministro não é nomeado pela universidade, mas pelo soberano. Trata-se de uma "correspondência semivelada da instituição acadêmica com os órgãos estatais, passando por cima das cabeças dos estudantes" (Benjamin, 1984, p.33).

Na universidade alemã, Benjamin afirma que a submissão a este estado de coisas tem sido a marca da vida dos estudantes. Eles reproduzem a discrepância entre sociedade e Estado, pois ficam distantes da sociedade, da arte e afastados das grandes questões de seu tempo.

A esse "progresso", Benjamin (1984, p.28) opõe o poder crítico das "imagens utópicas", como a do "reino messiânico" e a da "Revolução Francesa". E sugere os traços de sua visão do mundo social e religiosa: "As lutas da juventude são antes sentenças divinas". Benjamin aponta para a grandeza da tarefa revolucionária dos estudantes: transformar esta corporação de funcionários públicos que é a universidade em uma "comunidade de pesquisadores"; uma comunidade livre, fundada na ideia do saber, isto é, na ideia de arte e ciência, livres do enquadramento pela administração pública e com vida intelectual ativa e criadora, pois, para Benjamin, o acadêmico tem uma vinculação interior com as lutas espirituais de seu tempo.

No entanto, o espírito burocrático destrói essa ligação. E até o trabalho de assistência social feito pelos estudantes perde o sentido. Pois não há uma ligação "entre a existência espiritual do estudante e seu interesse em dar assistência social aos filhos de trabalhadores e mesmo a outros estudantes". O trabalho social torna-se então "serviço à comunidade", feito na base de uma contraposição mecanicista: "aqui o bolsista do povo, lá o desempenho social" (idem, p.34).

Benjamin afirma que a *Organização dos Estudantes Livres* ainda não compreendeu até que ponto a vida científica "implica um protesto contra a vida profissional". E evoca o espírito tolstoiano das comunidades monásticas e dos grandes anarquistas que rasgou o abismo entre a existência burguesa e proletária.

Observa ainda um outro problema. A vida estudantil está presa às convenções sociais como a do casamento, de modo que também Eros é dividido de forma mecanicista: de um lado o estudante farreando com as prostitutas, de outro, seu futuro de "velho senhor", ou pai de família. O que Benjamin questiona é a separação entre criação e procriação, entre o tempo vazio de "gozar a juventude" à espera de um cargo ou uma profissão e de chefiar uma família.

Citando versos de Stefan George, ele mostra que as instituições da vida estudantil se parecem com um mercado onde tudo é provisório e onde os estudantes esperam apenas a chegada da etapa profissional e duradoura de suas vidas. Para destruir o pacto da juventude com o filisteu, Benjamin pergunta: "Como criar uma comunidade com mulheres e crianças, cuja produtividade é dirigida para outras direções? Ou seja, como construir a vida a partir da "unidade entre criação, Eros e juventude"? (Benjamin, 1984, p.37).

A comunidade livre proposta por Benjamin só pode ser compreendida tendo em vista sua visão do mundo romântica. Pois os elementos dessa visão formam o núcleo de suas ideias religiosas e de sua utopia libertária (Löwy, 1989).

Segundo Löwy, em 1935, Benjamin escreve um artigo sobre Bachofen, cuja obra, inspirada em fontes românticas, despertou o interesse de marxistas e anarquistas, como Elisée Reclus. Este último constitui uma das referências da utopia libertária de Benjamin.

Bachofen pesquisou as sociedades primitivas, sem classes e sem Estado, que alimentavam o ideal libertário. Em *Paris, capital do século XIX*, Benjamin fala dos sonhos da humanidade. A utopia é inspirada pela sociedade sem classes da história primeva. "Depositadas no inconsciente coletivo, tais experiências, interpenetradas pelo novo, geram a utopia" (Benjamin, 1985, p.32).

Vejamos como essa ideia é trabalhada no ensaio sobre *A vida dos estudantes*:

> Há uma concepção de história que, confiando na eternidade do tempo, só distingue o ritmo dos homens e das épocas que rápida ou lentamente correm na esteira do progresso.[...] A consideração que se segue visa, porém, a um estado determinado, no qual a história repousa concentrada em um foco, tal como desde sempre nas imagens utópicas dos pensadores. Os elementos do estado final não estão manifestos como tendência amorfa do progresso, mas encontram-se profundamente engastados em todo presente como as criações e os pensamentos mais ameaçados, difamados, desprezados. Transformar o estado imanente da plenitude de forma pura em estado absoluto, torná-lo visível e soberano no presente, eis a tarefa da história. Contudo, esse estado não pode ser expresso através da descrição pragmática dos pormenores, da qual ele antes se furta, mas só pode ser compreendido em sua estrutura metafísica, como reino messiânico ou a ideia da Revolução Francesa. O significado histórico atual dos estudantes e da universidade, a forma de sua existência no presente merece, portanto, ser descrita apenas como parábola, como imagem de um momento mais elevado e metafísico da história. [...] O único caminho para tratar do lugar histórico do estudantado e da universidade é o sistema. Enquanto para isso faltam ainda várias condições, resta apenas libertar o vindouro de sua forma desfigurada, reconhecendo-o no presente. Somente para isso serve a crítica". (Benjamin, 1984, p.31)

Nesse texto, Benjamin coloca um problema que será o cerne de suas teses *Sobre o conceito de história*: a ideia de uma nova percepção da temporalidade histórica. Ideia essa que se assenta na crítica da ideologia do progresso. Em Benjamin, o progresso é entendido como matriz do produtivismo econômico, técnico e científico, no sentido da razão instrumental. Tal progresso encontra sua expressão máxima na burocracia estatal, a qual regula também a vida universitária. A crítica de Benjamin procura evidenciar o outro lado da moeda desse progresso: o retrocesso da humanidade. A ideia de história concentrada em foco e repousada em uma imagem utópica implica uma nova forma de pensar a história e o tempo histórico (Benjamin, 1985).

Essa nova concepção de história, como bem mostrou Löwy, une por "afinidade eletiva"[1] o messianismo judaico à utopia libertária. A união é tecida no pano de fundo do romantismo alemão, mais especificamente, na crítica neorromântica do progresso, bem diferente do romantismo clássico, como se pode notar pela leitura do texto acima citado. Trata-se de uma crítica cultural romântica da civilização capitalista, do progresso técnico e da razão instrumental.

Em *A vida dos estudantes,* Benjamin já dizia que as grandes questões que se colocam para a sociedade não são as da técnica e da ciência, mas as colocadas pelos românticos e pelos metafísicos. Elas constituem a fonte inspiradora das comunidades livres de estudantes em "permanente revolução do espírito". Vejamos como ele desenvolve o problema nas teses *Sobre o conceito de história.*

"A ideia de que um progresso da humanidade na história é inseparável da ideia de sua marcha no interior de um tempo vazio e homogêneo. A crítica da ideia do progresso tem como pressuposto a crítica da ideia dessa marcha". A história é objeto de uma construção cujo lugar não é o tempo homogêneo e vazio, mas o tempo saturado de agora. Assim, "a Roma Antiga era para Robespierre um passado carregado de 'agoras' que ele fez explodir do *continuum* da história". Sob o capitalismo industrial, a consciência de romper com a ideologia do progresso e de explodir o *continuum* da história é própria da classe operária, "classe combatente e oprimida", que consuma a "tarefa de libertação em nome das gerações de derrotados" (Benjamin, 1985, p.229-30).

---

[1] Por afinidade eletiva, Löwy (1989, p.11) entende "um tipo muito particular de relação dialética que se estabelece entre duas configurações sociais ou culturais, não redutível à determinação causal direta ou à 'influência' no sentido tradicional". Trata-se, a partir de uma certa analogia estrutural, de um movimento de convergência, de atração recíproca, de confluência ativa, de combinação capaz de chegar até a fusão.

Miguel Abensour sublinha três elementos fundamentais da concepção benjaminiana de história: a tradição dos oprimidos, o poder destruidor da classe operária e a descontinuidade do tempo histórico. O tempo de agora é o tempo da revolução/redenção; tempo de explodir o curso do progresso, visto por Benjamin como catástrofe.

Estudando essa nova concepção de tempo histórico, Stéphane Mosès aborda a ideia de origem em Benjamin. E mostra a existência de dois sentidos dessa noção: "o do começo e o do princípio de estruturação". Ambos se fundem na ideia de reatualização, "marcando uma ruptura no desenvolvimento do tempo histórico" (Mosès, 1986). A utopia do futuro é interpenetrada pela experiência do passado remoto da sociedade sem classe. O tempo de agora é tempo de ruptura e de rememoração.

Nas teses, depois de fazer a crítica da ideologia do progresso, Benjamin (1985, p.222) associa a rememoração à chegada do Messias:

> Sabe-se que era proibido aos judeus investigar o futuro. Ao contrário, a Torá e a prece ensinam na rememoração. Para os discípulos, a rememoração desencadeava o futuro, ao qual sucumbiam os que interrogavam os adivinhos. Mas nem por isso o futuro se converteu para os judeus num tempo homogêneo e vazio. Pois nele cada segundo era a porta estreita pela qual podia penetrar o Messias.

Como intelectual judeu e de esquerda, Benjamin sofreu as duas experiências de opressão: viveu a vida do judeu errante e o internacionalismo proletário. Miguel Abensour mostrou a existência de uma semelhança entre a experiência proletária e a experiência judia, "dois modos de ser no mundo, de ser estrangeiro no mundo sob o signo da precariedade e da angústia" (Abensour, 1986, p.239).

Entre *A Vida dos Estudantes* e as teses *Sobre o conceito de história*, Löwy aponta um traço da visão de mundo de Benjamin, que percorre sua trajetória intelectual mesmo após a adesão ao materialismo histórico: o romantismo constitui o núcleo de sua concepção política e religiosa. Nesse núcleo, após 1924, o marxismo vai se amalgamar à convicção libertária-messiânica. As fontes do romantismo de Benjamin são, principalmente, Schlegel e Novalis. Das fontes libertárias, fazem parte os anarquistas e anarco-sindicalistas mais próximos do romantismo e de suas aspirações restitucionistas: George Sorel, Gustav Iandauer, Tolstoi e Strindberg. Nas palavras de Löwy, "anarquismo e messianismo judaico partem das mesmas raízes neorromânticas. E ambos têm em comum uma estrutura utópico-restitucionista, uma perspectiva revolucionária/catastrófica da história e uma imagem libertária do porvir endêmico" (Löwy, 1989, p.90). Vale lembrar que, para o Benjamin das teses, o "estado de exceção em que vivemos é na verdade a regra geral". Já suas preocupações com relação ao enquadramento das crianças datam de 1913, quando ele ainda era um estudante de filosofia. São, portanto, anteriores à ascensão do nazismo. Mas o nazismo era o estado de exceção e a regra. A máquina de propaganda nazista mirava as crianças e os jovens para transformá-los em peças da engrenagem totalitária do regime. Walter Benjamin combatia o enquadramento da criança e da juventude num mundo de adultos autômatos, dirigidos por enrijecidos filisteus.

O enquadramento compulsório das crianças, promovido pelo Estado de exceção, é um desenvolvimento torto da dominação burguesa e da pedagogia que lhe corresponde. A "burguesia", escreve ele, "vê seus filhos como herdeiros; os deserdados os veem como ajudantes, vingadores, libertadores. Esta é uma diferença suficientemente drástica. Suas consequências pedagógicas são incalculáveis" (Benjamin, 1984, p.73).

A modernidade e o autômato

As teses *Sobre o conceito de história* consistem fundamentalmente em uma reflexão radical sobre a modernidade. Aos olhos de Benjamin, a modernidade está condenada ao sempre igual da produção em série, do maquinismo, da mercadoria, da moda. Os homens transformam-se em autômatos desmemoriados e sem experiência. Por isso, no *Trabalho das passagens*, o inferno é apresentado como alegoria da modernidade, porque representa a catástrofe permanente, o eterno retorno das mesmas penas, como a de Sísifo, a repetição dos mesmos gestos do operário preso à linha de montagem. E o núcleo da crítica é que o progresso representado pela modernidade implica um retrocesso da sociedade, e que a vivência do choque transformou os homens em autômatos, que se esforçam para automatizar as crianças.

O brinquedo – instrumento do diálogo não-verbal entre o mundo do adulto autômato e a criança – sofre as transformações condicionadas pelo progresso técnico e econômico.

Em *Brinquedos e jogos*, a loja de brinquedos é a "caricatura do capital sob a forma da mercadoria". "Um diabólico alvoroço é a atmosfera fundamental. Máscaras sorriam ironicamente das caixas dos jogos de sociedade e dos rostos das bonecas com traços realistas, exercitavam seu poder de atração nas negras bocas dos canhões, chiavam ainda nos engenhosos 'vagões de acidente', os quais desmoronavam-se nas partes previstas quando acontecia o acidente ferroviário" (Benjamin, 1984, p.73).

No *Trabalho das passagens*, Benjamin (1986, p.850-1) afirma a identidade entre o autômato e o diabólico. Ele cita um texto de Caillos que analisa o mito de Pandorra, "autômato fabricado pelo Deus ferreiro para a desgraça dos homens".

Na atribulação da vida moderna, o homem perdeu a experiência e adquiriu a vivência do choque. Num texto de 1918, chamado *Programa da filosofia vindoura*, Benjamin expôs as ideias que estava desenvolvendo a partir da teoria da experiência de Kant e das ideias de Hermann Cohen que, para Benjamin, ficavam prejudicadas pelo horizonte estritamente iluminista, incapaz de perceber a importância da história e da religião. Por isso, Benjamin (1984) pretendia elaborar um conceito de experiência capaz de abarcar a complexidade das relações entre sujeito e objeto, escapando da abstrata contraposição entre um e outro. Assim, ele busca um conceito de experiência correspondente a uma existência humana plena de sentido.

O homem moderno perdeu a experiência e a memória. A experiência (*Erfahrung*), segundo Benjamin, está ligada à comunidade tradicional, pertence a um universo pré-capitalista, onde as pessoas sabiam contar histórias que continham experiências transmissíveis de uma geração à outra. Ligada à memória, a experiência consiste em "dados acumulados, geralmente inconscientes, que se combinam nela". Mas, pergunta ele, quem ainda encontra pessoas que sabem contar histórias como elas devem ser contadas? A partir da geração que viveu a Primeira Guerra Mundial, a experiência comunicável entrou em baixa. Em seu lugar, o desenvolvimento técnico produziu uma "angustiante riqueza de ideias" que se difunde sobre a cabeça das pessoas: astrologia, ioga, gnose, e todos os ismos das ciências. Mas qual o "valor de todo o nosso patrimônio cultural, se a experiência não mais o vincula a nós?" (Benjamin, 1985, p.115).

Em um dos primeiros textos de juventude, Benjamin já abordava essa questão. O artigo intitula-se *"Experiência"* (o título está entre aspas). Pois trata-se de uma "experiência" que não é senão a máscara do adulto filisteu, do pedagogo sisudo e cruel que tenta impedir a experiência dos jovens. Essa "experiência" constitui uma máscara "inexpressiva, impenetrável, sempre igual. Esse adulto já experimentou tudo: juventude, ideais, esperanças, a mulher. Tudo foi ilusão [...] A amargura desses filisteus não nos proporciona nem sequer os curtos anos de juventude" (Benjamin, 1984, p.23).

A modernidade impôs a experiência vivida do choque. O operário opera a máquina, com olhar atento e gestos automáticos; os homens da multidão aparam os choques do trânsito nas grandes cidades. Na vivência do choque (*Chockerlebnis*), o comportamento é reativo, próprio do adulto autômato, desmemoriado, incapaz de adquirir experiência de vida e de transmiti-la às novas gerações.

Diante do mundo capitalista industrial, marcado pelo progresso técnico, onde o operário está preso à linha de montagem e é relegado à condição de autômato, Benjamin volta-se para o universo lúdico da criança; para o teatro infantil, os brinquedos artesanais, os jogos, os contos de fadas. O que lhe interessa é o caráter libertador do elemento lúdico, não só para a criança, como também para o adulto.

A criança que foge do "panorama imperial"

Em *Rua de mão única* – livro que reúne um conjunto de aforismos sobre temas variados, mesclando poesia e realidade –, o mundo da criança desperta novamente a atenção de Benjamin. Este livro exprime o impacto de sua adesão ao marxismo. E, como dizia Ernest Bloch, *Rua de mão única* é exemplo de seu pensamento surrealista. Vale lembrar que para Benjamin o surrealismo constitui o último instantâneo da inteligência europeia", uma tentativa de articular o comunismo ao anarquismo.

Em *Panorama imperial*, um dos mais ricos fragmentos deste livro, Benjamin faz uma "Viagem através da inflação alemã", para constatar a miséria e a estupidez do homem moderno. Ele observa

> um estranho paradoxo: as pessoas só têm em mente o mais estreito interesse privado quando agem, mas ao mesmo tempo são determinadas mais que nunca em seu comportamento pelos instintos de massa. E mais que nunca os instintos de massa se tornam desatinados e alheios à vida. Onde o obscuro impulso animal [...] encontra a saída do perigo que se aproxima e que ainda parece invisível, ali a sociedade, da qual cada um tem em mira unicamente seu próprio inferior bem-estar, sucumbe, como massa cega, com inconsciência animal, mas sem o inconsciente saber dos animais [...]. De modo que nela a imagem da estupidez se completa: insegurança, perversão mesmo dos instintos vitalmente importantes, e impotência, declínio mesmo, do intelecto. Essa é a disposição da totalidade dos burgueses alemães. [...] A liberdade do diálogo, a consideração pelo parceiro era natural, ela é agora substituída pela pergunta sobre o preço de seus sapatos ou de seu guarda-chuva. (Benjamin, 1987)

Em *Alarme de incêndio*, Benjamin coloca a questão da interrupção do progresso dessa dominação que conduziu à alienação e à coisificação do humano. A revolução proletária é entendida como uma possibilidade de romper-se com esse "desenvolvimento cultural" que condiciona a estupidez (idem, p.45).

Nesse contexto, pode-se compreender a importância da criança no pensamento de Benjamin. A criança é o pai do homem, e a roda do destino começa a girar muito cedo; o que "fizemos aos quinze anos representará um dia nossos atrativos. Por isso, uma coisa jamais poderá ser reparada: ter perdido a oportunidade de fugir da casa dos pais. De quarenta e oito horas de abandono nesses anos solidificados, como em uma barrela, o cristal da felicidade na vida" (Benjamin, 1987, p.18).

Em outras palavras, o que não pode ser reparado é a perda da oportunidade de fugir ao enquadramento do *Panorama imperial*, sob pena do *Alarme de incêndio* permanecer desligado durante o incêndio.

Benjamin vê nas crianças futuros libertadores. As crianças não formam uma comunidade isolada. Elas fazem parte da sociedade, do povo, das classes sociais. Portanto a criança não é o Robinson Crusoé que a pedagogia iluminista pressupõe para "meditar com pedantismo sobre a produção de objetos – cartazes, ilustrações, brinquedos ou livros – que devem servir às crianças". Para Benjamin, as rançosas especulações dos pedagogos impede-os de perceber "que a terra está repleta dos mais incomparáveis objetos de atenção da ação das crianças". Mais que pelos brinquedos, elas se interessam pelos locais de trabalho (casa, construção, jardim), onde a atuação sobre as coisas se dá de maneira fortemente visível. Nos restos de objetos de costura ou do trabalho do marceneiro, as crianças "reconhecem o rosto que o mundo das coisas volta exatamente para elas, e só para elas. Nesses restos elas estão menos empenhadas em imitar as obras dos adultos do que em estabelecer entre os mais diferentes materiais, através daquilo que criam em suas brincadeiras, uma nova e incoerente relação" (Benjamin, 1987, p.19).

Assim, elas formam seu mundo inserido em um maior, mundo em que meia dobrada na gaveta se transforma em bolsa, em que "uma boneca principesca transforma-se numa eficiente camarada proletária na comuna lúdica das crianças" (Benjamin, 1984, p.65).

O brinquedo estabelece um diálogo conflituoso entre criança e adulto, um diálogo simbólico entre a criança e a sociedade. Pedagogos e fabricantes podem determinar o brinquedo. Mas quem os *corrige* são as crianças que, durante a brincadeira, exercitam a imaginação e a inteligência ainda não conformadas ao padrão do adulto autômato.

Parece que, para Benjamin, o olhar da criança, como o dos surrealistas, abole a fronteira entre o sonho e a vigília e, por isso, seu gesto livre pode ser lido como um sinal secreto da utopia vindoura.

Nesse quadro, pode-se compreender as ideias pedagógicas de Benjamin. Elas visam a garantir a plenitude da infância, o desenvolvimento da inteligência livre de qualquer enquadramento.

Seus escritos sobre o assunto são de 1928-1929 e trazem a marca otimista de quem estava bastante envolvido com o partido comunista. Mas mostram também um Benjamin que, apesar do esforço para seguir a ortodoxia do partido, continua o mesmo heterodoxo de sempre, isto é, um Benjamin que amalgama com facilidade materialismo dialético e utopia messiânica no solo do romantismo.

Em *Uma pedagogia comunista*, Benjamin apresenta a seguinte crítica à pedagogia burguesa. Ela se funda em dois polos, cindidos de maneira não-dialética: psicologia e ética. De um lado, enfatiza a psicologia da infância e da adolescência. De outro, propõe-se a formar o cidadão íntegro. O processo de educação consiste em um processo de adaptação às normas estabelecidas pelos psicólogos educacionais e pela moral da sociedade burguesa. Esta parte da ideia do homem universal, genérico, bem diferente do homem real. Idealiza uma essência absoluta do ser humano e da juventude. Mas, na verdade, o cidadão genérico que ela almeja não é senão o cidadão útil e confiável. Para proceder à adaptação a esses dois polos, a pedagogia substitui "a violência pela astúcia", ou seja, a violência simbólica converte-se em meio de educação.

Para a burguesia, as crianças precisam mais dos adultos que estes delas. Baseado nesta máxima, o burguês vê seu filho como herdeiro. Já os proletários veem seus filhos como libertadores. E isto dá uma grande diferença em termos de pedagogia. A criança proletária nasce e vive no seio da classe e não no da família; ela faz parte da prole de sua classe. E, para Benjamin, seu futuro é determinado pela situação de classes e não pela família ou por metas educacionais doutrinárias. A consciência de classe nasce da "escola da necessidade e do sofrimento". Em outras palavras, a criança proletária é educada na classe e para o mundo e não na família para a família. "Pois a família proletária não é para a criança melhor proteção contra uma compreensão cortante do social do que seu puído casaco de verão contra o cortante vento invernal" (Benjamin, 1984, p.90).

Quanto à pedagogia comunista, o ponto de partida encontra-se, segundo Benjamin, na obra de Edwin Hoernle, marxista ortodoxo, autor das *Questões fundamentais da educação proletária* – obra que mostra o que é e para onde leva o pensamento marxista ortodoxo no âmbito da pedagogia.

O que Benjamin considera fundamental no trabalho de Hoernle é a consideração da situação de classe da criança – e não só da "natureza infantil" – para o estabelecimento de uma educação em função da luta de classes. Para ele, é isto que diferencia Hoernle dos "reformadores sociais austro-marxistas, os quais contestam a politização das crianças feita pelos bolcheviques. Hoernle rebate seus adversários perguntando se as escolas primárias, profissionalizantes, as associações de juventude, os escoteiros, as escolas militares, as da igreja, "seriam outra coisa senão instrumentos de uma formação antiproletária dos proletários?"

Embora reconheça os méritos deste "manual" que dá os primeiros passos para uma concepção marxista da pedagogia, Benjamin não aceita sem reservas a ideia de que a educação da criança não se diferencie da educação das massas adultas, fundando-se na doutrinação do partido. Para ele, a abordagem política da educação marxista ainda é insuficiente. Daí a necessidade de elaborar uma "antropologia dialético-materialista da criança proletária". Essa antropologia, escreve ele, "não seria outra coisa senão um confronto com a psicologia da criança, cuja posição teria então de ser substituída por minuciosos protocolos – elaborados segundo os princípios do materialismo dialético – a respeito daquelas experiências que foram realizadas nos jardins da infância proletários, grupos de jovens, teatros infantis, ligas da juventude" (idem, p.91).

Uma ideia desta antropologia encontra-se esboçada em *Programa de um teatro infantil proletário*, onde Benjamin afirma que a educação proletária deve ser construída pela consciência de classe e que o programa do partido comunista não é instrumento de uma educação infantil calcada na luta de classes, já que a ideologia só atinge a criança enquanto frases vazias de sentido. Em um ano, a criança é capaz de repetir a fraseologia do partido. Mas o que isto significa diante do grande problema que é a construção da nova sociedade e do novo homem?

Para Benjamin, a educação da criança proletária diferencia-se radicalmente da educação burguesa e, por isso, "não precisa, como a burguesia, de uma ideia para a qual se é educado". Enquanto educação doutrinária, parece que a educação estabelecida pelo programa do partido comunista assemelha-se à educação burguesa.

Já a educação calcada na consciência de classe nada tem de doutrinária. Ela também não está preocupada em mudar de método de ensino a cada seis meses como fazem as escolas burguesas. Nem em transmitir conteúdos abstratos para que as crianças repitam mecanicamente. Para Benjamin, a educação proletária de crianças entre 4 e 14 anos prescinde da fraseologia própria das noções gerais transmitidas pelo ensino das chamadas disciplinas científicas. A criança, escreve ele, deve ser educada "proletariamente", e nesta idade, "apenas o verdadeiro pode atuar de maneira produtiva" (idem, p.86).

Mas o que significa ser educado "proletariamente", o que é esse "verdadeiro" para Benjamin?

Ao contrário da criança burguesa, a criança proletária não precisa de uma *ideia* ou de uma doutrina para ser educada. O que a criança proletária precisa, sempre segundo Benjamin, é de um contexto educativo, um terreno objetivo e delimitado e, ao mesmo tempo, capaz de abranger as diversas facetas da existência concreta e verdadeira da criança.

O teatro e a criança

Esse contexto é o teatro. O teatro e não a escola é o lugar da educação da criança proletária até os 14 anos. Pois o teatro é lugar de trabalho coletivo e a classe operária possui grande sentido de coletividade. As fábricas, as assembleias populares são exemplos disso. E as crianças também constituem uma coletividade.

Mas que tipo de teatro Benjamin propõe?

Não se trata daquele tipo de teatro cujo princípio é o de fazer propaganda de ideias supostamente revolucionárias. Na verdade, as ideias propagadas por esse tipo de teatro não resistem à primeira reflexão.

Trata-se de um teatro infantil proletário, feito nos moldes do realizado pelos bolcheviques em seus primeiros tempos; os bolcheviques procuravam "organizar as crianças". O que Benjamin propõe é um teatro capaz de *despertar* as crianças, a fim de que possa emergir o gesto livre delas, "a força mais poderosa do futuro". Pois o teatro é "o fogo no qual realidade e jogo fundem-se para as crianças" (Benjamin, 1984, p.86).

Nesse teatro, valoriza-se mais o jogo e o elemento lúdico da improvisação que a encenação ou a conclusão do trabalho. Pois o desempenho infantil orienta-se para o instante e não para a eternidade. O teatro, enquanto arte efêmera, é infantil.

O papel do diretor é secundário. Resume-se a sugerir tarefas, conteúdos, mas não interfere na conduta moral imediata dos personagens, já que o importante é privilegiar as tensões do trabalho coletivo das crianças e não as soluções como faz a escola. Para ele, as tensões do trabalho coletivo são os "verdadeiros educadores". Assim, diferentemente da escola, no teatro, o trabalho do diretor nada tem a ver com o do pedagogo que corrige as crianças baseado numa autoridade moral e intelectual.

Para Benjamin, a educação começa com a observação. E ao diretor cabe primeiramente observar as ações e os gestos infantis. Pois o gesto infantil transforma-se num sinal de "um mundo no qual a criança vive e dá ordens". A tarefa do diretor, então, é esta: "Libertar os sinais infantis do perigoso reino da fantasia e conduzi-los à sua execução nos conteúdos" (idem).

O teatro constitui assim a melhor forma de desenvolvimento do gesto infantil nas diversas formas de expressão: música, dança, poesia etc. Por isso é um meio educativo capaz de contrapor-se à escola. À construção pedagógica do trabalho planejado por sessões, o teatro contrapõe a representação improvisada na qual as crianças testam as variações do papel, levando sua criatividade a plenos poderes. Às soluções pedagógicas procuradas pela escola, o teatro contrapõe um campo de tensão do trabalho coletivo. E, o mais importante, a "encenação contrapõe-se ao treinamento pedagógico como libertação radical do jogo, processo que o adulto pode tão somente observar" (idem, p.88).

Isso explica por que Benjamin elege o teatro e não a escola como lugar de educação da infância proletária. Enquanto a primeira subjuga a "sugestionabilidade infantil", via "doutrinação ideológica", o teatro é lugar do trabalho coletivo, das tensões suscitadas por esse trabalho; é o lugar do jogo, do prazer, é arte da ilusão e da libertação do autêntico gesto infantil que une razão, imaginação e sensibilidade na ação.

Enquanto a escola burguesa se esmera na disciplina, a educação proletária procura garantir a plenitude da infância e, como a classe operária, só começa a disciplinar durante a adolescência. É importante observar que o teatro, enquanto terreno onde a infância se realiza plenamente, está ligado ao espaço da luta de classes e do trabalho. Seus conteúdos e símbolos são trabalhados, mas de maneira lúdica. Isto é, não se trata de exigir das crianças um domínio de conteúdos formais, muito menos a repetição mecânica de determinados símbolos e noções. A encenação teatral, segundo Benjamin, deve funcionar como uma "pausa criativa" de um trabalho. Ela representa para a criança uma inversão social, tal como ocorre no carnaval antigo. "O mais alto converte-se no último de todos, e assim como em Roma, nos dias saturnais, o senhor servia ao escravo, assim também durante a apresentação, as crianças sobem ao palco e ensinam e educam os atentos educadores" (idem, p.88).

Nesse teatro, a liberdade é requisito para o conhecimento, na medida em que assegura o desenvolvimento da inteligência viva da criança – a única capaz de construir a sociedade livre do futuro. Dessa forma, o teatro é, por excelência, um meio de libertação da criança e uma maneira de assegurar a realização da infância onde é seu lugar: no lúdico, no jogo. Para Benjamin, esta é a força do teatro infantil proletário: Ele constitui "o efeito do sinal secreto do vindouro, o qual fala pelo gesto infantil". É do gesto livre de crianças livres que emerge o sinal da utopia. Ou seja, o universo lúdico infantil carrega o espírito libertário capaz de alimentar a utopia da sociedade livre.

Para compreendermos essa questão, precisamos percorrer os textos nos quais Benjamin volta-se para o lúdico próprio de um mundo onde ainda existia a experiência no sentido tradicional: os livros, brinquedos, jogos e contos de fada produzidos pela cultura popular do meio artesanal.

Livros, brinquedos e jogos: o lúdico e a utopia

> *Mas sobre exércitos e frotas a mão que distribui brinquedos vai colorindo novas formas.*
>
> *(Drummond.*
> *Grande Homem, pequeno soldado)*

Benjamin observa a existência de um "entendimento secreto entre o artesão anônimo e a criança". Entendimento inexistente entre ela e os pedagogos iluministas, produtores de livros moralistas e edificantes, mais parecidos com um catecismo (Benjamin, 1984, p.52).

Já o conto de fadas, tal como a antiga narração, pertence ao universo da experiência coletiva pré-capitalista. O conto de fadas põe em cena o homem liberado em cumplicidade com a natureza também liberada. Ao ler um conto de fadas, as crianças vivem-no como companheiras e criadoras. Elas entram no meio da fantasia e dela participam, tornando-se cenógrafos e contadores de histórias.

Quanto aos livros infantis, há alguns da época Biedermeir que valem mais pela ilustração que pela mensagem edificante da pedagogia. É que apesar do desenvolvimento da vida burguesa, na primeira metade do Século XIX, houve na Alemanha um considerável florescimento do livro infantil graças ao trabalho dos ilustradores – ex-artesãos que trabalhavam nas editoras de pequenas cidades. As ilustrações despertam a palavra na criança. Diante delas, a criança libera sua fantasia. "Na página dedicada à letra **A,** encontra-se, por exemplo, uma natureza morta construída em forma de torre, que se mostra bastante enigmática até que se descobre que águia, ameixa, âncora, aranha, avestruz, abacaxi ..., estão amontoados aqui" (idem, p.56).

Essa arte artesanal adaptou-se à vida pequeno-burguesa. Ela exprime a "variante popular, infantil até, dos devaneios do romantismo". Seu engenho baseia-se nas cores e na fantasia. Citando Goethe a respeito do "efeito ético-sensorial" das cores, Benjamin mostra que a cor pura é o meio da fantasia da criança que brinca "e não o cânone rigoroso do artista que constrói" (idem, p.60). A sensibilidade desses coloristas baseia-se no espírito dos jogos infantis que se dirigem à pura intuição da fantasia: as bolhas de sabão, a policromia da lanterna mágica, aquarelas, decalcomanias.

Em *Velhos brinquedos*, Benjamin comenta uma exposição de brinquedos do Märkische Museum – exposição que reuniu, além de brinquedos no sentido estrito da palavra, objetos que estão no limiar deste campo: jogos de sociedade, pirâmides de Natal, blocos de construção e ilustrações.

Benjamin fala dos soldadinhos de chumbo e outras figuras que pertencem ao século XVIII e são anteriores à especialização da produção e da comercialização dos brinquedos. Tais brinquedos eram comercializados pelos vendedores de artigos de marcenaria, ferragens, enfeites ou pelos mascates de feiras.

Ele dedica especial atenção à prateleira que exibia artigos de confeitaria, especialmente as bonecas feitas de açúcar e as figuras de pão e mel, conhecidas pelos contos fantásticos de Hoffmann e que sumiram da Alemanha protestante. Eram bonecas achatadas e açucaradas que, ao serem cortadas no sentido longitudinal, exibiam provérbios escritos sobre um papel com gravuras coloridas: "Todo o salário da semana gastei contigo em uma dança" (idem, p.62). Esse universo lúdico, ao qual também pertence o teatro de fantoche, os diadoramas, minoramas etc., desapareceu juntamente com o século XIX e atualmente é depositado em nossas cabeças via folclore, história da arte, psicanálise.

Em *História cultural dos brinquedos*, Benjamin mostra que o brinquedo faz parte do contexto econômico, cultural e das técnicas coletivas. Nada mais errôneo que dizer que o brinquedo é criação da criança ou para a criança. Os brinquedos nasceram nas oficinas dos entalhadores em madeira, fundidores de estanho etc. Mas com o avanço da industrialização, o brinquedo é subtraído ao controle da família, tornando-se estranho à criança e aos pais.

Ele lembra o vínculo que unia a criança ao meio artesanal-popular, em que a experiência era transmitida de geração à geração e onde "madeira, ossos, tecidos, argila representavam nesse microcosmo os materiais mais importantes, [...] quando o brinquedo significava ainda a peça do processo de produção que ligava pais e filhos" (idem, p.65).

Nesse universo pré-capitalista, o brinquedo é mais um resto do mundo do adulto que se transforma em "instrumento de brincar" que um atraente brinquedo da indústria moderna. E eles são "tanto mais autênticos quanto menos o parecem ao adulto". Os materiais de que eram feitos eram mais próprios para brincar; eles combinavam mais com a sobriedade que a criança tem em relação à escolha dos materiais. Já os brinquedos industriais estão mais próximos do que o adulto autômato entende por brinquedo.

Em *Brinquedos e jogos*, a questão que Benjamin explica é o porquê do crescente interesse pelas pesquisas e exposições sobre brinquedos autênticos, isto é, brinquedos e jogos provenientes da cultura artesanal-popular que mais exprimem a visão do mundo da criança. Para explicar essa questão, é preciso compreender o que é brincar.

Partindo do estudo de Kark Gröber, cuja obra constitui uma verdadeira "arqueologia" dos brinquedos e jogos, Benjamin coloca a necessidade de compreender a arte popular e a visão do mundo infantil como configurações coletivas. Brinquedos como a roda, o arco, o papagaio foram impostos à criança como objetos de culto. E se somente mais tarde tornaram-se brinquedos, isso se deveu à imaginação infantil. A criança não determina o brinquedo, mas a brincadeira. Na brincadeira, ela transforma o brinquedo e assim dialoga com o universo adulto.

Mas o que é brincar? É fazer de conta? O que é jogar? É imitar? Será que brincar e jogar só podem ser explicados do ângulo do adulto?

Lembrando a teoria gestáltica dos gestos lúdicos de Willy Haas, Benjamin aponta a relação entre brincadeira e jogos com as experiências primordiais, por meio das quais os homens tornam-se senhores de si.

Willy Haas propõe as seguintes formas fundamentais do gesto lúdico: as brincadeiras de perseguição correspondem à perseguição entre gato e rato; ao gesto do goleiro e do tenista, corresponde o da fêmea defendendo os filhotes do ninho; à disputa pela bola de futebol ou de polo, a luta dos animais pelo osso, pela presa ou pelo objeto sexual.

Benjamin propõe ainda a necessidade de essa teoria investigar a dualidade e o enigmático magnetismo entre o bastão e o arco, pião e fieira, bola e taco. Para ele, "antes de penetrarmos, pelo arrebatamento do amor, a existência e o ritmo frequentemente hostil e não mais vulnerável de um ser estranho, é possível que já tenhamos vivenciado essa experiência desde muito cedo, através dos ritmos primordiais que se manifestam nesses jogos como objetos inanimados nas formas mais simples. Ou melhor, é exatamente através desses ritmos que nos tornamos senhores de nós mesmos" (Benjamin, 1984, p.75).

O ponto de partida desse estudo é para ele a lei que rege o universo lúdico: a lei da repetição, na qual Freud descobriu um "além do princípio do prazer". Esta lei é a alma do jogo e nada dá mais prazer à criança do que fazer mais uma vez. No mundo da criança esse impulso de repetição não é menos poderoso que o impulso no amor sexual. Toda experiência profunda deseja ser repetida, ou seja, busca restabelecer a situação primordial da qual nasceu o primeiro impulso.

A criança e o adulto, diz Benjamin, agem conforme este verso de Goethe: "Tudo correria com perfeição, se se pudesse fazer duas vezes as mesmas coisas". Mas só duas vezes seria pouco para a criança. Ela quer repetir inúmeras vezes. Para Benjamin, a repetição não é somente produto de uma busca em que crianças e adultos procuram se assenhorear de terríveis experiências primordiais. Trata-se também de saborear renovadamente as vitórias e os triunfos. Assim, o adulto alivia sua alma, contando novamente suas experiências. Ao fazer mais uma vez, no jogo ou na brincadeira, a criança cria novamente o fato vivido desde o início. Aqui ele descobre a essência da brincadeira e do jogo: fazer sempre de novo e não imitar ou "fazer como se fosse".

Benjamin lembra que os hábitos são "formas petrificadas e irreconhecíveis de nossa primeira felicidade, de nosso primeiro terror". E que, mesmo os hábitos mais enrijecidos, são inculcados na criança por meio de jogos e brincadeiras acompanhadas de versinhos. "E mesmo o pedante mais insípido", escreve ele, "brinca ao máximo quando ele é pedante o máximo. Apenas ele não se lembrará de suas brincadeiras [...] Mas quando um moderno poeta diz que para cada homem existe uma imagem em cuja contemplação o mundo inteiro desaparece, para quantas pessoas essa imagem não se levanta de uma velha caixa de brinquedo?" (Benjamin, 1984, p.65).

O universo lúdico dos brinquedos, jogos, contos de fadas está vinculado à experiência coletiva do meio popular artesanal pré-capitalista. Quando esse universo se levanta de uma caixa de brinquedos, ele propicia ao adulto autômato um caminho para tornar-se senhor de suas experiências primordiais, provocando a recordação da felicidade primeira, a rememoração da experiência perdida e do paraíso perdido.

E, então, por que os antigos brinquedos atraem tanto crianças e adultos, por que salas de exposição de brinquedos como as do Märkische Museum jamais ficam vazias?

É que brincar, segundo Benjamin, "significa libertação". Rodeadas por um mundo de gigantes, as crianças criam para si, brincando, o pequeno mundo próprio, mas o adulto que se vê acossado por uma realidade ameaçadora, sem perspectivas de solução, liberta-se dos horrores do mundo por meio da reprodução miniaturizada. A banalização de uma existência insuportável contribuiu consideravelmente para o crescente interesse que jogos e brinquedos infantis passaram a despertar após o final da guerra".

Isso ajuda a explicar o interesse de Benjamin pela criança, pelos brinquedos, teatro, jogos e contos de fada. Diante do progresso tecnológico, da regressão da humanidade e da transformação do homem em autômato, o universo lúdico da criança, produzido no meio artesanal da cultura popular, evoca a lembrança da experiência e da memória perdidas no limbo sempre-igual da modernidade.

O pensamento de Benjamin parece orientar-se pelas seguintes correspondências: a criança, o homem na infância, conserva rastros da infância da humanidade. O universo lúdico dos brinquedos, jogos, contos de fada evoca o paraíso perdido da sociedade primitiva, sem classes e sem Estado.

Vale lembrar que, no *Trabalho das passagens*, a utopia surge interpenetrada pelos elementos oriundos do paraíso perdido da história primeva, onde homem e natureza liberados vivem em cumplicidade um com o outro. Depositadas no inconsciente coletivo, as experiências desse paraíso perdido, em ligação recíproca com o novo, dão nascimento à utopia.

Na sociedade utópica de Benjamin (1986), o jogo infantil constitui o modelo do trabalho livre, isto é, do trabalho não-dirigido à produção do valor. Nesse sentido, ele recorre à Fourier, propondo que o prazer de jogar mais uma vez seja o cânone do trabalho voltado para o melhoramento do homem e da natureza.

Evidentemente, o que Benjamin procura não é restaurar o universo lúdico pré-capitalista ou o comunismo primitivo. Mas tecer relações dialéticas entre o passado pré-capitalista e a possibilidade da utopia da sociedade sem classes; entre o universo lúdico da criança e a sociedade utópica. Trata-se de reencontrar, por meio da rememoração

– provocada talvez por uma caixa de brinquedos –, o universo lúdico do paraíso perdido, e fazer dele uma força espiritual para a construção da sociedade utópica, onde o trabalho se assemelha ao jogo infantil e a terra se parece com um canteiro de obras trabalhado pelas crianças que fugiram do enquadramento do "Panorama Imperial".

A utopia messiânica/libertária de Walter Benjamin é uma contrapartida do Estado. A existência do Estado engendra a revolta, a ideia de uma revolução possível.

A utopia quer organizar uma nova ordem. Diferentemente da ideologia, a utopia implica um voo da realidade e dos interesses imediatos por ela colocados. Mas "não existe topia sem utopia", esta é a contrapartida daquela e, nesse sentido, a utopia faz parte da realidade, baseia-se no seu movimento, enfim, considera as tendências que brotam do movimento mais profundo da realidade da qual se origina (Maffesoli, 1981, p.42).

A utopia messiânica/libertária de Benjamin (1985, p.226) constitui ainda o reverso de sua visão catastrófica da história:

> Há um quadro de Klee que se chama *Angelus Novus*. Representa um anjo que parece querer afastar-se de algo que ele encara fixamente. Seus olhos estão escancarados, sua boca dilatada, suas asas abertas. O anjo da história deve ter esse aspecto. Seu rosto está dirigido para o passado. Onde nós vemos uma cadeia de acontecimentos, ele vê uma catástrofe única, que acumula incansavelmente ruína sobre ruína e as dispersa a nossos pés. Ele gostaria de deter-se para acordar os mortos e juntar os fragmentos. Mas uma tempestade sopra do paraíso e prende-se em suas asas com tanta força que ele não pode mais fechá-las. Essa tempestade o impele irresistivelmente para o futuro, ao qual ele vira as costas, enquanto o amontoado de ruínas cresce até o céu. Essa tempestade é o que chamamos progresso.

Benjamin escreveu as teses *Sobre o conceito de história* sob o impacto do tratado de não-agressão entre Stalin e Hitler. Para a oposição de esquerda, na qual Benjamin está incluído, o pacto abalou profundamente a confiança na capacidade de resistência dos comunistas. Para Benjamin, o tratado significou "o fim de uma esperança ainda viva na vitória contra a 'catástrofe'" (Gagnebin, 1982, p.14).

Benjamin sofreu a catástrofe na própria pele, nos campos de refugiados que os nazistas instalaram na França invadida pela Alemanha e na fronteira entre a França e a Espanha, quando ele tentava se refugiar. Quando os funcionários aduaneiros disseram que a fronteira acabava de ser fechada, o desespero diante da possibilidade de ser entregue aos alemães levou-o ao precipitado suicídio.

Em suma, a utopia messiânica/libertária é produto de duas experiências sofridas sob o signo da angústia e da precariedade: a do judeu errante e a do internacionalismo proletário, das primeiras décadas do século XX.

Desde seus primeiros escritos, a revolução é apresentada com caráter religioso, salvador. Após sua adesão ao marxismo, a revolução passa a ser tarefa atribuída aos proletários do mundo, mas seu caráter messiânico/redentor mantém-se. Nas *Teses* de 1940, diante do desespero frente à catástrofe cada vez mais ameaçadora, a presença do sagrado cresce: "o Messias não vem apenas como salvador; ele vem também como vencedor do Anticristo" (Benjamin, 1985, p.224).

Lembrando Maffesoli, o sagrado cresce à medida que a verdade diminui e a ilusão aumenta, embora o ápice da ilusão seja também o ápice do sagrado (Maffesoli, 1978, p. 94).

Parece que Enriquez tem razão quando afirma a impossibilidade do homem moderno viver a angústia da vida sem se referir à ordem transcendente, ao sagrado que nos ultrapassa, ao mito. Pois a utopia da boa sociedade do futuro – onde todos vivem em igualdade de condições, repartindo o fruto do trabalho realizado como um jogo infantil, onde todos têm os mesmos direitos, vivendo uma verdadeira democracia – é também um mito necessário da vida moderna (Enriquez, 1992).

Referências bibliográficas

ABENSOUR, M. W. B. Entre Mélancolie et Révolution. *Passages W.B. et Paris*. Paris: Keinz Wismann et Cerf, 1986.

BENJAMIN, W. Sobre o conceito de história. *Obras escolhidas*, v.1. (Trad. Jeanne M. Gagnebin e S. P. Rouanet). São Paulo: Brasiliense, 1985.

_____. Experiência e pobreza. *Obras escolhidas*, v.1. São Paulo: Brasiliense, 1985.

_____. Paris, Capital do Século XIX. *Sociologia* (org. e trad. Flávio R. Kothe). São Paulo : Ática, 1985, p.32.

_____. Uma pedagogia comunista. *A criança, o brinquedo, a educação.* (Trad. Marcus V. Mazzari). São Paulo: Summus, 1984.

_____. A Vida dos Estudantes. *A criança, o brinquedo, a educação.* São Paulo: Summus, 1984.

_____. A posição religiosa da nova juventude. *A criança, o brinquedo, a educação.* São Paulo: Summus, 1984.

_____. Brinquedos e jogos. *A criança, brinquedo, a educação.* São Paulo: Summus, 1984.

_____. Experiência. *A criança, brinquedo, a educação.* São Paulo: Summus, 1984.

_____. Velhos Brinquedos. *A criança, o brinquedo, a educação.* São Paulo: Summus, 1984.

_____. Uma pedagogia comunista. *A criança, o brinquedo, a educação.* São Paulo: Summus, 1984.

_____. Programa de um teatro infantil proletário. *A criança, o brinquedo, a educação.* São Paulo: Summus, 1984.

_____. Velhos livros infantis. *A criança, brinquedo, a educação.* São Paulo: Summus, 1984.

_____. Visão do livro infantil. *A criança, o brinquedo, a educação.*

_____. Rua de mão única. *Obras escolhidas*, v.2. (Trad. Rubens R. Torres Filho e José Carlos M. Barbosa). São Paulo: Brasiliense, 1987.

_____. História cultural do brinquedo. *A criança, o brinquedo, a educação.* São Paulo: Summus, 1984.

_____. *Parigi, capitale del XIX secolo.* Torino: Einaud, 1986.

COUTINHO, C.N. *Cultura e sociedade no Brasil.* Belo Horizonte: Oficina de Livros: 1990.

ENRIQUEZ, Eugène. *O mito do bom poder.* Palestra proferida na Fundação Getúlio Vargas, aos 4 de maio de 1992.

GAGNEBIN, J. M. *W.B. Os cacos da história.* São Paulo: Brasiliense, 1982.

KONDER, L. *Walter Benjamin*: o marxismo da melancolia. Rio de Janeiro: Campus, 1988.

LÖWY, M. *Redenção e utopia*: o judaísmo libertário na Europa Central. São Paulo: Companhia das Letras, 1989.

MAFFESOLI, M. *A violência totalitária*: ensaio de antropologia política. Rio de Janeiro: Zahar, 1981.

MAFFESOLI, M. *Lógica da dominação.* Rio de Janeiro: Zahar, 1978.

MOSES, S., L'idée d'origine chez W.B. *Passages W.B. et Paris.* Paris: Keinz Wismann et Cerf, 1986.

6
O PROBLEMA DA EDUCAÇÃO EM UMA UMA ÉPOCA DE MUDANÇAS (1932-1964)

No Brasil, a transição da sociedade burguesa em sua versão liberal para a sociedade industrial administrada faz-se sentir com mais intensidade a partir dos efeitos da Primeira Guerra Mundial e, sobretudo, a partir dos anos 20 – anos de crise da Velha República e da explosão de movimentos sociais de diversas tendências políticas e ideológicas, que buscavam mudanças. O tenentismo expressava os descontentamentos das novas classes médias (Saes, 1973). Os sindicatos organizavam greves de operários socialistas, novos partidos políticos, como o Comunista e o Integralista, entravam em cena, representando movimentos de massas, que já não cabiam no velho modelo liberal-oligárquico. Na esfera cultural, surgia um Movimento Modernista, que contestava o cânone acadêmico/realista/parnasiano, cultivava o gosto pela pesquisa e a busca de compreensão da realidade nacional, vinculadas às novas tendências das vanguardas europeias. Enquanto a revolução nas artes explodia na Semana de Arte Moderna, educadores, professores, escritores, intelectuais e jornalistas uniam-se em torno do movimento de renovação educacional do País, que encontrou sua maior expressão no *Manifesto dos pioneiros de 1932*.

O movimento exprimiu o pensamento liberal democrático da Escola-Nova, no qual o esclarecimento estava a serviço da razão voltada ao desenvolvimento da ordem social e econômica vigente. A Escola Nova procurava adequar a educação à realidade vivida, fazendo da escola um laboratório de vida democrática, transformando-a em agente propulsor do desenvolvimento econômico, social, político e cultural da sociedade capitalista liberal-democrática.

O pensamento de Jonh Dewey (1859-1952) constitui uma das maiores expressões desta corrente, e teve grande influência nos educadores brasileiros que atuaram entre as décadas de 1920-1960, como Fernando Azevedo, Anísio Teixeira e Cecília Meireles. Esta última só se tornou conhecida como educadora escola-novista recentemente, após a publicação de suas *Crônicas de educação*, de que trataremos adiante. Anísio Teixeira doutorou-se na Universidade de Colúmbia, onde conheceu o mestre da Escola Nova, que tanto influenciou seus trabalhos. Fernando Azevedo, redator do célebre *Manifesto dos pioneiros* de 1932, fez seus o pensamento da Escola Nova, então endossado pela maioria dos educadores e intelectuais da época.

Escola para criar a cidadania e reconstruir a República

A ideia de fazer da escola um laboratório de vida democrática para transformá-la em uma instituição propulsora do desenvolvimento econômico e social democrático da sociedade encontrou no Brasil dos anos 20 e 30 um terreno fértil, porque era uma época em que as melhores cabeças do País tentavam reconstruir a República. Era um período de transição da sociedade agrária e oligárquica para a sociedade urbano-industrial-administrada. Uma época de crise econômica e política da Primeira República – aquela República sem cidadãos, a que "o povo assistiu bestializado".

Os educadores almejavam esclarecer o povo para criar a cidadania por meio da escola, propondo uma ampla reforma da educação nacional. Era preciso educar para a cidadania, para que o povo aprendesse a cuidar da República, da coisa pública. Como bons iluministas, os educadores da Escola Nova elegem a escola como a instituição que esculpiria a República. Tratava-se de esclarecer o povo, de formar a cidadania para reconstruir a República (Boto, 1996).

Essas ideias encontram terreno fértil numa época de expansão da economia cafeeira, que exigia a multiplicação das atividades urbanas, o crescimento dos setores de serviços públicos, do comércio, das atividades financeiras, além do início do processo de industrialização (Pinheiro, 1978). Tudo isso contribuía para a ampliação das classes médias, para o crescimento das cidades e para o aumento das necessidades de educação da população.

Com o desenvolvimento dos processos de industrialização e urbanização, a escola começou a adquirir um papel mais importante na sociedade. Ela teria de preparar o indivíduo para o trabalho com as máquinas das novas indústrias. Teria de preparar o trabalhador de escritório, os técnicos, os funcionários do planejamento, o comerciante, o comerciário, o contador, o professor, o funcionário público, o administrador etc. Isso, além do preparo das profissões tradicionais, como as de médico, engenheiro, advogado e da formação dos quadros políticos, militares e burocráticos da República.

Foi uma época de "entusiasmo pela educação" e de "otimismo pedagógico", para utilizar os termos de Jorge Nagle. O primeiro foi uma resposta ao descaso do Estado republicano para educar a população, orientando para uma nova posição intervencionista nessa área. O segundo foi uma crença nas virtudes dos novos modelos educativos. Assim, no amplo movimento de reconstrução educacional, destaca-se a primeira Conferência Brasileira de Educação, a publicação de obras pedagógicas, a nova filosofia da educação e, principalmente, os novos métodos de ensino e da Escola Nova (Nagle, 1978). Tudo isso deu base às reformas da educação feitas por Fernando Azevedo, Sampaio Dória, Anísio Teixeira, nos diversos estados da federação. Mas a época exigia mais que isso; exigia uma reforma educacional para toda a nação, já que a escola prepararia o indivíduo para o trabalho, para a cidadania e para o desenvolvimento do País.

O Manifesto dos pioneiros da educação nova

Assim, da mesma forma que a Semana de 1922 foi um marco no processo de transformação da arte contemporânea brasileira, o *Ma-*

nifesto dos pioneiros da educação nova, publicado no jornal *O Estado de São Paulo*, em 1932, constitui a expressão máxima do movimento renovador da educação brasileira e um divisor de águas entre a educação tradicional e elitista herdada dos tempos coloniais e a educação contemporânea, de matriz iluminista, baseada no esclarecimento para que o indivíduo alcance autonomia intelectual e o direito de cidadania, que esculpiria a República.

No *Manifesto* de 1932, depois de fazer um balanço dos 43 anos do regime republicano, Fernando Azevedo afirma que, na "hierarquia dos problemas nacionais, nenhum sobreleva em importância e gravidade do da educação" (Azevedo, 1932, p.59). Propõe uma profunda reforma da educação pública brasileira. Diferentemente da concepção tradicional de ensino em que o nascimento define a profissão e o destino social da pessoa, a Escola Nova coloca em primeiro plano a educação básica pública e gratuita igual para todos: a "educação nova, alargando a sua finalidade para além dos limites das classes, assume, com uma feição mais humana, a sua verdadeira função social, preparando-se para formar a 'hierarquia democrática' pela 'hierarquia das capacidades', recrutadas em todos os grupos sociais, a que se abrem as mesmas oportunidades de educação" (idem, p.64).

Assim, a educação já não era mais vista como um privilégio de poucos, mas como um direito de todos e, consequentemente, um dever do Estado, capaz de garantir a igualdade básica de oportunidades para então selecionar os mais capazes, principalmente, no ensino médio e superior. Da escola primária única à universidade pública e gratuita, os estudantes passariam por uma seleção baseada no mérito, na diferenciação das capacidades e não mais nas diferenças de nascimento ou de classe social e econômica.

Mito ou realidade?

Embora os Pioneiros acreditassem, sinceramente, na proposta, é preciso lembrar o mito norte-americano, que perpassa o pensamento de Dewey e contagia os escola-novistas brasileiros: mito da educação como chave para o progresso individual, que coloca a educação no centro da vida social, afirmando a igualdade de oportunidade e dizendo que todo indivíduo estudioso e esforçado pode progredir na sociedade, como se não houvesse limites impostos pelas condições sociais objetivas (Cambi, 1999).

De qualquer maneira, os Pioneiros da Escola Nova dedicaram todas as suas forças para defender o princípio liberal-democrático da educação como um direito de todos, que o Estado – visto como representante dos interesses públicos – deveria assegurar.

Para entender o pensamento dos Pioneiros, não se pode esquecer da época que viveram, da experiência da Velha República, particularmente da crise de 1929, que mostrou que o mercado não resolvia tudo; eles viveram numa época em que já não se acreditava no *laissez-faire*, e em que se dava os primeiros passos para iniciar o processo de intervenção do Estado na economia, nas áreas trabalhista, social e educacional.

Outro ponto importante do *Manifesto* e que marca a influência de Dewey é o pragmatismo, a vinculação da escola com a vida, pois a Escola Nova é pragmática, utilitária. Deseja acabar com o ensino compartimentado da escola tradicional e instaurar a educação voltada para o meio social do indivíduo, isto é, para a preparação para o trabalho, para a disciplina e para a cooperação, que exigem todas as atividades de produção. E para adquirir cultura, estudando a realidade circundante, para que o conhecimento contribua com o desenvolvimento das potencialidades do indivíduo e da nação. Trata-se de fazer que a escola deixe de ser um mundo fora do mundo para vincular-se à vida social, econômica e política do País. Por isso, ela é vista como laboratório de vida democrática, onde se constrói a cidadania e se reconstrói a República. Tudo isso, somado à confiança nos novos métodos de ensino, apoiados na moderna psicologia, no respeito à personalidade individual e nas novas relações pedagógicas que colocavam os estudantes – e não mais os professores – no centro das atividades didáticas, definia o otimismo pedagógico daquela época, tão bem expresso no *Manifesto*.

O *Manifesto* reivindicava também as autonomias intelectual, técnica e administrativa da escola, assim como a descentralização da organização do ensino, de modo que houvesse a convivência da unidade com a multiplicidade, para que o centralismo não devorasse as necessidades de adaptação da escola às exigências sociais, culturais e regionais do meio ambiente.

Não imagine o leitor que os Pioneiros desejassem a escola única, do primeiro ano até a universidade, para todos. Não, como escreveu Fernando Azevedo (1932, p.67), tratava-se da "escola oficial única, em que todas as crianças, de 7 a 15, todas ao menos que, nessa idade, sejam confiadas pelos pais à escola pública, tenham uma educação comum, igual para todos". Para garantir esse direito, os princípios da laicidade e da obrigatoriedade do ensino, da gratuidade da escola e da coeducação dos gêneros, das classes e das etnias eram essenciais para se harmonizarem com os Direitos do Homem e do Cidadão.

Depois da escola primária e ginasial, somente os melhores chegariam à escola secundária e à superior. Seriam selecionados pelo sistema de mérito, de acordo com suas capacidades. Por isso, o *Manifesto* propunha um plano de ensino que garantiria continuidade e articulação entre os diversos graus de ensino, da escola infantil até a universidade. À escola primária, caberia ministrar ensino básico a todos, de modo que todos pudessem competir em igualdade de condições para alcançar o nível secundário e depois o superior, de acordo com suas aptidões. Assim, a escola secundária seria "unificada para evitar o divórcio entre os trabalhadores manuais e intelectuais", o dualismo do sistema educacional e forneceria uma base comum de cultura geral durante três anos, para então possibilitar a escolha entre humanidades modernas, ciências físicas e matemáticas, ciências químicas e biológicas ou a seção de preferência manual, a escola técnica, em que o aluno poderia escolher entre cursos profissionalizantes agrícolas, industriais, comerciais etc. Feito isso, os mais capazes iriam para a universidade.

À universidade, caberia alargar os horizontes científicos e culturais, mudar a mentalidade estamental, abrindo seus quadros à formação das diversas profissões que exigiriam conhecimento científico, não mais se restringindo aos tradicionais cursos de Medicina, Engenharia e Direito. Ela teria uma tríplice função: a de elaborar a pesquisa científica criadora, voltada para as reais necessidades do desenvolvimento do País; a docente ou transmissora de conhecimento nas diversas áreas do saber científico, centrando-se, sobretudo, na formação de professores para todos os graus de ensino – daí o papel fundamental das ciências humanas e da pedagogia, em especial; e a de extensão universitária, para divulgar as ciências, as artes e a cultura geral por meio das instituições sociais específicas. Para os Pioneiros da Escola Nova, a universidade constitui o conjunto das instituições de cultura, que proporcionará aos brasileiros os meios de conquistar o espírito crítico, a capacidade de síntese, a coerência nas ideias e os princípios teóricos e metodológicos necessários à conquista do método do pensamento científico.

Os ideais de Fernando Azevedo, dos Pioneiros de Escola Nova, nortearam a criação da Universidade de São Paulo em 1934, durante o governo de Armando Salles de Oliveira. A ideia era criar uma universidade com o propósito de produzir ciência e cultura voltadas para o desenvolvimento democrático do País, conforme a proposta do *Manifesto,* e preocupada com a formulação do pensamento progressista, que procurasse construir pontes entre ciência, arte e sociedade. Pensada como formadora de uma elite que resgatasse a hegemonia de São Paulo, perdida na Revolução de 1932, a USP acabou formulando um pensamento crítico na faculdade de Filosofia, Ciências e Letras, principalmente no curso de Ciências Sociais (Candido, 1981).

A época do *Manifesto dos pioneiros* foi uma época de intervenção do Estado na economia, nas áreas social, educacional e trabalhista, por meio de uma ditadura que, durante 15 anos, sacrificou os conceitos de democracia e liberdade, centrais no *Manifesto*, instituindo a modernização conservadora pela força (Levine, 1980).

No entanto, o governo Vargas catalisou os descontentamentos dos diversos setores com as sucessivas crises da Velha República, criou a indústria de base, a legislação trabalhista e fez duas reformas da educação, de acordo com os princípios do *Manifesto dos pioneiros*, porém dentro do gradualismo que orientou a política brasileira de difusão do ensino primário: para se ter uma ideia das reformas graduais da educação, em fins da década da 1940, a educação básica atingiu cerca de 40% da população em idade escolar, nos estados mais adiantados do País, como São Paulo e Rio Grande do Sul (Candido, p.1981).

Se durante a Velha República, a educação encontrava-se no esdrúxulo ministério chamado Secretaria do Estado dos Negócios da

Instrução Pública, Correios e Telégrafos, o governo Vargas criou o Ministério da Educação e Saúde Pública, tendo à frente o mineiro Francisco Campos, que reformou a educação secundária de acordo com a proposta do *Manifesto*, filtrada pelos princípios do conservadorismo. Isto é, organizou o ensino secundário em dois ciclos. Durante os três primeiros anos, ministrava-se uma base de cultura geral, para que, então, o aluno optasse entre os cursos *clássico*, *científico*, *normal* ou *técnico*, em diversas áreas do conhecimento.

A aquiescência de Fernando Azevedo com a reforma que, contudo, manteve o caráter seletivo e dualista do ensino secundário, engendrou críticas dos historiadores da educação à condescendência do mestre com o governo (Romanteli, 1973).

Entretanto, não foi assim com uma pioneira crítica da reforma Francisco Campos. Referimo-nos a Cecília Meireles, educadora, signatária do *Manifesto* e debatedora dos ideais da Escola Nova na imprensa carioca.

Cecília Meireles: cronista da educação em uma época de mudanças

Mais conhecida como poeta de nossa língua portuguesa, Cecília Meireles (1901-1964) foi também educadora. Lecionou no ensino primário, médio e superior. Em 1929, defendeu tese na Escola Normal do Instituto de Educação para concorrer à cátedra de Português e Literatura. Foi professora da Universidade do Distrito Federal e, durante os anos 30 e 40, expressou suas preocupações com os problemas educacionais em crônicas publicadas na imprensa carioca. Entre 1930 e 1933, escreveu na "Página de Educação" do *Diário de Notícias*, do Rio de Janeiro. Mais tarde, manteve a coluna "Professores e Estudantes" no jornal *A Manhã*, também do Rio de Janeiro.

Trata-se de prosa primorosa, de jornalismo crítico de opinião, tanto pela atualidade temática quanto pela qualidade da informação e do testemunho histórico de uma época de mudanças, que busca respostas aos desafios da educação.

O papel de Cecília Meireles na história da educação e da cultura brasileiras é este: divulgar e debater na imprensa, com o grande público, os ideais da Escola Nova e do *Manifesto dos pioneiros*, para esclarecer e formar a opinião pública e interferir na política educacional da época. Com suas crônicas de educação, ela fez o que John Dewey julgava ser o melhor jornalismo de opinião, um jornalismo que é "agente promotor de discussões da nossa cultura" (Dewey, 1927). Isto é, utilizou-se da imprensa para o debate político e ideológico das mudanças educacionais; explorou o lado informativo do jornal com o objetivo de discutir para esclarecer e formar a opinião pública, atuando nas lutas do momento. Cecília Meireles fez isso no interior da grande imprensa, que Dewey tanto criticara por seu ideal de objetividade ter substituído o debate de ideias, a discussão pública, a formação da opinião (Lasch, 1995). Em suas crônicas de educação, Cecília Meireles resgatou o melhor do jornalismo de opinião, expressando um pensamento vivo, com ponto de vista crítico, capaz de ampliar as fronteiras da compreensão e de despertar o desejo de argumentação e participação do leitor.

A colaboração de Cecília Meireles no *Diário de Notícias* foi organizada por Leodegário de Azevedo Filho, publicada pela Nova Fronteira, em dois volumes: *Crônicas de educação*. Os cinco volumes de *Crônicas de educação* foram organizados nos seguintes núcleos: o primeiro aborda os conceitos de vida, educação, liberdade, cooperação e universalismo, reformas da educação e política educacional. O segundo trata da família, escola e infância. O terceiro examina a educação do adolescente. O quarto discute problemas metodológicos e pedagógicos e o quinto discute problemas do folclore e da cultura popular. *Crônicas de educação* constitui uma rica fonte de pesquisa da história da educação brasileira contemporânea – história da educação de uma época de mudanças, uma época de transição e de conflitos entre os velhos e os novos padrões (Elias, 1995). Para efeitos deste trabalho, utilizamos o primeiro e o segundo volumes.

Os anos 30 são marcados por transformações sociais, econômicas, políticas e educacionais. Especialmente, pela ascensão do pensamento da Escola Nova, que propunha, pela primeira vez na história do Brasil, educação pública, gratuita e de boa qualidade para todos. Foi uma época de debates e de conflitos entre os velhos padrões da escola tradicional e os padrões da Escola Nova. Esta proposta, defendida por educadores e intelectuais no *Manifesto dos pioneiros*, de 1932, encontrou em Cecília Meireles uma interlocutora crítica.

Além de defensora dos novos ideais da Escola Nova, Cecília Meireles ultrapassou os mestres, avançando na análise crítica da Reforma Francisco Campos, realizada na primeira fase do governo Getúlio Vargas. Reforma feita por decreto e que manteve as duas redes de ensino, a seletividade e a exclusão escolar.

Mas precisamos ter cuidado com essa palavra: crítica. Como todos os defensores da Escola Nova, Cecília Meireles começou vendo a Revolução de 1930 com idealismo. Somente a partir de 1931, tomou consciência do engodo.

Uma reforma de preços

Eis a contribuição de Cecília Meireles: poeta, procurou o verdadeiro nome das coisas. Tirou as palavras do limbo. Lapidou-as. Desejou um mundo melhor. Mas não esqueceu de diferenciar o sonho da realidade, o ideal do real.

Vejamos o que ela diz da Reforma da Educação de Francisco Campos: "Chama-se isso de liberal.[...] Oh! Mas, afinal, sejamos coerentes. Façamos o déspota. Façamos o vizir, façamos, de certo modo, o César do século XX. Mas conservemos a significação dos nomes!" (Meireles, 2001, p.24).

Partindo do princípio de que o principal problema da educação moderna é a liberdade humana, Cecília compara a Reforma Francisco Campos com as Reformas do Ensino Primário feitas pelos pioneiros da Escola Nova, ainda à sombra da Velha República. Conclui que as últimas apontaram para as promessas de uma nova era da educação brasileira, inscritas na perspectiva dos reformadores, pois o escola-novismo pretendia colocar o educando no centro das reflexões didáticas. Daí a profunda alteração dos padrões tradicionais para os novos padrões que fundamentam a organização escolar, as relações entre professor e alunos, o significado das disciplinas e os métodos de ensino.

Porém, quanto à Reforma da Educação do regime de Vargas, escreve ela, "nos coloca nas velhas situações de rotina, de cativeiro e de atraso que aos olhos atônitos do mundo proclamarão, só por si, o formidável fracasso da nossa malograda revolução". Pois na sociedade que desejamos, os homens e as mulheres adquirem liberdade por meio da educação. É preciso, portanto, facilitar-lhes a evolução, o desenvolvimento, as capacidades – coisas impensáveis na Reforma Francisco Campos, que constitui um feixe de "pontudos espinhos de taxas", uma verdadeira "reforma de preços" (Meireles, 2001, p.24). E explica: Não era com isso que sonhávamos. Desejamos uma reforma de finalidades, de ideologia, a democratização máxima do ensino, a escola única – coisas que a gente precisa conhecer e amar, antes de adquirir um cargo público e ser ministro de Estado.

Do medo à educação para a liberdade

Como já foi dito, para Cecília Meireles, a liberdade é o principal problema do mundo moderno, de nosso mundo. E, por isso, por ser um problema que afeta homens e mulheres deste nosso tempo, no mundo inteiro, é que a liberdade é o problema fundamental da educação humana. "E fomos educados para o medo", como dizia Drummond (1973, p.81). Dialogando com ele, Cecília parte deste pressuposto: a educação é a base para a realização dos grandes ideais humanos. E se o principal problema da educação moderna é a liberdade, a grande questão a enfrentar é o medo: temos medo da liberdade, medo da vida, medo de tudo... Somos inseguros, intransigentes, refratários à evolução, às mudanças, à educação, à vida...

E confundimos educação com os modos afáveis dos que têm um certo número de fórmulas de cortesia e sabem entrar numa sala de visitas, falar de moda, conservando hábitos de sociedade. Isso, Cecília Meireles chama de educação com *e* pequeno, do tipo *"Secretário das Famílias"* (Meireles, 2001, p.19).

Então, o que é Educação com E maiúsculo?
Educação para a vida, responde Cecília.
E o que é a vida? O que é a vida para uma criança?
Cecília (2001, p.12) extrai de um livro de Piaget o seguinte diálogo entre o educador e uma criança:

— Tu achas que a água vive?
— A água também vive. Tudo vive. Se não vivesse, não estava no mundo. Como é que podia estar no mundo se não vivesse.
[Ela comenta] Tudo o que está no mundo, segundo essa menina, vive. A prova de que vive é esta: estar, ser. Quanto ao porquê dessa vida, confessa a incapacidade de o definir.

O estar, ser, o movimento define a vida para Cecília Meireles. Mas não se pode confundir o movimento da vida com burburinho da civilização.

A chamada "civilização é como se subíssemos à prancha giratória de um circo, dominada por um movimento aceleradíssimo e sem promessa nem esperança de parada." Nessa situação, correndo contra o tempo na direção de um suposto progresso, concentramo-nos em manter o precário equilíbrio para evitar o que nos parece pior. Assim, com olhar atento, vigilante, vivenciamos os choques cotidianos que temos de aparar e perdemos a capacidade de ter experiência de vida, de sair de nós mesmos e de compreender mais largamente o mundo, de pensar clara e calmamente, de aprofundarmo-nos no conhecimento das pessoas e do mundo em que vivemos.

Mas será que a "vida", pergunta a escritora, "não é alguma coisa de sentido mais profundo, alguma coisa mais lenta, mais feita de coisas interiores, que se recolhem aturdidas com este ritmo alucinado que nos leva?" (Meireles, 2001, p.4).

Essa vida mais interior e mais profunda passa pela busca da liberdade. Liberdade interior, liberdade de conhecer, liberdade social e política. E a educação com "E" maiúsculo é "a base mais segura para a realização dos ideais humanos" (idem, p.25). Isto é, para desenvolver as potencialidades do indivíduo e contribuir com o melhoramento da sociedade, da espécie humana. Educação, para Cecília Meireles, tem a ver com esperança, com futuro, com transformação individual e social, com formação e, principalmente, com liberdade. Educação ou formação significa aprender a pensar problematicamente os conceitos, adquirir capacidade de formular um pensamento próprio, um juízo independente e ter autonomia intelectual. Por isso o problema da educação está profundamente ligado ao problema da liberdade humana, porque a educação é um problema de "preparo do homem para se orientar por si" (Meireles, 2001, v.2, p.163).

Cecília Meireles coloca o problema da liberdade em relação à vida e às aspirações humanas: quantas vezes sonhamos com uma nova forma de vida, o ideal de um mundo melhor capaz de atingir toda a humanidade? Apresentamos nossas aspirações como o melhor de nós para o mundo. Porém o mundo não é nosso como gostaríamos que fosse. "Nós somos criaturas do mundo, o mundo é o nosso ambiente – mas não é nosso o mundo; para desenvolvermos a aspiração que nos inquieta!... Somos todos prisioneiros – uns mais, outros menos, mas todos prisioneiros. Temos as mãos acorrentadas, temos os braços atados, temos a boca fechada, temos os olhos vendados, temos os ouvidos obstruídos. E de todas essas prisões decorre o cativeiro do nosso pensamento. Porque até o pensamento nos conseguiram escravizar..." (Meireles, 2001, p.7).

Nem sempre colocamos em prática nossos ideais, os grandes valores da humanidade. Às vezes, até sabemos quais são eles e onde estão. Mas o medo de expor-nos, o medo de correr riscos, o medo da liberdade imobiliza-nos, emudece-nos, endurece-nos. Acomodados ao conforto, amarramo-nos a coisas mesquinhas, aos interesses e mentiras convencionais, e deixamos as coisas erradas continuarem como estão, contribuindo, assim, para os mais lamentáveis insucessos em redor. Resumindo, este é o medo da liberdade: mistura de escravidão espiritual e servidão voluntária.

E não se trata de um problema individual, mas de um problema social do mundo contemporâneo. Por isso, constitui um dos mais sérios problemas educacionais. A educação com *E* maiúsculo, para Cecília Meireles, precisa da audácia, de um "arrojo supremo de alterar todo o estabelecido para que o homem do futuro esteja liberto, realmente, como nós quereríamos estar. O papel da educação na vida moderna consiste em ajudar o indivíduo a vencer o medo e a conquistar liberdade interior, as liberdades social e política. Por isso, muitas vezes, o homem e a mulher bem-educados precisam ser "malcriados".

Sim, é isso mesmo, por mais contraditório que possa parecer.

A crítica da mediocridade

Como já foi dito, Cecília lida com as palavras como poeta. Limpa-as, lapida-as, tira delas todas as camadas de preconceito, chegando a ser desconcertante.

Define o "malcriado" em oposição ao "secretário das famílias". Este se contenta com meia dúzia de fórmulas de cortesia adquiridas na educação com *e* minúsculo, e representa o padrão mediano da mediocridade social de nossa época. Já o educado com *E* maiúsculo é o crítico, o contestador, que, muitas vezes, é chamado de malcriado simplesmente porque está

> [...] resolvido a dizer a verdade em voz alta, e a da própria vida; e quando a sua voz clama para que todos ouçam, e a sua força atua para que todos a sintam – às claras, com evidência, com sinceridade [...], – ai de nós! Que grande calamidade se desprendeu sobre o mundo! [...] "Que malcriado!".

No entanto, estes são os "verdadeiros educados. Os que sabem, os que creem, os que agem [...], os que não vacilam diante de nada, porque não desservem a um ideal que é o seu" (Meireles, 2001, p.20); os que não têm medo da liberdade, como a própria Cecília em suas *Crônicas*, fazendo a crítica das reformas e debatendo os problemas educacionais com o propósito de esclarecer o público e os políticos, para interferir na política educacional de seu tempo.

Talvez por isso, por saber-se mais crítica que a média dos educadores de seu tempo, ela tenha começado a crônica de 12 de janeiro de 1933, dizendo: "Mas além de um sonho, esta 'Página' foi também uma realidade enérgica que, muitas vezes, para sustentar sua justiça teve de ser impiedosa e pela força de sua pureza pode ter parecido cruel" (idem, p.1).

A dureza da crítica corresponde à capacidade de amar. E amar a liberdade, o outro, a diferença constitui um exercício de amor fraterno, em busca da quase esquecida "felicidade geral", a que Rousseau se referia, pensando na vida social e pública, na República, que se faz com cidadãos, e não com servos.

O sonho da Escola Nova

Eis o papel da Escola Nova para Cecília: formar cidadãos capazes de participar criticamente da vida pública.

Cecília Meireles entende a ascensão do movimento educacional no Brasil dos anos 30 como um "trabalho fraternal" em favor da "educação popular", ou seja, de uma educação capaz de assegurar a todas as crianças iguais possibilidades de fazer sua "adaptação ao mundo sem tiranias e humilhações" (Meireles, 2001, p.27).

Por isso, para a autora (2001, p.26), a escola é um "redentor moderno" cuja tarefa é muito mais difícil que o dos tempos antigos, porque a escola tem de fazer que

> os homens não mais recebam um ideal, mas o façam desabrochar em si, e se transubstanciem nele, e o defendam com uma convicção que não depende mais de esperanças nem de recompensas extraterrenas, mas desta serenidade bem humana e bem mortal de chegar ao mais alto ponto a que pode atingir uma criatura que se vence, que se deslimita e que se faz.

Sonho de uma escola ideal, entusiasmo pela educação ou otimismo pedagógico?

Talvez tudo isso. Mas como não vivemos sem sonhar, podemos compreender os ideais de Cecília Meireles, nos anos 30, de fazer da escola "o lugar de reunião daqueles que se preparam para a arte difícil de viver" e de elevar a todos até o mais alto nível de si mesmos, deslimitando-se, modificando-se, transformando-se, crescendo, emancipando-se. Pois se tratava de uma época de mudança, de transição da concepção tradicional para uma concepção mais dinâmica e democrática de educação.

O educador e a transigência

Emancipação significa autonomia intelectual. E isso não é uma conquista fácil. É produto da obra inteligente da educação, que não pode se perder, como comumente acontece, na falsidade dos discursos pretensiosos, da palavra vazia, dos rituais acadêmicos e nos pequenos interesses de grupos burocráticos.

A autonomia intelectual começa ao reconhecermos as dependências das atuais situações, para que possamos admitir a possibilidade de tomarmos novos rumos. Implica compreensão de conceitos e capacidade de formulação de pensamento próprio, livre, aberto ao outro e disposto à mudança.

Por isso, o educador não pode ser "intransigente"; não pode ser aquele tipo de pessoa agarrada às ilusões do passado, refratária à mudança, à evolução, à vida. O intransigente tem punhos de ferro, é incapaz de lidar com a criança e a juventude.

Mas, como a vida é mudança, é movimento, é uma "transigência contínua", o educador ideal precisa ser aquele tipo de pessoa que recebe a vida como um dom extraordinário, que sabe desfrutar da alegria de acompanhar o movimento e o trabalho humanos, porque o trabalho é parte da criação da humanidade e não pena que se paga.

Em Cecília Meireles, a educação de matriz iluminista e escolanovista, é iluminada pela poesia. Assim, ela se volta para a educação como esclarecimento da arte difícil de viver com liberdade. A poesia a ajuda a desapertar os parafusos da jaula de ferro em que o governo Vargas, com suas reformas da educação, colocou a escola e a sociedade brasileiras.

O direito à educação em Anísio Teixeira

Anísio Teixeira (1900-1971) nasceu na Bahia e formou-se em Ciências Jurídicas e Sociais na Universidade do Rio de Janeiro, doutorou-se em educação pela Universidade de Colúmbia, onde conheceu o pensamento do professor John Dewey (1859-1952), de quem foi um dos mais dedicados discípulos.

De volta ao Brasil, destacou-se como um dos mais atuantes reformadores da Escola Nova entre os anos 30 e 60. Neste período, foi diretor-geral da Instrução Pública da Bahia (1924-28), diretor do departamento de Educação do Distrito Federal, entre 1931 e 1935, quando reformou o ensino primário e criou a Universidade do Distrito Federal, onde foi professor de Filosofia da Educação. Seu projeto de educação democrática inspirou os artigos sobre ensino das Constituições de 1934 e 1946. Em 1947, foi conselheiro de educação da Unesco. Nos anos 50 e 60, liderou o grupo progressista de trabalho sobre a Lei de Diretrizes e Bases da Educação Nacional e foi reitor da então recém-criada Universidade de Brasília. Em 1957, publicou, pela primeira vez, *Educação não é privilégio* e, em 1968 – o chamado "ano que não terminou", publicou *Educação é um direito*.

A época de Anísio Teixeira: 1930-1960

O período em que Anísio Teixeira atuou como reformador da educação brasileira foi o de 1930 a 1960. Foi a época de construção da indústria de base, do processo de substituição das importações (1933-55) e de expansão do capital monopolista estatal e multinacional (1956-67). Uma época em que cessou a construção da rede ferroviária do País e passou para a de expansão da rede rodoviária, movida pelo petróleo. Época do automóvel e do caminhão, que, segundo Paul Singer (1984), assinala a Segunda Revolução industrial no Brasil. Mas o que dá o tom da época, seu traço definidor característico, é a "progressiva emergência de um sistema cujo principal centro dinâmico é o mercado interno" (Furtado, 1982, p.233). Foi uma época em que boa parte da população deixou o campo para trabalhar na cidade, em que São Paulo e Rio de Janeiro despontavam como as primeiras metrópoles. Entre 1930 e 1970, a população brasileira duplicou, passando de 35.532.192 para 92.411.611 habitantes. O aumento verificou-se, principalmente, nos estados do Centro-Sul e em São Paulo. Vale dizer que a redistribuição populacional se relacionava à concentração das atividades econômicas mais dinâmicas nas áreas específicas e aos efeitos do processo de urbanização (Patarra, 1984).

Numa sociedade em processo de mudança social, que atravessava a fase do desenvolvimento industrial, de formação do mercado interno e urbanização crescente, a educação para a mudança tornava-se elemento fundamental. Num momento histórico como este, além dos educadores, intelectuais, cientistas, jornalistas, passaram a interessar-se pelos problemas da educação. O sociólogo Florestan Fernandes, engajado na *Campanha de defesa da escola pública*, bem mostrou como os tupinambás conseguiam harmonizar a educação à organização de uma sociedade integrada, enquanto o "nosso sistema de ensino atua, nesse sentido, às avessas; prepara o homem para ajustar-se a uma ordem social estática e tradicionalista, embora a própria sociedade tenda para padrões organizatórios dinâmicos e instáveis" (Fernandes, 1966, p.xxi). Em outros termos, o sistema educacional não conseguia acompanhar as mudanças sociais e a escola ficava numa situação de defasagem em relação à sociedade.

A *Campanha de defesa da escola pública* – as infindáveis discussões sobre o projeto de Leis de Diretrizes e Bases da Educação, – mostrou que a educação escolar foi-se tornando cada vez mais importante para o trabalho assalariado, para o trabalho de escritório, para a formação de técnicos, para o trabalho de planejamento, para a formação das elites econômicas, políticas e culturais da nação, para a produção da ciência voltada para o desenvolvimento social e econômico do País.

Nesse contexto, apontando para uma concepção dinâmica e democrática de educação, a obra de Anísio Teixeira constitui uma das mais profundas expressões das transformações sociais e culturais, pelas quais passava o Brasil entre os anos 30 e 60. Trata-se de uma obra vinculada à corrente da educação liberal-democrática e do engajamento em prol da escola pública.

Em *Educação não é privilégio* – obra publicada pela primeira vez em 1957, Anísio mostrou a incapacidade da República brasileira de cumprir a tarefa educativa – a formação de cidadãos, sabidamente necessária à construção da *coisa pública*, desde o século XVIII, conforme os filósofos iluministas da época apregoaram (Teixeira, 1997).

Esta é a questão central que percorre a obra e a trajetória de Anísio Teixeira, a da construção da sociedade liberal democrática e da República num país em que o povo assistiu bestializado à proclamação da República. Como se sabe, essa forma de governo exige que o povo assuma o papel de protagonista da história. Para Anísio, a educação é o único meio capaz de transformar o bestializado em cidadão ativo, ator dos acontecimentos; é a única maneira de cuidar da *coisa pública* e de construir uma sociedade verdadeiramente democrática.

Anísio parte do princípio de que a democracia precisa de mais do que respeito às regras do jogo formal. A liberdade de expressão e a liberdade política são essenciais à vida democrática moderna. Contudo, inculto e despolitizado, um povo não pode facilmente se tornar massa de manobra. Por isso, para Anísio, a universalização da educação básica é condição fundamental para o florescimento das liberdades individuais e públicas e, consequentemente, da sociedade democrática.

Em *Educação não é privilégio,* mostra que a República selou uma série de mudanças na sociedade brasileira: a abolição da escravatura, o trabalho assalariado, o início do processo de industrialização, a urbanização. A educação, porém, continuou elitista, excludente e seletiva como na Monarquia, provocando um descompasso entre educação e sociedade, e motivando o aparecimento do Movimento Renovador da Educação. O Movimento cresceu durante as décadas de 1920 e 1930; atingiu seu ponto culminante em 1932, com a publicação do *Manifesto dos pioneiros,* do qual Anísio Teixeira foi signatário e um dos mais fervorosos defensores. Como já foi visto, o *Manifesto* propunha a criação de um sistema brasileiro de educação pública e gratuita, com ensino básico para todos, escola secundária múltipla e universidade voltada para a formação de professores e pesquisadores comprometidos com as necessidades do desenvolvimento nacional.

Mas, para Anísio Teixeira, a política educacional dos anos 30 a 40 desfigurou os ideais do Movimento Renovador. Apesar da ampliação do número de escolas primárias, manteve o elitismo e o caráter dualista do sistema educacional, direcionando o ensino secundário e superior para a elite e relegando a escola de primeiras letras e o ensino técnico aos pobres, de modo que a educação acabou contribuindo para manter privilégios e desigualdades.

Embora não proponha o monopólio da educação pelo Estado, como bom escola-novista liberal-democrático, Anísio parte do princípio de que a *Educação é um direito* (Teixeira, 1997). E sabe que tal princípio só poderia realizar-se plenamente na escola pública, capaz de garantir um programa de formação comum e sem preconceitos. A escola privada ficaria para os que a desejassem, por livre escolha.

Democracia, liberdade e igualdade de oportunidades

Ora, mas o problema é que os sucessivos governos da República não consideravam a educação necessária à mudança da sociedade oligárquica para a sociedade urbano-industrial. Apesar de algumas reformas, boa parte da educação ficou relegada à iniciativa privada e, em consequência, voltada aos que dispunham de recursos para custeá-la. Assim, escreve Anísio, "a sociedade democrática pode ir aos poucos se fazendo oligárquica e, deste modo, aristocrática" (Teixeira, 1997, p.27).

Para Anísio, estas distorções do século XX são produtos de duas teorias desenvolvidas nos séculos XVIII e XIX: a do indivíduo soberano e do *laissez-faire* econômico, para justificar as operações das novas forças sociais ligadas ao processo de industrialização, à chamada livre iniciativa individual e à proteção da propriedade privada. As duas teorias, conforme Anísio, reduziam o governo a um mal necessário e limitaram seu poder, "presidindo efetivamente todo o caos da livre competição e do *laissez-faire* a 'mão invisível' das leis 'naturais' da economia." Esse regime econômico prevaleceu na Europa após a queda do Antigo Regime e, no Brasil, desde a Proclamação da República (Teixeira, 1997).

Em *Educação é um direito,* parte de duas premissas democráticas. Primeira, a da confiança nos seres humanos. Se todos são inteligentes, podem participar da sociedade. Segunda: na complexa sociedade moderna, é preciso criar condições sociais para que haja uma convivência pacífica entre os cidadãos. Este é papel do Estado. Para o crítico do *laissez-faire* que foi Anísio Teixeira, o Estado é a "organização do público". Portanto, é dever do Estado garantir a escola pública, já que esta é um instrumento da "integração e da coesão da grande sociedade". Conforme aprendera com Dewey, o direito à educação garante a igualdade de oportunidade dos indivíduos na sociedade capitalista. Por isso, para Anísio, a forma democrática de vida depende da educação (Gandini, 1987).

Distingue, assim, a sociedade democrática da sociedade aristocrática, em sua modalidade oligárquica, que prevaleceu ao longo da nossa história, e que parte do pressuposto de que a inteligência e a educação estão limitadas a alguns poucos privilegiados, dotados de talentos naturais. Partindo do princípio que a "desigualdade dos indivíduos é fato incontestável", afirma que o "princípio da igualdade individual, proclamado como princípio fundamental da forma social democrática, não se baseia na igualdade psicológica dos indivíduos, mas em sua igualdade política, graças à qual lhes devem ser dadas oportunidades iguais de desenvolvimento e de participação social" (Teixeira, 1997, p.24). Por isso a educação escolar é fundamental, porque é ela que oferecerá "a todos os indivíduos acesso aos meios de desenvolver suas capacidades, a fim de habilitá-los à maior participação possível nos atos e instituições em que transcorra sua vida, participação que é essencial à sua dignidade de ser humano" (idem).

Para Anísio Teixeira, há duas formas de liberdade. A liberdade negativa – provinda da ausência de restrições exteriores, do ato de ficar livre de alguma coisa, da volta ao estado "natural" de Rousseau. E a liberdade positiva, isto é, liberdade decorrente da conquista de direitos, como o direito de ir e vir, a liberdade de expressão, a cidadania etc.

O papel da educação na produção da racionalidade

Mas o importante a reter é que, segundo Anísio, todas as liberdades estão subordinadas a uma condição *sine qua non:* a de educação. Pois o "homem precisa educar-se, formar a inteligência para poder usar eficazmente as novas liberdades". Para Anísio, a inteligência não é algo nativo, mas "algo de cultivado, de educado, de formado, de novos hábitos que a custo se adquirem e se aprendem" (Teixeira, 1997, p.27).

Anísio Teixeira encontra a matriz desta ideia no Iluminismo do século XVIII, que ele vê como um "novo renascimento", dado o surgimento da ideia democrática de educação como um direito de todos. No entanto, historicamente, esta ideia não se efetivou porque prevaleceram as forças ligadas ao *laissez-faire* e ao que ele chama de "falso individualismo", isto é, "uma estranha teoria de auto-suficiência do indivíduo, pela qual bastaria deixá-lo 'livre', para que, sozinho, atingisse a felicidade, isto é, o saber, o poder e a riqueza" (idem, p.40-1).

E percebe acertadamente que esta noção de liberdade como algo negativo, como simples ausência de restrições exteriores, era algo novo no mundo, pois o homem livre grego não era este homem, não era capaz de existir por si só. Era, sim, altamente educado e elaborado, produzido em condições histórico-sociais específicas.

Por isso é falsa a teoria psicológica que diz que a mente, a inteligência são absolutas, existindo por si mesmas. O falso individualismo, combinado com o *laissez-faire*, fez do século XIX uma das épocas de maior iniquidade social, que desembocou nas guerras do século XX e despertou a humanidade para a teoria democrática e suas correlações econômicas e sociais. Desta forma, escreve Anísio,

> voltamos a conceber a liberdade como algo que se consegue se forem dadas ao homem as condições necessárias e suficientes. Um mínimo de oportunidades iguais é indispensável para que as capacidades, melhor diríamos, potencialidades, do organismo humano venham a desenvolver-se, produzindo inclusive o que chamamos de mente e inteligência, que, rigorosamente, não é algo de inato, mas um produto social da educação e do cultivo. O suposto 'ser racional' dos gregos e o suposto "indivíduo" de Stuart Mill são dois produtos altamente elaborados.

Observador arguto, conhecedor da História e da Antropologia, Anísio desmitifica a ideia do homem racional. "Todos os homens dessa época, do século XIX", escreve Anísio (1997, p.42),

> sabiam que uma sociedade selvagem reproduz o selvagem. Que uma sociedade "pré-lógica" cria uma mente "pré-lógica". Imaginavam, então, que uma sociedade racional criaria uma mente racional. Mas onde estava a sociedade racional? Os poucos homens que chegavam a esta vida racional só eram racionais em certos aspectos e em condições

muito especiais. O "racional", na realidade, era entre os gregos um tipo de saber muito raro e especial. Depois do aparecimento da ciência, o racional ou experimental tornou-se ainda mais difícil e raro. O mito do "animal racional" e o mito da "soberania" do indivíduo, como algo de inato e espontâneo, desfizeram-se assim, por entre as obscuridades e as luzes da nova psicologia e da nova antropologia do século XX.

Porque a razão inata é um mito, porque o homem livre não existe por si só, porque a soberania do indivíduo não é espontânea e porque ninguém nasce esclarecido, precisamos de educação. Somente a educação pode produzir o ser humano esclarecido, racional, livre, independente, democrático.

A sociedade atual, o mundo no tempo presente – e Anísio escreve isso nos anos 60 – é uma sociedade complexa, urbana, industrial, que, para se reproduzir, precisa de um "aparelhamento escolar todo especial". Os velhos processos espontâneos, o ensino elitista da época do *laissez-faire*, já se tornaram insuficientes e incapazes de responder aos desafios impostos pela economia, pelas questões sociais e pela tecnologia. Desde *Educação não é privilégio* (escrito na década de 1950) e, sobretudo, em *Educação é um direito* (publicado em 1968), Anísio Teixeira, leitor de Mannheim, percebeu uma transformação da sociedade, a passagem da época do *laissez-faire* para a sociedade administrada, do planejamento, seja ele participativo e democrático ou autoritário, feito à força (Teixeira, 1997, p.42).

Mestre Anísio dedicou suas melhores energias à construção do que chamou de um "aparelhamento escolar todo especial", voltado para a produção de homens e mulheres livres, racionais ou esclarecidos, capazes de participar do planejamento democrático da sociedade.

Sua proposta, em suma, é construir a educação comum para todos, já que democratizar a educação é universalizar a escola básica e, também, progressivamente, os diversos graus de ensino. Pois, a seu ver, a única forma de garantir o esclarecimento, o predomínio da razão sobre o irracionalismo, as liberdades políticas e individuais, é por meio da escola pública renovada, com os modernos métodos científicos e os conhecimentos necessários ao desenvolvimento do indivíduo, da sociedade e da República democrática. E somente a pedagogia da Escola Nova, centrada no desejo do aluno, no ensino ativo e participante, seria capaz de realizar este ensaio de vida democrática.

Dessa forma, o pensamento de Anísio expressa os princípios da Escola Nova e do liberalismo democrático, comprometidos com a reconstrução de um sistema educacional dinâmico, voltado para a construção da sociedade democrática, com planejamento participativo.

O problema da educação para a mudança no Brasil

Mas o x do problema, "o pior de tudo", escreve Florestan Fernandes – um dos mais fervorosos defensores *da escola pública*, nos anos 50 e 60 –

> é que a existência dessas forças renovadoras engendrou a ilusão de que estaria ocorrendo uma modernização relativamente extensa e intensa das instituições escolares brasileiras. Quando, na verdade, as inovações pedagógicas apenas afetavam o pensamento formulado de um pugilo de pioneiros. Em consequência, embora a velha escola "tradicional", "especializada" e "isolada" se mantivesse com todo o vigor, como se crescêssemos historicamente na direção do *antigo regime*, destruído legalmente com a implantação da República, os debates pedagógicos e as esperanças que eles suscitavam pareciam indicar que nos encaminhávamos, rapidamente, no sentido inverso, da expansão e consolidação de novos modelos de organização das instituições escolares. (Fernandes, 1966, p.81)

Ilusão, pura ilusão. Pois a integração das instituições escolares às normas burocráticas governamentais, os fortes vínculos da rotina pedagógica com os padrões impostos pelo Ministério da Educação – e isto, durante 15 anos da ditadura Vargas e 19 da República Populista – impediu a existência de um mínimo de plasticidade à organização interna da escola, de modo que ela não conseguiu absorver as pressões da realidade social, cultural e psicológica do ambiente circundante.

Assim, enquanto o movimento renovador crescia, a educação continuava estática. Enquanto os educadores desejavam que ela se tornasse um instrumento de reconstrução social, a escola continuava a ser um mundo fora do mundo, um foco de conservadorismo sociocultural. A sociedade passava por um processo de mudança social, os processos de urbanização e de industrialização se intensificavam, acompanhados de políticas desenvolvimentistas, ora nacionalistas ora abertas ao capital internacional.

O segundo modernismo estava acontecendo no Brasil; nos fins da década de 1950 e início dos anos 60, emergiam movimentos sociais reivindicando reforma agrária, reforma urbana, reforma universitária, cinema novo, bossa nova, teatro de arena, cultura popular, educação popular. Os participantes da *Campanha em defesa da escola pública* acompanhavam o movimento social e percebiam que as transformações históricas, então em curso, exigiam profundas mudanças na mentalidade média dos homens e mulheres que as viviam e as enfrentavam. Daí o papel fundamental que atribuíam à educação escolar renovada.

Porém o sistema de ensino atuava no sentido contrário, preparando homens e mulheres para uma sociedade estática e tradicionalista. Isso acontecia, embora a sociedade estivesse passando por um processo de mudanças, que tendia para padrões organizatórios dinâmicos e instáveis.

Estudioso da organização dos tupinambás, Florestan Fernandes notou com argúcia que uma sociedade aborígine integrada conseguia mobilizar e aplicar os recursos educacionais de que dispunha conforme suas necessidades, enquanto o sistema escolar brasileiro não conseguia alcançar o padrão de eficácia correspondente em relação à assimilação das técnicas sociais necessárias ao desenvolvimento do processo de mudança social.

Por isso, no início dos anos 60, a questão, para os renovadores, era reformar as instituições escolares com o propósito de adaptar os jovens às condições emergentes da vida, para "inserir o Brasil entre as nações prósperas e independentes de nossa era". "A questão", escrevia, "não consiste em formular um pensamento pedagógico atualizado; mas, *como levá-lo para dentro das escolas e colocá-lo em prática*" (Fernandes, 1966, p.83).

O movimento renovador não conseguiu resolver esta questão, em função das complexas mediações políticas e das implicações institucionais da educação escolar.

O pensamento de Paulo Freire e a educação libertadora

Neste quadro, divergindo dos Pioneiros da Escola Nova, Paulo Freire formulou um novo pensamento político-pedagógico, tentando um outro caminho: o da educação não-formal, um caminho mais aberto à educação como prática político-pedagógica de esclarecimento voltado para a conscientização do indivíduo, mais próximo dos movimentos sociais, mais ligado às novas práticas culturais, sem, contudo, esquecer a educação escolar, para a qual propôs a forma dialógica, problematizadora.

Vejamos primeiramente a questão da educação não-formal de adultos.

Relacionando alfabetização e conscientização voltadas para a liberdade, de acordo com o princípio humanístico, Paulo Freire iniciou um movimento de educação libertadora vinculado aos movimentos populares que brotavam espontaneamente da sociedade brasileira em processo de mudança, contribuindo para o segundo movimento modernista brasileiro.

O trabalho educativo começou em 1962, no Nordeste, região mais pobre do Brasil que, na época, tinha uma população de 25 milhões de habitantes, sendo 15 milhões analfabetos. A primeira experiência com o método Paulo Freire se realizou na cidade de Angicos, no Rio Grande do Norte. Em 45 dias, 300 trabalhadores foram alfabetizados. O fato alcançou grande repercussão na imprensa e na opinião pública. O governo federal resolveu então patrocinar a campanha de alfabetização de adultos a partir de junho de 1963, quando a experiência estendeu-se a todo o território nacional. Em quase todas as capitais, foram criados cursos de capacitação de coordenadores. Os maiores números de inscrição foram nos estados da Guanabara, com seis mil pessoas, Rio Grande do Norte, São Paulo, Bahia, Sergipe e Rio Grande do Sul. O plano, elaborado em 1964, previa a instalação de vinte mil círculos que estavam capacitados para atender aproximadamente dois milhões de alunos. Cada círculo atendia 30 alunos e tinha duração de 3 meses. Dessa forma, iniciava-se a campanha de alfabetização de adultos em escala nacional, com uma educação diferente, que começava pela palavra geradora – palavra-chave, colhida do universo vocabular do alfabetizando, capaz de despertar o desejo da aprendizagem da escrita, juntamente com a discussão dos problemas do meio ambiente sociocultural. Porém, veio o golpe militar de 1964 e o movimento de educação popular foi profundamente atingido, como todos os movimentos sociais que emergiam da sociedade. Assim, o maior esforço de democratização da educação realizado no Brasil foi completamente desestruturado. Paulo Freire foi preso e exilado.

Fundamentos da educação libertadora

Após a queda do governo João Goulart, nos intervalos das prisões, durante o exílio, Paulo Freire escreveu *Educação como prática da liberdade*, em que reflete sobre aquela experiência histórica de educação para uma época de mudanças. E é isto que nos interessa agora, entender como Paulo Freire (1989, p.35) vê a educação numa época de mudança social. Ou melhor, usando suas próprias palavras, educação numa "sociedade em 'partejamento', que apresentava violentos embates entre um tempo que se esvaziava, com seus valores, com suas peculiares formas de ser, e que 'pretendia' preservar-se, e um outro que estava por vir, buscando configurar-se".

Sua proposta de educação libertadora era uma resposta aos desafios da mudança social. Paulo Freire explica sua opção por uma sociedade em que homens e mulheres do povo fossem sujeitos da história, uma sociedade que se "descolonizasse cada vez mais, que cortasse as correntes que a faziam e fazem permanecer como objeto de outras, que lhe são sujeitos" (idem, p.36). Este era o dilema básico do País, segundo Paulo Freire, fazer que a educação das massas se transformasse em uma força de libertação, despojando-a do caráter alienante e domesticador, construindo a educação do homem-sujeito e não do homem-objeto.

Mas quais são os fundamentos da educação libertadora?

São três: o da teologia da libertação, o que vem das leituras de Erich Fromm e de Karl Mannheim.

Baseando-se na *História universal del hombre*, de Erich Kahler, Freire lembra o inacabamento essencial do ser humano, a transcendência e a busca da plenitude na ligação com o Criador. Ligação cuja essência é, para ele, de libertação, porque "ser finito e indigente, tem o homem na transcendência, pelo amor, o seu retorno à sua Fonte, que o liberta". No ato de discernir, porque existe e não só vive, se acha a raiz, por outro lado, da descoberta de sua temporalidade, que ele começa a fazer precisamente quando, varando o tempo, de certa forma então unidimensional, atinge o ontem, reconhece o hoje e descobre o amanhã. Assim, na história da cultura, o tempo constitui um dos primeiros discernimentos do homem. E existindo no tempo, o homem herda experiências, incorpora-as, integra-se no contexto, modifica-se. No campo da história da cultura, que lhe é exclusivo, verifica-se a grande tragédia do homem moderno.

Eis aqui o primeiro recorte histórico de Freire: a transição do *Antigo regime* para a época contemporânea. Aqui a referência é *O medo à liberdade* de Erick Fromm. Ao libertar-se dos poderes tradicionais do rei, da Igreja e da aristocracia, o homem moderno, isolado, sente medo da solidão e medo da liberdade. Agarra-se então aos novos poderes da autoridade anônima, da opinião pública, da publicidade, dos mitos difundidos pela imprensa, pelo rádio, pela TV.

Dominado pela força dos mitos contemporâneos, o homem renuncia a sua capacidade de discernimento e decisão. Esta é, para Freire, a maior tragédia do homem moderno. Sem compreender seu tempo, ele fica na situação dos personagens do teatro do absurdo de Ionesco: sem entender nada do que está acontecendo com os outros e consigo mesmo, vai se transformando em rinoceronte e o máximo que consegue perguntar é se o rinoceronte é unicórnio ou bicórnio.

As sociedades que vivem a transição de uma época para a outra, que vivem grandes transformações, exigem, em função da rapidez e da flexibilidade que caracterizam as mudanças, "a formação e o desenvolvimento de um espírito também flexível", o uso de "funções cada vez mais intelectuais e cada vez menos instintivas e emocionais para a integração do homem" (Freire, 1989, p.45).

Mas como ocorreu o processo de mudança na sociedade brasileira?

O olhar freireano sobre a História do Brasil

Recorrendo aos clássicos da historiografia brasileira, como Oliveira Vianna, Gilberto Freyre, Vianna Moog, aos sermões do padre Antônio Vieira, aos relatos de viagens de Rugendas e à *Democracy and dictatorship*, de Barbu Zevedei, Paulo Freire discorre sobre a passagem da sociedade fechada colonial escravocrata e antidemocrática para a sociedade aberta, que corre o risco de tornar-se sociedade de massas, em que "descriticizado, quedaria o homem acomodado e domesticado" (Freire, 1989, p.47).

Tentando compreender o processo histórico brasileiro, Paulo Freire nota que a colonização do Brasil se deu num quadro completamente adverso às experiências democráticas. A colonização de caráter fortemente predatório criou uma sociedade voltada para fora, para o exterior, não para si mesma. A escravidão estrangulou a formação de uma mentalidade livre, permeável à experiência de participação. Provém daí a ausência de democracia em nossa formação e a consequente inexperiência democrática da sociedade. Nas relações humanas no engenho, na casa-grande, no sobrado não havia diálogo. Havia paternalismo. A estrutura social vertical, em forma de pirâmide, bloqueava o diálogo e impunha o mutismo do homem.

A partir de 1808, o crescimento das cidades, das atividades urbanas, o nascimento das escolas, a imprensa, o jornalismo político, as bibliotecas provocaram alterações sociais, mas somente na vida dos homens livres, que eram os proprietários rurais, bacharéis, grandes comerciantes. Nem a Independência de 1822 provocou transformações na estrutura social, não tocou sequer na vida dos que viviam na base da pirâmide. Durante o século XIX, o verticalismo da estrutura social era tão marcante que o "direito de galopar ou equipar ou andar a trote pelas ruas da cidade", escreve Paulo, citando Gilberto Freyre, "era exclusivo dos militares e milicianos. O de atravessá-la, montando senhorialmente a cavalo, era privilégio do homem vestido e calçado à europeia" (Freire, 1989, p.78).

A sociedade brasileira era, portanto, uma sociedade fechada, em que cada família bastava a si própria. Mesmo os núcleos urbanos eram criados de cima para baixo, com populações arrebanhadas pelos coronéis. Assim, o que caracterizou a formação social brasileira foi o poder exacerbado, o gosto excessivo de obediência e, de outro lado, a submissão, o ajustamento por acomodação e não por integração. Nesse quadro, a única forma de solidariedade possível era a solidariedade privada, baseada na família ou, no máximo, no mutirão. Não se pode falar em solidariedade social e política até o final do século XIX.

Então, pergunta Freire, de onde vieram as condições de mudança, as disposições mentais críticas, permeáveis à democracia?

Fundamentado em Fernando Azevedo, Freire aponta um conjunto de fatores que conduziam à mudança social: a abolição da escravatura, a vinda dos imigrantes, a transição para o trabalho assalariado. A República selou as primeiras mudanças significativas da sociedade brasileira.

Os primeiros surtos de industrialização foram estimulados pelas duas Guerras Mundiais. A nova economia baseada no trabalho livre contribuiu para a transformação da estrutura social que, com o crescimento da classe média, foi deixando de ser uma pirâmide para tornar-se um losango, enquanto o hábito e a mentalidade das populações urbanas foram se modificando.

Os modelos importados de pensamento começam a ser criticados. Apareceram novas inclinações, como a da busca de conhecimento, a pesquisa sobre a realidade nacional, o reconhecimento da necessidade de planejamento para a resolução de problemas das diversas esferas da sociedade.

Dessa forma, na República, entre os anos 45 e 64, apesar das diversas limitações, iniciou-se um período de superação da inexperiência democrática, um início de vida participativa. Porém a sociedade rachou-se, dividiu-se ao meio. O medo da participação popular, num contexto internacional de Guerra Fria e ameaça comunista, generalizou-se entre as elites, a burguesia e a classes médias.

Os movimentos populares cresceram. Mas um povo semianalfabeto pode, facilmente, tornar-se joguete dos irracionalismos. Surgiram novos temas, novos problemas, enquanto os antigos adquiriam novas colorações. Temas como democracia, liberdade, participação popular, educação, autoridade, propriedade adquiriram novos significados.

A grande questão da época era então a transição da sociedade fechada para a sociedade aberta, que corria o risco de se tornar uma sociedade de massas, com seres humanos acomodados, domesticados. Como contribuir com o desenvolvimento econômico, com a transição para a sociedade democrática, aberta, participativa? Paulo Freire encontrou a resposta para essa questão no campo da pedagogia. Considerando as raízes do Brasil, a inexperiência democrática, a ausência de diálogo e o medo da liberdade, Paulo Freire (1989, p.86) propôs a educação crítica, dialógica, capaz de alargar a "capacidade de captar os desafios do tempo, colocar o homem brasileiro em condições de resistir aos poderes da emocionalidade da própria transição. Armá-lo contra a força dos irracionalismos, de que era presa fácil, na emersão que fazia, em posição transitivamente ingênua". Pois o desenvolvimento, para Freire, que cita Celso Furtado, tem a ver com um projeto autônomo de nação brasileira. E envolve, além das questões técnicas, políticas e econômicas, a difícil mudança de mentalidade.

Que tipo de educação poderia contribuir para a formação de uma mentalidade aberta? Que tipo de educação poderia contribuir para o desenvolvimento de estruturas mentais capazes de resistir ao medo, ao ceticismo, ao irracionalismo? Que tipo de educação poderia contribuir com o esclarecimento do homem, para que ele fosse capaz de discutir a problemática de seu tempo e participar do desenvolvimento social?

Fundamentado em Mannheim, do *Diagnóstico do nosso tempo*, Paulo Freire afirma que uma sociedade em mudança requer um sistema completamente novo de educação. É preciso trabalhar com a educação das massas para contribuir com o esclarecimento, a consciência crítica, a participação no planejamento da sociedade. Pois, na sociedade contemporânea, o planejamento é uma necessidade. Porém ele pode ser autoritário ou participativo. Para que a educação contribua com o planejamento participativo, é necessário que ela proponha o esclarecimento, a análise crítica do autoritarismo e dos mitos difundidos pela publicidade e pelos meios de comunicação de massa. É preciso que ela leve o homem a uma nova postura diante dos problemas de tempo, que ela seja uma tentativa de mudança de mentalidade e de atitude.

Ora, o grande desafio da educação na sociedade brasileira era a superação do analfabetismo e da inexperiência democrática. Lembrando Fernando Azevedo, para quem a nossa cultura era fixada no verbalismo da palavra oca, ornamental, Paulo Freire (1989, p.96) percebe com argúcia que a cultura ornamental correspondia a nossa inexperiência de diálogo, de pesquisa que, "por sua vez, estão intimamente ligados à criticidade, nota fundamental da mentalidade democrática".

Para Paulo Freire, educação é um ato de amor, sem medo do outro, do debate e da discussão criadora. Mas o problema é como aprender a discutir e a debater, com uma educação imposta de cima para baixo, com uma educação que dita ideias, mas não troca ideias?

Assim, o educador observa que, no contexto da época, nos anos 60, o sistema educacional, em todos os graus de ensino, enfatizava a inexperiência democrática brasileira. Na universidade, somente havia algumas exceções, como, por exemplo, a Universidade de Brasília, que fora a "universidade necessária" de Darcy Ribeiro. Uma universidade "que buscava um saber autêntico, comprometido". Sua preocupação, escreve Freire, "não era, assim, a de formar bacharéis verbosos nem a de formar técnicos tecnicistas. Sua preocupação era contribuir para a transformação da realidade nacional, à base de uma verdadeira compreensão do seu processo" (idem, p.99).

Nesse contexto, a contribuição de Paulo Freire com a educação de adultos foi no sentido de uma educação capaz de superar o analfabetismo e a inexperiência de participação democrática. Numa época de ascensão dos movimentos sociais, em que a sociedade se dividia, Freire procurou desenvolver uma experiência educacional mais próxima dos movimentos populares, voltada para a alfabetização que ensinasse a ler o mundo, capaz de esclarecimento político e de formação da consciência crítica, da mentalidade aberta, democrática. Assim, escreve ele, "em lugar da escola, que nos parece um conceito, entre nós carregado de passividade, em face de nossa própria formação (mesmo quando se lhe dá o atributo de ativa), contradizendo a dinâmica fase de transição, lançamos o *Círculo de Cultura*. Em lugar do professor, com tradições fortemente 'doadoras', o *Coordenador de Debates*. Em lugar da aula discursiva, *o participante de grupo*. Em lugar dos 'pontos' e de programas alienados, *programação compacta*, 'reduzida' e 'codificada' em unidades de aprendizado"(Freire, 1989, p.103).

A pedagogia freireana não se esgota no novo método de educação de adultos. Abrange também a educação escolar, para a qual, desde 1968, Paulo Freire buscou uma "pedagogia problematizadora", capaz de pôr fim à "pedagogia bancária". Esta última corresponde à inexperiência democrática, à ausência de diálogo, ao verbalismo da cultura ornamental e impositiva, própria de um meio autoritário. É uma educação centrada na narração, na dissertação, "na sonoridade da palavra e não na sua força transformadora" (Freire, 1987, p.57). Uma educação em que o educador, em vez de comunicar-se com os educandos, faz comunicados, faz depósitos nas cabeças dos alunos como se eles fossem vasos que é preciso encher.

Preocupado com a formação de uma mentalidade aberta, democrática, Paulo Freire propõe a "pedagogia problematizadora", dialógica, nos diversos graus de ensino do sistema educacional. Uma educação que, dialogando, ensina o diálogo, a participação democrática. A educação problematizadora parte do princípio da inconclusão do homem, daí as raízes da necessidade educacional propriamente dita, como uma manifestação exclusivamente humana, educação que se faz e se refaz, que é transformadora, fundada no diálogo e na ação, pois, para que a palavra seja verdadeira e não verborrágica, ela precisa estar ligada à ação. Daí a noção de práxis em Paulo Freire (1987, p.78) e sua ligação com a educação problematizadora, cuja base filosófica humanística, ele assim explica:

> A existência, porque humana, não pode ser muda, silenciosa, nem tampouco pode nutrir-se de falsas palavras, mas de palavras verdadeiras, com que os homens transformam o mundo. Existir, humanamente, é *pronunciar* o mundo, é modificá-lo. O mundo *pronunciado*, por sua vez, se volta problematizado aos sujeitos *pronunciantes*, a exigir deles novo *pronunciar*.

A proposta de educação libertadora de Paulo Freire foi interrompida em 1964 e a educação bancária foi reforçada a partir das reformas de 1968 e 1971. Assim, enquanto o pensamento educacional acompanhava as mudanças sociais propondo uma nova educação, as mudanças eram bruscamente interrompidas de cima para baixo. Em *Aprendendo com a própria história*, Paulo Freire afirma que o "autoritarismo, às vezes, me parece 'ontológico' ao ser nacional. É óbvio que não faz parte da natureza da sociedade brasileira, certamente não é uma qualidade imutável dela, mas sempre a acompanhou" (Freire & Guimarães, 1987, p.32).

Historiadores da educação como Otaiza Romanelli falam em descompasso entre educação e sociedade, entre pensamento educacional e sociedade.

Mas como explicar o problema que se repete em nossa história republicana? Aconteceu em 1930, com a política educacional do governo Vargas em relação à proposta dos Pioneiros de 1932. E aconteceu em 1964, com a política do governo militar, que respondia com uma reforma da educação de caráter autoritário aos desafios da educação para a mudança. Como explicar a questão?

Raymundo Faoro afirma que as reformas pombalinas da educação se implantaram no Brasil como um modelo de modernização do alto: uma reforma da educação para produzir uma elite iluminada capaz de aumentar o poder do rei e desenvolver a economia. Este modelo parece reproduzir-se como os pelicanos de Bourdieu & Passeron. E, no século XX, deixaram dois rebentos: 1930 e 1964. Assim, enquanto as propostas de mudança educacional acompanhavam as transformações sociais, enquanto eram elaboradas no calor dos movimentos sociais, as políticas educacionais vinham na forma de modernização tirânica, imposta de cima para baixo. Enquanto a educação libertadora brotava de forma espontânea do segundo modernismo, nascido na sociedade, nos movimentos sociais, culturais, sindicais, no movimento estudantil, no movimento das reformas de base, a modernização conservadora era obra da ação voluntariosa de um grupo dirigente que não refletia a sociedade sobre a qual atuava. Em 1930 e em 1964, "o estamento militar", escreve Faoro (1994, p.108),

> em rearticulação, no primeiro tempo, a ponto de aceitar um líder civil, dispondo de sua presença e de sua queda, proclamou-se modernizador, reformador, com o progresso dentro da ordem, ou com o desenvolvimento

sombriamente envolto na segurança nacional. No segundo caso, em 64, a má *performance* do País na guerra, de onde saiu sem o previsto prêmio de ingressar no mundo das potências, com lugar marcado no Conselho de Segurança da ONU, engendrou uma sinistra ideologia, cultivada na Escola Superior de Guerra, fundada pelos oficiais decepcionados com a excursão à Itália. Repetia-se a hora da Guerra do Paraguai (1864-69), numa história mais circular do que progressiva.

Referências bibliográficas

AZEVEDO, F. *A reconstrução educacional no Brasil:* manifesto dos pioneiros da educação nova. São Paulo: Cia. Ed. Nacional, 1932.
_____. *A transmissão da cultura.* São Paulo, Brasília: Melhoramentos e INL, 1976.
ANDRADE, C. D. de. A Rosa do Povo. In: *Reunião:* 10 livros de poeisa. 4ª.ed. Rio de Janeiro: José Olympio, 1973.
BOTO, C. *A escola do homem novo.* São Paulo: UNESP, 1996.
CAMBI, F. *História da pedagogia.* São Paulo: UNESP, 1999.
CÂNDIDO, A. *A educação pela noite.* São Paulo: Ática, 1981.
DEWEY, J. *The public and its problems.* Nova York, 1927.
ELIAS, N. *Mozart: sociologia de um gênio.* Rio de Janeiro: Zahar, 1995.
FAORO, R. *Existe um pensamento político brasileiro?* São Paulo, Ática, 1994.
FERNDANDES, F. *Educação e sociedade no Brasil.* São Paulo: Dominus, 1966.
FREIRE, P. *Educação com prática da liberdade.* 19ª.ed. Rio de Janeiro: Paz e Terra, 1989.
_____. *Pedagogia do oprimido.* 17ª.ed. Rio de Janeiro: Paz e Terra, 1987.
FREIRE, P.; GUIMARÃES, S. *Aprendendo com a própria história.* Rio de Janeiro: Paz e Terra, 1987.
GANDINI, R.P.C. *Tecnoburocracia, capitalismo e educação em Anísio Teixeira* Campinas: (Tese de doutorado), Unicamp, 1987.
LASCH, C. *A rebelião das elites e a traição da democracia.* Rio de Janeiro: Ediouro, 1995.
LEVINE, R. *O regime de Vargas, 1934-1938:* os anos críticos. Rio de Janeiro: Nova Fronteira, 1980.
MANNHEIM, K. *Ideologia e utopia.* Rio de Janeiro: Zahar, 1968.
MARCONDES, C. F. (org.) *Imprensa e capitalismo.* São Paulo: Kairós, 1984.
MARRACH, S. Cecília Meireles: cronista da educação de uma época de mudanças. *Educação em Revista* n. 3. Marília: UNESP Publicações, 2000.

_____. O tempo em que a obra de Paulo Freire nasceu. In: Gadotti, M. (org.) *Paulo Freire*: uma biobibliografia. São Paulo: Cortez e Unesco, 1996.

Meireles, C. *Crônicas de Educação*. 2v. (Leodegário A de Azevedo Filho org.). Rio de Janeiro: Nova Fronteira, 2001.

NAGLE, J. A educação na Primeira República. In: FAUSTO, B. (org.). *História geral da civilização brasileira*. t.3, v.2, 2ª.ed. Rio de Janeiro: Difel, 1978.

PATARRA, N. L. Dinâmica populacional e urbanização no Brasil: o período pós-30. In: FAUSTO, B. (org.) *História geral da civilização brasileira*. t.3, v.4. Rio de Janeiro: Difel, 1984

PINHEIRO, P. S. Classes médias urbanas: formação, natureza e intervenção política. In: FAUSTO, B (org.) *História geral da civilização brasileira*. t.3, v.2., 2ª.ed. Rio de Janeiro: Difel 1978.

ROMANELI, O. *História da educação no Brasil*. Petrópolis: Vozes, 1973.

SAES, D. *O civilismo das camadas médias urbanas na Primeira República Brasileira*. Campinas: IFCH, 1973.

SINGER, P. Interpretação do Brasil: uma experiência histórica de desenvolvimento. In: FAUSTO, B. (org.) *História geral da civilização brasileira*. t.3, v.4. Rio de Janeiro: Difel, 1984

TEIXEIRA, A. *Educação não é privilégio*. Rio de Janeiro: UFRJ, 1997.

_____. *Educação é um direito*. Rio de Janeiro: UFRJ, 1997.

WEBER, M. A Ciência como Vocação. *Metodologia das Ciências Sociais*. v.2. São Paulo: Cortez e Unicamp, 1992.

7
DA DEMOCRATIZAÇÃO À MASSIFICAÇÃO: A INDÚSTRIA CULTURAL DO ENSINO (1964-1984)

Neste capítulo, mostraremos que, a partir das políticas educacionais do governo militar, o processo de democratização da educação, iniciado entre os anos 1945-1964, foi substituído pelo processo de massificação do ensino e da cultura escolar. Com o Mobral e as então chamadas Escolas de Primeiro e Segundo Graus, a educação ingressou no mercado de bens simbólicos das estatísticas governamentais do *Brasil potência*. No ensino superior, foi criada uma verdadeira Indústria Cultural. As reformas educacionais feitas a partir de 1964 foram produtos da modernização conservadora, da opção vencedora da sociedade sem povo, que criou uma sociedade dependente, com educação para a domesticação das massas, criando a escola de massa e o que Adorno chamou de semiformação.

Educação e Indústria Cultural no Brasil

A reforma universitária de 1968 constitui marco fundamental do ingresso do ensino superior no mercado, inaugurando o que Carlos Benedito Martins, baseado em Adorno e em Bourdieu, chamou de Indústria Cultural do ensino. Isto é, a esmagadora maioria de instituições privadas de ensino superior, que surgiu após 1968, constituiu-se como empresa capitalista, voltada para a rentabilidade, utilizando a área educacional como um dos campos mais lucrativos do investimento do capital privado. Martins (1981) fez um estudo de caso da FMU, que Tragtenberg, no prefácio, chamou de "a escola do regime", já que esta instituição materializa a concepção instrumentalista de educação, hegemônica após 1964.

A partir de 1968, o governo combinou a utilização da estratégia de repressão ao movimento estudantil com a reforma universitária. Reabsorveu as pressões de estudantes e professores pela ampliação das vagas na universidade, deflagrando, porém, o processo de expansão por meio da privatização do ensino superior. Os acordos MEC-USAID aboliram as cátedras vitalícias, instituíram a departamentalização e o tecnicismo do ensino, culminando com o Relatório Meira Mattos, baseado na ideologia da "economia da educação", que maximizou os fatores que interferem no campo educacional, visando à maior produtividade.

Esse processo consubstanciou-se na lei 5.540. A Reforma Universitária, marcada pelo autoritarismo do período, estruturou o ensino superior brasileiro sob a forma jurídica de autarquia, fundação ou associação, legitimando assim o ensino privado, favorecendo a abertura de faculdades e universidades privadas reprodutoras do conhecimento, voltadas para um público consumidor de cultura, que não havia passado no vestibular das universidades públicas, mas queria entrar na faculdade a qualquer preço.

Daí a utilização do conceito de Indústria Cultural de Adorno & Horkheimer, elaborado no final da década de 1940, para designar os processos de comercialização dos bens culturais, visto no capítulo anterior.

Considerando que a educação, organizada pelo princípio de rentabilidade dos investimentos, pode ser compreendida como Indústria Cultural, Martins recorre a Bourdieu para diferenciar dois modos de produção de bens simbólicos: o da produção erudita, que opera de acordo com regras e procedimentos culturais, com um público potencialmente produtor de cultura. E o da Indústria Cultural, cujos bens são, geralmente, destinados aos chamados colarinhos brancos, que trabalham durante o dia para pagar um curso superior, constituindo um público consumidor de cultura, mais preocupado com o diploma e a promoção no emprego, que com a produção do conhecimento.

Da democratização à massificação do ensino: a diferença está no tipo de produção de bens simbólicos

Assim, a partir de 1968, o processo de democratização da educação, iniciado nos anos 1945-1964, começa a transformar-se em processo de massificação do ensino, voltado para salas de aulas imensas, de sessenta, oitenta, noventa, cem alunos, normalmente de cursos noturnos, na área de Ciências Aplicadas como Administração, Contabilidade, Direito e de Ciências Humanas, por serem cursos mais baratos, que funcionavam e funcionam com bibliotecas precárias, incapazes de assegurar as bases mínimas para a produção do conhecimento.

A partir dos anos 1970, as faculdades privadas isoladas cresceram tanto, que algumas se transformaram em universidades, como a Unip, que atualmente tem mais alunos que a USP. De acordo com pesquisa de Hélgio Trindade, enquanto a primeira contava com 44.500 estudantes, a Universidade de São Paulo tinha 35.600 (Trindade *in* Gentili, 2001, p.31).

Mas não é somente em função da expansão de vagas que falamos em massificação do ensino, mas, sim, por causa do processo de produção de bens simbólicos da Indústria Cultural.

Tendo por referência os temas e problemas da produção erudita, a Indústria Cultural do ensino ministra uma cultura média para um público heterogêneo. Tomando de empréstimo as questões tratadas pela cultura acadêmica das grandes universidades, adapta-as aos manuais e apostilas de caráter ultradidático, nutridos de fórmulas feitas, de caráter normativo e instrumental, em linguagem esquemática, livre de qualquer possibilidade de dissidência, satisfeita de si mesma, pronta para o consumo, que Umberto Eco (1976) chamou de "institucionalização das vanguardas". Isto é, o pensamento filtrado, eliminado, reduzido a esquemas de fácil digestão; a crítica diluída, pasteurizada, despojada do antigo alvo modificador do *status quo* e devidamente estereotipada, transformada em mercadoria de fácil consumo. Preocupada com a rentabilidade e com a extensão máxima do público, a Indústria Cultural do ensino utiliza-se largamente de procedimentos técnicos acessíveis, evitando temas capazes de provocar controvérsias, preferindo a utilização de símbolos otimistas e utilitários, que, conforme Bourdieu (1974), possibilitam a projeção das diferentes categorias da massa estudantil. Daí a necessidade do professor nivelar seu programa de ensino, de acordo com a média dos alunos e do emprego de uma autocensura metódica não só por parte dos professores, mas de todos os agentes envolvidos no processo de ensino, subordinados aos detentores das fundações, autarquias etc., preocupados em inculcar nos estudantes uma cultura despolitizada e tecnicista, em doses homeopáticas, que garanta o fácil acesso ao diploma e ao mercado de trabalho.

Por constituírem uma ruptura definitiva com o saber crítico, a Indústria Cultural do ensino adota largamente a prática de conferências e solenidades, feitas pelos medalhões da cidade e do governo, evitando qualquer ambiguidade em relação ao sistema, além da aula expositiva pronta e acabada, fechada em si mesma, sem nenhum incentivo à crítica, à pergunta e à leitura, voltada para assegurar a mera transmissão de conhecimentos e informações utilitários.

A ausência de concurso público para o recrutamento dos professores, selecionados por análise de currículo ou afinidade ideológica, que lecionam em diversas instituições de ensino ao mesmo tempo, como professores-trabalhadores e não como professores universitários com tempo integral, e um alunado ávido de um sistema de ensino "mais prático" e voltado para a rápida colocação no "mercado de trabalho", fazem o casamento perfeito do corpo docente e discente da Indústria Cultural, de uma época em que predomina o que Gramsci chamou de um novo tipo de intelectual: "o especialista em ciência aplicada, o organizador técnico", próprio destes tempos em que prevalece a cultura do especialista e a mentalidade tecnicista. Conforme Martins, em sua pesquisa ele não encontrou o aluno brilhante, criativo, que mantém até "um certo desdém pelo saber escolar", graças à cultura adquirida em seu meio ambiente social, mas um "aluno 'aplicado', 'despolitizado', 'esforçado', 'com vontade de aprender'", enfim, "um corpo discente que se imbuiu mais de um conjunto de valores mais éticos que intelectuais e que está predisposto a endossar de forma incondicional a cultura inculcada pela escola" (Martins, 1981, p.93, 101 e 122).

Afinal de contas, nas grandes organizações da sociedade administrada, nas quais os estudantes das universidades particulares almejam trabalhar, o que importa para manter o emprego não é o espírito crítico e aventureiro, como o do pequeno empresário da época do capitalismo de livre-concorrência, mas a capacidade técnica, a pontualidade, a prudência e a lealdade à corporação.

Em outras palavras, na sociedade técnica, burocrática, administrada, no contexto da política educacional autoritária, o processo de democratização da educação transformou-se em processo de massificação do ensino, em semiformação, e este processo começou no ensino superior. Isto é, onde havia mais resistência, em função da existência de uma cultura acadêmica combinada com liberdade política, que o governo militar reprimiu duramente. Mas como um governo não se sustenta somente com base na repressão, promoveu a reforma universitária, associada a uma política de privatização do ensino superior, que deu início à criação da Indústria Cultural do ensino, desviando o curso do lento processo de democratização da educação brasileira, iniciado nos anos 1945, e transformando-o em um avassalador processo de massificação da cultura e do ensino, que atingiu também a escola pública. Para usar a expressão de Weber, a massificação do ensino significou mais um "aperto nos parafusos" na "jaula de ferro" onde vive o homem contemporâneo, um aperto que transformou a formação em semiformação, conforme Adorno.

Pensando na Indústria Cultural do ensino superior, nascida no Brasil após a reforma de 1968, Marilena Chauí (in Spósito, 1989, p.115) escreveu:

> Se outrora a escola foi o lugar privilegiado para a reprodução da estrutura de classes, das relações de poder e da ideologia dominante e se, na concepção liberal, a escola superior se distinguia das demais por ser um bem cultural das elites dirigentes, ... com a reforma de ensino, a educação é encarada como adestramento de mão-de-obra para o mercado [...] Creio que a universidade tem hoje um papel que alguns não querem desempenhar, mas que é determinante para a existência da própria universidade: criar incompetentes sociais e políticos, realizar com a cultura o que a empresa realiza com o trabalho, isto é, parcelar, fragmentar, limitar o

conhecimento e impedir o pensamento, de modo a bloquear toda tentativa concreta de decisão, controle e participação, tanto no plano da produção material, quanto no da produção intelectual.

Escola de massas e trabalho assalariado

Falamos da Indústria Cultural do ensino superior. Mas, e com a escola básica, com a escola secundária, o que aconteceu?

Sabemos que a escola sempre está em crise, sempre sendo reformada, cada governo que entra faz uma reforma educacional, muda o método de ensino e a crise só faz aumentar, enquanto a qualidade do ensino cai cada vez mais.

Então, precisamos perguntar: o que aconteceu com a escola brasileira na história contemporânea, de 1964 para cá?

O governo militar ampliou o período da escolaridade obrigatória, determinada pela Constituição de 1967 e pela lei 5.692 de 1971, promulgada no auge da ditadura, denominando Ensino de Primeiro Grau a junção primário com o ginásio, com duração de oito anos, mas cujo nível caiu bastante, dando origem ao que poderíamos chamar de um primário grande e generalizando o ensino profissionalizante de Segundo Grau. O prolongamento dos anos de escolaridade preparava para a disciplina do trabalho assalariado, além contribuir para absorver por mais tempo a força de trabalho chamada supérflua, desqualificada, como dizia Braverman (1977), e, principalmente, para inflar as estatísticas do *Brasil-potência*, que agora abria as portas da escola para todos, para erradicar completamente o analfabetismo, fazendo uma espécie de "milagre educacional", que combinava bem com o clima de "milagre econômico da época".

A reforma procurava consolidar a legitimidade do regime que, num contexto de expansão econômica e de forte concentração da renda, se antecipava às reivindicações sociais, tomando a iniciativa de propor "educação para todos" e "igualdade de oportunidades" para "melhorar as condições de vida da população", num momento em que se aguçavam as desigualdades sociais (Germano, 1993, p.166).

No segundo grau, a lei 5.692 instituiu a profissionalização de forma generalizada, com o objetivo de alcançar a terminalidade para encaminhar o estudante o mais rapidamente possível para o trabalho assalariado, aliviando também a demanda para o ensino superior que, como já foi visto, naquela época era grande.

Importa reter que a profissionalização do ensino de Segundo Grau fracassou por diversas razões: a) a falta de recursos do sistema educacional, então voltado para a formação dos estudantes com as opções para cursos clássico, científico e normal; b) ausência de uma política de investimentos financeiros para contratação de professores especializados, laboratórios etc; c) ausência de demanda em função da rejeição da profissionalização compulsória pela sociedade, que continuou pressionando por mais vagas nas universidades.

A ampliação do período de obrigatoriedade escolar, o aumento das vagas, o fracasso da profissionalização que, embora nem sequer tenha sido implementada, implicou a perda da qualidade do ensino do Segundo Grau, ao fazer a junção das áreas de ciências humanas, exatas e biológicas num curso de três anos.

Desta forma, esvaziando o conteúdo do ensino, a reforma resultou na produção de um primário grande e de um secundário padronizado, que preparava para o trabalho assalariado, mas não para a cidadania, nem para o vestibular e, por isso, criou as condições para a expansão do ensino privado de Primeiro e Segundo Graus e para a indústria dos cursinhos. Estes passaram a suprir as falhas dos ensinos públicos básico e médio, responsabilizando-se pelo preparo do estudante para o vestibular.

A obra de Mariano Enguita ajuda-nos a entender o sentido da expansão do período e da escolaridade obrigatória, o significado da lei 5.692.

Diferenciando a escola de massas da escola tradicional e da autodidaxia, Enguita desmitifica a história da educação, mostrando que, assim como a escola tradicional, com o ensino das línguas e humanidades, contribuiu para a unificação nacional e para legitimidade do Antigo Regime, a escola de massas, com seu sistema de ensino mútuo e simultâneo, o saber padronizado e gosto uniformizado, onde todos têm de aprender a mesma matéria ao mesmo tempo, contribui para a preparação para o trabalho assalariado. Um trabalho que, como o ensino, não tem sentido. Começa porque chegou a hora de começar e termina porque chegou a hora de terminar; um ensino ministrado rotineiramente por professores estressados, sem a mínima criatividade, sem gosto pelo ensino, para alunos desmotivados, sem a mínima curiosidade, que nem sabem o que estão fazendo na escola. Daí o ensino meramente burocrático da pontualidade, da obsessão pela ordem, e a consequente ansiedade de cumprir o programa maquinalmente, mesmo sem sentido, daí o controle do tempo, os espaços bem demarcados. No ensino simultâneo, os alunos são manejados "ao estilo de um pelotão militar"; *a educação de crianças e adolescentes é concebida como direção e gestão que faz comunicados, não como educação com base em um trabalho de comunicação dialógico* e acadêmico, o que, para Enguita (1989, p.166),

> não é necessário na autodidaxia nem na aprendizagem no local de trabalho nem quando se concebe o professor como um monitor especializado de crianças ou jovens que aprendam por si mesmos. Não é preciso forçar a ordem, ela não se converte em um problema organizativo, quando a aprendizagem é voluntária do princípio ao fim. [...] Pois bem, o ensino simultâneo está para a autodidaxia como o trabalho assalariado está para a produção de subsistência ou para o trabalho autônomo, e está para a livre aprendizagem comum como uma empresa capitalista está para uma cooperativa ou para uma empresa autogestionada. Se o método simultâneo converteu-se no método dominante, foi precisamente porque representava na escola o que as novas relações de produção capitalistas representavam no trabalho, porque era sua réplica escolar e, em consequência, a melhor forma de preparar a infância e a juventude para sua aceitação.

O professor que não ensina

No ensino simultâneo das massas, o professor *não ensina, administra* a aula, e um dos principais aspectos da boa administração da sala de aula consiste no controle do tempo, na organização de atividades sequenciadas, com alto grau de previsibilidade e economia, na base do tempo é dinheiro. Pois trata-se de difundir uma concepção de tempo racionalizado, dominado, com perspectiva de evolução futura imediata, mesmo que esta seja mera ideologia, simples máscara do ritual de passar de ano compulsório do aluno, para engrossar as estatísticas do Ministério da Educação. A "sequenciação de atividades", escreve Enguita (1989, p.178),

[...] pode ser entendida como a ampliação da precisão à coordenação das próprias atividades. Na escola está presente por meio da organização seriada supostamente derivada da lógica interna do saber ou das necessidades pedagógicas, da transmissão e aquisição do conhecimento. Um marco importante em sua implantação foi a passagem das escolas unidocentes ao ensino seriado – a outra cara da simultaneidade –, que implicou a dosificação do saber de acordo com a idade biológica e escolar. No dia-a-dia do ensino, está presente na gradação dos livros-texto, na programação por objetivos do professor e na organização do trabalho pessoal do aluno.

A sucessão de aulas de matérias diferentes, de 40 ou 50 minutos, cada uma, sem nenhuma sequência lógica entre elas, sem nenhuma ligação de conteúdo, nem adequação ao ritmo dos estudantes, mas, simplesmente, para preencher o horário escolar, faz que desde cedo as crianças aprendam que o importante não é a tão aludida qualidade do trabalho, mas sua duração. Nos termos de Enguita (idem, p.180), a "escola é o primeiro cenário onde a criança e o jovem presenciam, aceitam e sofrem a redução de seu trabalho a trabalho abstrato".

As razões da crise das ciências humanas

Mas, além de esvaziar o conteúdo do ensino, escreve Alfredo Bosi, "a tecnoburocracia não seria o que é se não procurasse igualmente contra-atacar, respondendo às inquietações da cultura crítica de modo bastante preciso e consequente", lançando mão das seguintes medidas: a) Implementou no ensino de primeiro e segundo graus a disciplina Organização Social e Política Brasileira e, na universidade, Estudos de problemas brasileiros, isto é, "um corpo de doutrina sociopolítica forrado de ideais neocapitalistas", com a ideologia do Brasil Grande e do Milagre Brasileiro; b) Tirou do currículo História Geral e do Brasil, Geografia Geral e do Brasil e substituiu por uma disciplina híbrida, chamada Estudos Sociais, cujo teor vasto e indiferenciado, acarretou diversos inconvenientes teóricos e metodológicos. Também foi criado o curso de Estudos Sociais em nível de bacharelado; c) A disciplina Filosofia foi arrancada do currículo, completando assim o prejuízo da reflexão e do espírito crítico, eliminando as possibilidades da juventude conhecer o desenvolvimento histórico-cultural e suas implicações sociais, políticas, ideológicas etc; d) Em função da hegemonia norte-americana, o ensino de francês foi sendo substituído pelo de inglês nos cursos médios e nas faculdades de Letras. O resultado são as traduções insatisfatórias e insuficientes: "Hoje, uma cultura letrada ou humanística sem Francês equivale a uma cultura clássica sem Latim." O ensino de línguas foi reduzido ao ensino de inglês instrumental, dominado por técnicas pragmáticas de conversação básica, o chamado inglês de rua, ensinado de acordo com esquemas behavioristas, para criar automatismos audiolinguais. Dessa forma, sem contato com a literatura, o aluno forma-se sem conhecer os autores mais importantes que se expressaram naquele idioma; e) O vestibular unificado orientou o ensino secundário e os cursinhos a seguir uma linha informativa, com sérios prejuízos para a finalidade formativa e axiológica do curso médio (Bosi, 1992, p.313-4).

Essas cinco medidas afetaram em cheio o ensino das disciplinas da área de Ciências Humanas nos níveis médio e superior. Além do mais, com a multiplicação de faculdades particulares, abrindo cursos de Pedagogia, Letras, Estudos Sociais e Comunicações, consideradas de baixo custo operacional e funcionando com Indústria Cultural, com ensino concentrado na repetição de manuais e apostilas, houve um empobrecimento significativo na formação do magistério de primeiro e segundo graus.

Não só na área de Humanas, mas também nas áreas de Ciências Biológicas, Exatas e Aplicadas, prevaleceu o tecnicismo e o ensino instrumental. E abriu-se um campo de tensões entre o modo tecnocrático de compreender a cultura, próprio do pragmatismo neocapitalista e o modo crítico, no qual o objetivo é desmitificar as ideologias subjacentes. Para diminuir as tensões, a linguagem burocrática incorporou o jargão crítico como uma máscara para garantir a "modernidade" do pensamento tecnicista-autoritário. Porém, nas práticas culturais, prevalece o que Bosi chamou de "mundo do receituário". Explicando: os cursos universitários deságuam no magistério, nas carreiras liberais, nas profissões técnicas, na imprensa, nos diversos setores da sociedade e do aparelho burocrático. O mundo do receituário é a rápida adaptação da cultura universitária burocrática ao mundo real. Adaptação feita com base nas fórmulas prontas e acabadas, nas receitas. O mundo do receituário é a forma cabal da cultura dominante, vigora em todas as carreiras a que a universidade dá acesso, mas, nas palavras de Bosi (1992, p.317),

> [é] particularmente deprimente quando se pensa na passagem, em geral entrópica, da cultura universitária para o meio secundário. O que se transmite aos alunos do ginásio (e aqui atingimos o cerne da dinâmica educacional), o que se estratifica em termos de instrução fundamental, é, quase sempre, a fórmula final, reduzida, reificada, da antepenúltima tendência da cultura superior.

O que poderia ser objeto de problematização, reflexão e crítica, na aula típica do ensino secundário, cristaliza-se no esquema "didático", funcional, na frase feita, no cálculo mecânico, enfim, na brutal simplificação que a escola de massas faz com a cultura universitária, para "facilitar o ensino", ou melhor, para tornar palatável ao aluno o consumo de noções desarticuladas e sem sentido, que têm de ser decoradas para o vestibular.

E a própria corrente burocrática utiliza-se do jargão do pensamento crítico, como recurso da retórica, para manter as aparências. Assim, a ideia de educação para a "transformação e humanização da sociedade" já aparecia em texto preparado pela Secretaria do Ministério da Educação e Cultura de 1975 (Bosi, 1992, p.318).

Porém, enquanto se afirmava o princípio de humanização, a escola já havia se tornado uma organização burocrática, onde o professor malformado perdeu a autonomia intelectual e passou a ser mais um parafuso da engrenagem da organização. O intelectual foi domesticado no contexto organizacional. Por isso, Tragtenberg (1982, p.35) afirmou: "A educação já não constitui uma ocupação ociosa, e sim uma fábrica de homens utilizáveis. Hoje em dia, a preocupação maior da educação consiste em formar indivíduos cada vez mais adaptados ao seu local de trabalho, porém capacitados a modificar seu comportamento em função das mutações sociais". Dessa forma, é no contexto da escola como organização complexa, burocrática ou tecnoburocrática que se verifica o processo de massificação do ensino. Se não podemos falar em Indústria Cultural, para nos referirmos ao processo de massificação da cultura das escolas públicas – dado que estas não possuem fins lucrativos, embora sirvam para preencher as estatísticas do governo –, podemos falar em massificação da cultura escolar, em semieducação, em semicultura, que é, segundo Adorno, o avesso do esclarecimento, o antiiluminismo que, em vez de preparar para a maioridade intelectual, para a autonomia e para a democracia, mantém os jovens na eterna menoridade intelectual, fazendo-os maleáveis e flexíveis e adaptáveis ao local de trabalho (Adorno, 1996).

O ensino de massas em *A aurora da minha vida*

Para melhor compreendermos o processo de massificação da cultura escolar, vamos examinar uma fonte teatral, para entender o sentido da massificação do ensino. Estamos nos referindo ao texto da peça teatral *A aurora da minha vida*, de Naum Alves de Souza, que recebeu os prêmios APCA Molière de teatro no ano de 1981 (Souza, 1982).

A aurora da minha vida se passa em uma escola pública de Primeiro Grau (primário e ginásio), atualmente Ensino Fundamental, da primeira à oitava série.

A escola burocrática, de massas, da época do militarismo, é o tema central da peça. Com seus alunos e professores, ela é cheia de contradições que o autor – ex-aluno e ex-professor – revela com criatividade, humor e mordacidade. Com diálogos bem ritmados, num tom cômico, a peça instiga o espectador a lembrar suas vivências nesta instituição que formaliza o conhecimento e disciplina os desejos.

O cenário é uma sala de aula, com o quadro-negro e a mesa do professor à frente e acima dos alunos, sentados em carteiras enfileiradas. Este é o meio ambiente que canaliza autoridade na figura do professor, conferindo-lhe o monopólio do discurso competente e sugerindo a obediência de quem ouve. Nesse meio ambiente, as relações simbólicas tornam-se relações de forças simbólicas, mitificadas pelas belas palavras vazias e burocratizadas do discurso escolar:

"Muitas vezes a verdade não pode ser dita, é proibida", diz a velha professora para o visitante – um ex-aluno que, "Como a ave que volta ao ninho antigo/ Depois de um longo e tenebroso inverno/ Eu também quis rever o lar paterno/ Meu primeiro e virginal abrigo" (Souza, 1982, p.16).

A escola é um mundo à parte, fechado em si mesmo, onde a professora introduz as crianças cantando e fazendo gestos de passarinho voando: "Pombinha, pombinha / Que voa ligeira / Direto, pombinha / Para sua carteira" (idem, p.28). E o visitante, pensando se gostava da escola ou se era apenas um dever que o angustiava, diz: "A gente não tinha liberdade para nada. Os professores decidiam a vida dos alunos, os diretores a dos professores e alguém, lá em cima, devia decidir a dos diretores". O personagem Quieto, filho de um militar, explica a "tradição": um lugar em que "todo mundo tem que pensar igual, porque é mais seguro" (idem, p.18).

Na escola de *A aurora da minha vida*, cada um dos personagens enfrenta um conflito básico imposto pelas regras do processo de massificação escolar: a transformação da individualidade de cada personagem, da singularidade de cada pessoa, em massa posta na fôrma e conformada com a uniformidade do ambiente.

Em *A aurora da minha vida,* a educação aparece como adestramento fundado na reprodução da palavra alheia, eliminando qualquer vestígio de comunicação verdadeira e da livre compreensão. A imagem da escola que emerge da leitura do texto é a de um deserto de não-comunicação, pois nesse mundo à parte não se permite a entrada dos problemas, angústias e curiosidades das crianças e adolescentes. Uma das cenas da peça enfoca a necessidade que os alunos têm de saber o destino dado a seu colega, o "Bobo" – aluno excepcional, arrancado da sala de aula pelos enfermeiros de um sanatório. Enquanto a classe, angustiada, pensa no medo que o Bobo tinha de ser internado, a professora fala do "Paraíso".

Nesse pequeno mundo fechado em si mesmo, os alunos são submetidos à reprodução de conteúdos desvinculados dos problemas reais e à introjeção das normas disciplinares. As palavras de um personagem ex-aluno, o visitante, definem a escola burocrática de massas:

> Era uma vez a escola... onde havia o diretor, a servente, o inspetor de alunos, a secretária, os professores. O prédio tinha salas de aula, o corredor, o pátio, o banheiro, o barzinho, a secretaria, a diretoria. Na frente, havia uma placa simples, com uma frase: "Educa a criança no caminho que deve andar e ela nunca se desviará dele". Ah! Eu ia me esquecendo. A escola era cheia de alunos, sendo educados no caminho que deveriam andar. [...]

As personagens dos alunos não têm nomes como as pessoas, os alunos, os estudantes têm. Não, seus nomes estão ligados a suas personalidades e características individuais específicas. O que todos têm em comum são as contradições de todos os seres humanos, que a escola procura eliminar ou, pelo menos, encobrir, em nome da uniformidade. Assim, Quieto é filho de um militar e representa o duro modo de pensar igual dos militares, porém, por causa de uma doença incurável, que acaba levando-o à morte, identifica-se com o Bobo – personagem cujo comportamento destoa completamente dos padrões convencionais, pois ele exprime todas as suas vontades e só é controlado pela camisa-de-força e pelas injeções aplicadas pelos "enfermeiros". A Gorda é ignorante, mas simpática e popular; defende, desastradamente, as causas que lhe parecem justas e procura se proteger daquele meio ambiente injusto e opressivo que sente na escola. O Órfão é pobre e suas roupas velhas e feias são objeto de gozação dos colegas. No entanto, ele é corajoso e sabe enfrentar bem seus problemas com humor. Mas todas as características individuais, todas as contradições humanas, toda rebelião e todo o desejo de justiça e liberdade dessas personagens são sufocados pelas autoridades burocráticas competentes e mantidos em silêncio num meio ambiente que reprime os conflitos, não suporta as diferenças e uniformiza o pensamento, eliminando qualquer possibilidade de aparecimento de uma consciência crítica.

Do outro lado, a Adiantada – a primeira aluna da classe, é antipática e vê-se como rica por ser filha de um gerente do Banco do Brasil. Faz aulas particulares de diversas disciplinas para tornar-se a primeira da classe e afirmar-se como rica e adiantada. O Puxa é covarde e inseguro; delatar os colegas é seu meio de afirmação perante os professores (Antunes, 2005). As personagens das Gêmeas são interessantes para entendermos os problemas dos automatismos de base da educação de massas. Elas são iguais em todos os aspectos físicos, mentais e psicológicos. Não têm personalidade própria, gostam e desgostam das mesmas coisas e agem como autômatas, obedecendo cegamente à vontade da mãe, que anula a personalidade e a individualidade de cada uma. No primeiro dia de aula, sofrem, fazem um berreiro infernal, não querem ficar na escola, naquele lugar cheio de gente sem a mãe, sendo apenas mais um número. Só ficam por causa de um incontestável apelo emocional da mãe, que diz que vai morrer se elas não ficarem na escola. Da mesma forma, a "vocação religiosa" do padre – professor de religião – provém de uma promessa para satisfazer o desejo da mãe doente (Souza, 1982).

Na escola de massas, a imaginação é abolida. Na aula de "desenho livre", o professor manda desenhar "um porquinho, usando três circunferências, dois triângulos, quatro quadrados. Os detalhes de olhos, rabinho e focinho ficam por conta da veia artística de cada um" (idem, p.57).

Na aula de inglês, o ensino é fundado em automatismos de base, sem nenhum contato com a língua culta, e realizado por meio de frases descontextualizadas, do tipo *"good morning"*, *"the book is on the table"* e *"excuse me"*, embora a professora não seja assim tão educada. Perguntada sobre o porquê de se estudar inglês obrigatoriamente, ela responde: "Alguém me fez uma pergunta muito inteligente: por que somos obrigados a estudar inglês? Responder a uma pergunta tão tola, na minha opinião, é pura perda de tempo. Mas como o diretor me pediu, depois que a genitora da nossa causídica..." (idem, p.45).

A *aurora da minha vida* mostra que o elemento definidor da pedagogia burocrática é o sistema de controle do conhecimento, que se sobrepõe ao enriquecimento intelectual do aluno. Assim como a empresa e o Estado, a escola burocrática tem o papel de organizar e planejar, sendo estruturada hierarquicamente em cargos, com esferas de competências bem delimitadas, dividindo o saber como quem coloca muros entre as diversas áreas do conhecimento. Na escola burocrática, o conhecimento transmitido constitui um conjunto de fatos e noções acumulados, desarticulados entre si e que devem ser mecanicamente decorados pelo aluno. No exame, exige-se o conformismo com este saber que nada tem a ver com a vida. A leitura é dada como castigo, como se ela nada informasse sobre a compreensão do mundo.

A autoridade burocrática é exercida coletivamente (diretor, inspetor etc.); a organização é hierárquica e as esferas de competência de cada um são bem delimitadas, com regulamentos invioláveis. A organização indica um sistema de controle do qual o aluno só participa como objeto a ser fabricado e enquadrado "no caminho que deve andar"; na hierarquia; controles múltiplos são direcionados para o adestramento do aluno e para a conservação da hierarquia.

Na escola burocrática, a cultura humanística é completamente esvaziada, massificada. As chamadas grandes disciplinas, como História e Geografia, passam a ser ensinadas como "matérias decorativas", como um conjunto de fatos e noções desarticulados e amontoados, sem sentido e sem interpretação. Esses conteúdos são memorizados automaticamente para passar nos exames e esquecidos logo em seguida. Assim, a escola acaba ministrando um conhecimento de curta duração, como mostra a cena em que os alunos "decoram a matéria" para fazer o exame:

> Aluna (sonambulando): As capitanias hereditárias eram governadas pelo Tratado de Tordesilhas que ficava ao norte da Regência Trina Permanente e foi atacado pela Regência Provisória no período da Balaiada, da Sabinada e da Guerra dos Farrapos. Meu Deus, eu vou errar tudo!.
> Aluno: se eu não passar de ano, vou virar...
> Todos: Repetente! Criminoso!
> Aluna: Eu, pecadora, me confesso, a Deus todo poderoso, à bem-aventurada sempre Virgem Maria,
> Todos:...Que pequei muitas vezes por pensamentos, palavras e obras, por minha culpa, minha culpa, minha culpa, minha culpa, minha culpa, minha máxima culpa. Portanto, rogo a todos os santos QUE EU NÃO ESQUEÇA NADA NA HORA DO EXAME E QUE CAIA SÓ O QUE EU ESTUDEI. AMÉM" (Souza, 1982, p.67)

Como explicar absurdos como esses? Graciliano Ramos, que além de grande escritor, foi inspetor de ensino em Alagoas, captou, melhor que muitos educadores, o sentido das relações entre a escola e a reprodução da opressão e da estrutura social: "Essas incapacidades deviam aproveitar-se de qualquer modo, cantando hinos idiotas, emburrando as crianças. O emburramento era necessário. Sem ele, como se poderiam aguentar políticos safados e generais analfabetos?" [...] A escola age como o nosso "fascismo tupinambá". Ela não impede a atividade intelectual, mas "nos suprime o desejo de entregar-nos a esse exercício" (Ramos, 1976, p.21).

Na escola burocrática de massas, o ensino esvazia-se, a cultura é massificada, as humanidades são transformadas em matérias decorativas e o exame, em vez de ser uma forma de avaliação do conhecimento adquirido, transforma-se no próprio objetivo de um saber que consiste no acúmulo de noções e informações, mecanicamente decoradas. O exame, que deveria ser um meio, acaba impedindo o fim, tornando-se, ele mesmo, o fim da pedagogia burocrática, fundada numa visão maniqueísta, estereotipada e típica do autoritarismo que assim separava o *bem* do *mal*, como mostra a cena dos estudos antes das provas:

> Aluna: A escravidão começou no Brasil porque os índios não aceitavam a disciplina do trabalho!
> Aluno: Os índios não acreditavam em Jesus, nem em Deus, nem em Nossa Senhora, eram antropófagos e comiam cristãos vivos!
> Aluno: Quando eu crescer, vou acabar com todos os índios porque eles são maus e não servem para nada!
> Aluno: Todo cidadão que se recusar a prestar o serviço militar é considerado covarde e traidor da pátria! (Souza, 1982, p.34-5)

Essas falas recolocam na ordem do dia uma antiga questão que instigava o pensamento libertário: o verdadeiro papel da instituição escolar em relação às possibilidades de busca de um conhecimento livre. E é interessante comparar as falas dos alunos, que expressam o cotidiano das práticas pedagógicas, com a lengalenga formal do "discurso pedagógico" do diretor na saudação de boas-vindas para que possamos compreender os mitos do discurso escolar, as mentiras que parecem verdades:

Uma nova fase de suas vidas hoje se inicia. Para trás ficaram os dias da infância, da professora maternal e boazinha, dos risos, das brincadeiras. (Risos) Sábio é o homem que nunca riu. É tempo, agora, de construir o futuro cidadão. Daqui sairão, quem sabe, aqueles que um dia irão governar nosso povo e esta imensa, generosa e rica nação. (idem, p.37)

A *aurora da minha vida* mostra a submissão do aluno a um conhecimento dado como um conjunto de fatos e noções a ser memorizado, que prepara o estudante para obedecer as ordens absurdas e conformar-se com o arbítrio de qualquer autoridade. Na peça, o primeiro aluno da classe é uma espécie de criado feliz, elogiado pelo diretor, porque ele é "muito estudioso, obediente, religioso, decora tudo fácil, não é respondão..." (idem, p.13).

A leitura como castigo

A leitura é dada como castigo ou como obrigação tediosa a ser cumprida, desestimulando assim o amor à leitura, o desejo de saber, o prazer de conhecer, o gosto de descobrir o mundo. A professora entra em cena mandando o aluno ler. Assim que ele inicia a leitura do primeiro verso, é interrompido pelos gritos da mestra: "A poesia não tem nome? Ou foi o senhor que a escreveu?" Manda outro aluno ler: "Aluno 2: De Lindolfo Gomes, *Língua Pátria*: Amo-te, ó minha língua portuguesa/ Doce, maviosa, rica e feiticeira/ De todas do universo és a primeira / Que nenhuma haverá de mais beleza" (Souza, 1982, p.31).

A professora reclama da má interpretação, da falta de pontuação, da ausência de ritmo e de sentimento. Começa então a ler e, quando se encontra no auge interpretativo, os alunos estouram de rir e um aviãozinho de papel passa rente à professora (idem, p.32). Resultado: castigo para as férias: cópia dos textos da página 1 à página 100.

As cópias desenfreadas de textos apontam para o automatismo e para a repetição, características da escola de massas.

Lembrando, o visitante pensa: "acho que nunca vou ter saudade da aurora da minha vida" (idem, p.17).

Educação sem comunicação e violência simbólica

Apresentando o ensino na Língua Portuguesa, como algo severo e penoso, Naum Alves de Souza revela a intenção implícita deste ensino, a de colocar o aluno "em seu devido lugar", na posição de contemplador ignorante, impedido de falar, como se a aprendizagem da língua nada tivesse a ver com sua prática.

Max Weber, ao tratar da dominação burocrática, preocupou-se com a influência exercida pela escola sobre os estudantes, no tocante ao ensino da língua:

> O âmbito da influência autoritária das relações sociais e dos fenômenos culturais é muito maior do que à primeira vista parece. Valha, como exemplo, a sorte da dominação que se exerce na escola, mediante a qual se impõem as formas de linguagem oral e escrita que valem como ortodoxas. Os dialetos, que funcionam como linguagem de chancelaria de uma associação política autocéfala, isto é, de seus senhores, se convertem em sua forma de linguagem e escritura ortodoxa e determinam as separações "nacionais" (por exemplo, Holanda e Alemanha). A autoridade dos padres e da escola levam sua influência muito mais além daqueles bens culturais de caráter (aparentemente) formal, pois conforma a juventude e, dessa maneira, os homens. (Weber, 1969, p.521).

O importante a reter é que, na escola, a dominação é exercida por meio de bens simbólicos, isto é, a dominação passa pela imposição da forma ortodoxa de linguagem. As relações simbólicas convertem-se, na escola, em relações de forças simbólicas. O poder que submete os estudantes obtém o conformismo dos homens. No meio ambiente, as relações de forças determinam quem pode falar, a quem e como. A escola atribui poder à linguagem dominante e condena os outros ao silêncio submisso.

Segundo Bourdieu (1974), a relação de comunicação não é simplesmente uma operação de codificação-decodificação. É, sim, uma relação de força simbólica, determinada pela estrutura do universo social em que se dá a comunicação.

No meio ambiente escolar, as relações de comunicação são tecidas na estrutura burocrática de autoridade; por isso falamos em educação vinculada à violência simbólica, educação com base em comunicados, porém, sem comunicação verdadeira, sem diálogo. Nesse quadro, a língua é tratada como uma coisa de museu. É congelada como se fosse algo que não estivesse em constante evolução e em ebulição, com seus dialetos, gírias, neologismos etc. Procurando esquecer que a língua está na boca do povo, a escola opera com o princípio de "museificação" da língua, com a desculpa de protegê-la do vandalismo dos estudantes. Tratada com tediosa deferência, a língua – cerne de nosso ser pensante – torna-se um precioso instrumento de opressão (Luft, 1985). É que o ensino da língua, fundado na hipertrofia gramatical e nas formas ortodoxas de linguagem, submete o estudante à muda contemplação de sua "incompetência", e quando ele é obrigado a praticar a língua, sente-se tão culpado como quem comete uma falta grave. O problema deste ensino é a "postura servil que se incute nos estudantes, diante das pretensas autoridades, dos que ditam a gramática e comandam as regras, como se os gramáticos fossem os donos da língua" (idem). Os pretensos donos da língua jogam ao lado dos donos do poder. A imposição da forma ortodoxa de linguagem, assim como a hipertrofia gramatical impedem o exercício da liberdade. A linguagem é o chão da liberdade; é por meio dela que os homens tomam consciência de si e do mundo, tornando-se capazes de criar projetos e mudar a vida. A imposição das formas ortodoxas de linguagem conforma os estudantes e facilmente engendra a submissão. Enredados nas palavras, com medo delas, os estudantes inseguros e infundidos de gagueira existencial preparam-se para, no futuro, integrar o bloco dos cidadãos dóceis e submissos.

Linguagem e mito da escola de massas

Os rituais da pedagogia burocrática, a leitura como castigo, a conformidade cega ao programa, as provas e os exames constantes, as diversas formas de avaliação – sempre fundadas em padrões quantitativos –, a dependência excessiva dos regulamentos formais, fazem da escola um lugar de angústia. Lugar onde se aprende a proibição do diálogo e da comunicação, o individualismo excessivo, a competição, o sentimento de inferioridade, a submissão, o medo do conflito, a insegurança, a dependência.

Enquanto isso, os rituais burocráticos verbalizados nos programas escolares apresentam-se sempre os nobres e solenes, tais como: "Formar o futuro cidadão", "fornecer as sólidas bases morais e educacionais, os alicerces do futuro" (Souza, 1982, p.37).

Os objetivos formais verbalizados tentam esconder, ao mesmo tempo que deformam, mas também revelam a (des)educação em direção ao adestramento.

Nesse sentido, a linguagem escolar é um mito. Mito na acepção de Roland Barthes. O mito como uma linguagem. Linguagem que não esconde o sentido, mas deforma-o, inocentando a intenção. Nas palavras de Barthes (1975, p.131):

> Na superfície da linguagem, algo se imobiliza: o uso da significação está escondido sob o fato, dando-lhe um ar mortificador, mas, simultaneamente, o fato paralisa a intenção, impõe-lhe como que uma inconfortável imobilidade: para inocentá-la, congelá-la.. É que o mito é uma fala roubada e restituída. Simplesmente, a fala que se restitui não é exatamente a mesma que foi roubada: trazida de volta, não foi colocada no seu lugar exato. É esse breve roubo, esse momento furtivo de falsificação que constitui o aspecto transido da fala mítica.

Assim, na escola burocrática, entendida como um mito, as linguagens verbal e não-verbal encontram-se em relação contraditória, em que a primeira tenta esconder e inocentar a segunda, congelando-a, imobilizando-a. Nesse jogo de esconde-esconde, nesse breve momento de falsificação que deforma o sentido, encontra-se o mito escola, que coloca a educação, ou melhor, a ideologia da educação, no centro da vida social, afirmando a igualdade de oportunidade e dizendo que todo indivíduo estudioso e esforçado pode progredir na sociedade, como se não houvesse limites impostos pelas condições sociais objetivas. O mito da educação conserva o fetiche autoritário porque "tal centralidade da educação implica a valorização da convergência e da massificação", que invadiu ideologias, políticas educacionais e práticas pedagógicas (Cambi, 1999, p.394).

A palavra e o fetiche da autoridade burocrática

Na escola de massas da época do governo militar, o modo de expressão da autoridade era fundado na concisão e na inexistência de ambiguidade para que a ordem dada fosse imediatamente entendida e cumprida. A ordem não era acompanhada de justificação. Ela deveria ser simplesmente executada. Porém, não se pode esquecer que, na escola burocrática de massas, a autoridade só se pronuncia sobre problemas de sua competência particular, problemas precisos e circunscritos. As palavras traduzem-se em atas, relatórios e memorandos. E, depois de pronunciadas, viram coisas que, tornadas poderosas pela burocracia, servem para alimentar o fetiche da "autoridade necessária" (Motta, 1985).

O processo de adestramento voltado para a submissão contribui para reproduzir as desigualdades sociais e a ideologia dominante. É interessante lembrar aqui os exercícios de completar frases dados nas mais variadas disciplinas, nas escolas de Primeiro e Segundo Graus. Tais exercícios fazem com que o aluno busque, por meio de um esforço de memória, a palavra do outro, e não sua palavra. Dessa forma, eles bloqueiam o pensamento e, por isso, constituem verdadeiros exercícios de submissão.

Depois de criar a insegurança, a escola burocrática oferece modelos de identidade. E as pessoas passam a identificar-se com suas funções, com seus papéis, com os departamentos, com a organização. E reduzem-se ao papel desempenhado na burocracia. O processo de submissão é essencial para a reprodução do poder e da desigualdade. Ele atinge o indivíduo lá no fundo de seu ser. De acordo com Fernando Prestes Motta "existe, portanto, claramente, uma influência da organização sobre as estruturas inconscientes da personalidade". O processo de submissão caracteriza-se pela perda de finalidade, do sentido e da crítica, pela despersonalização das relações entre os indivíduos e pela atribuição de personalidade à organização. Inseguro, o indivíduo só consegue ter uma sensação de liberdade e engrandecimento identificando-se com a organização burocrática (Motta, 1985).

Cada vez menos preocupada com o desenvolvimento humano, e mais preocupada com o desenvolvimento profissional e com a inculcação, a escola burocrática de massas exacerba a angústia. Conformando o estudante, ela o atrai para seus símbolos de prestígio: títulos, elogios, honrarias, influência pessoal dos donos do saber etc...Para os menos submissos, oferece os rituais de punição, como as repressões, os sarcasmos e as retrações que visam ao engajamento moral do aluno. Mesmo assim, na escola burocrática de massas, fala-se muito em "preparar para a vida". Prestes Motta lê esta frase como a preparação "para ser enquadrado e condicionado", para um dia "enquadrar os outros" (idem).

O resultado do ensino burocrático, segundo Michel Lobrot (1974, p.125), é que "a juventude tornada passiva nada pode fazer além de se submeter aos estereótipos da juventude, antes de se transformar numa geração adulta que, por sua vez, terá medo da juventude".

Sob a aparência de tranquilidade, os jovens saem da escola ansiosos, inseguros e apáticos. A educação burocrática cria a insegurança, a inércia. E isso provoca angústia. Angustiado, o jovem pede segurança. E, então, é reproduzindo o que aprendeu na escola burocrática de massas que ele vai procurar sua segurança. Sob a aparência da despreocupação e da alegria jovial, o "produto" da escola burocrática esconde muitas cicatrizes. Sem saber enfrentar os conflitos, assimila-os, conservando a aparência de que tudo vai bem. E com total indiferença ao social e político, agarra-se a seus pequenos cargos e assim satisfaz a "paixão burocrática" que lhe foi inculcada. Na sociedade de massas, cada vez mais, a escola constitui-se em fábrica de homenzinhos adaptados e prontos para serem utilizados (Tragtenberg, 1982).

A aurora da minha vida mostra a escola como um mundo fechado em si mesmo, um mundo fora do mundo. E, sob a aparência de algo velho e ultrapassado, acaba com a personalidade do jovem, massifica o indivíduo, levando-o a um modo de ser e de (não) pensar que sustenta a tecnoburocracia da sociedade administrada porque adestra o jovem e, dessa forma, conforma os homens a viverem na sociedade autoritária.

Por isso vale concluir este tópico com um trecho do diálogo entre a velha Professora e o Visitante:

Professora: Você estava com saudade?
Visitante: Eu não sei por que eu resolvi pensar na escola.
Professora: Não sabe, meu filho?
Visitante: Sabe como eu me lembro da escola? Às vezes como uma coisa boa, às vezes como um lugar onde eu estava sempre angustiado.
Professora: Você não gostava dos professores?
Visitante: Eu não sei se gostava mesmo ou se era um dever como um dever de gostar da Pátria, da família. Acho que me contaram muita história mentirosa, que não correspondia à verdade. (Souza, 1982, p.17-8)

Fonte jornalística

LUFT, C.P. *Língua e liberdade. FSP*, 18.9.1985, p.3.

Referências bibiográficas

ADORNO, T., HOKHEIMER, M. *Dialética do esclarecimento*. Rio de Janeiro: Zahar, 1985.
ADORNO. T. W. *Educação e emancipação*. Rio de Janeiro: 1995.
_____. Teoria da semicultura. *Educação e Sociedade*. no. 55, agosto de 1996, p.388-411.
ANTUNES, E. *Uma leitura analítica da peça 'A aurora da minha vida', de Naum Alves de Souza'*. Artigo disponível na internet, 2005
BARTHES, R. *Mitologias*. 2ª.ed. São Paulo, Difel, 1975.
BOURDIEU, P., PASSERON, J. *A reprodução*: elementos para uma teoria do sistema de ensino. Lisboa: Vega, s.d.
_____. *A economia das trocas simbólicas*. Org. de Sérgio Miceli. São Paulo: Perspectiva, 1974.
BRAVERMAN, H. *Trabalho e capital monopolista*: a degradação do trabalho no século XX. Rio de Janeiro: Zahar, 1977.
CAMBI, F. *História da pedagogia*. São Paulo: Unesp, 1999.
FREIRE, P. *Ação cultural para a liberdade*. 4ª.ed. Rio de Janeiro: Paz e Terra, 1979.
GERMANO, W. *Estado militar e educação no Brasil (1964-1985)*. São Paulo: Cortez, 1993.
LOBROT, M. *Pedagogia institucional*. Buenos Aires: Humanitas, 1974.

MARRACH, S. A. A *Linguagem e escola burocrática*. São Paulo: Didática, 22/23: 49-57, 1986/87.

MARTINS, C. B. *Ensino pago*: um retrato sem retoques. São Paulo: Global, 1981.

MOTTA, F.P *Organização e poder*: empresa, estado, escola. São Paulo: (Tese de Livre-Docência),Universidade de São Paulo, 1985.

PORCHER. L. *L'ecole parallèle*. Paris: Larrousse, 1974.

RAMOS, G. *Memórias do cárcere*. v.1.Rio de Janeiro: Record e Martins, 1976.

SOUZA, N. A . *A aurora da minha vida*. São Paulo: MG. Editores, 1982.

SPÓSITO, M .P. *O trabalhador-estudante*: um perfil do aluno do curso superior noturno. São Paulo: Loyola, 1989:115)

TRAGTENBERG, M. *Sobre educação, política e sindicalismo*. São Paulo: Autores Associados, Cortez, 1982.

_____. *Administração, poder e ideologia*. São Paulo: Cortez e Autores Associados, 1989.

WEBER, M. *Economia y Sociedad*. México: Fondo de Cultura Economica, 1969.

8
NEOLIBERALISMO E EDUCAÇÃO NA NOVA REPÚBLICA:
RETÓRICA DEMOCRÁTICA, ESCOLA EM RUÍNAS E ALGUMAS EXCEÇÕES

Depois da leitura de *A aurora da minha vida*, vale colocar a questão: a ditadura militar acabou em 1985. E o ensino, recuperou a qualidade que tinha antes da lei 5.692 e da Reforma Universitária de 1968? O que aconteceu com ensino das disciplinas da área de Ciências Humanas na Nova República?

Para responder a essas questões, em primeiro lugar, precisamos lembrar da inércia das estruturas das escolas de ensino básico e médio – muito maior que a do ensino universitário. Disciplinas como Organização Social e Política do Brasil e Educação Moral e Cívica não saíram do currículo com o fim da ditadura. História e Geografia voltaram a fazer parte das disciplinas obrigatórias, porém com pequena carga horária e com falta de livros para alunos do Ensino Fundamental II e Médio, como veremos adiante. Filosofia e Sociologia passaram a ter caráter facultativo, podendo ou não compor o currículo do ensino médio em sua parte diversificada.

Isso acontece, embora os Parâmetros Curriculares Nacionais apontem essas disciplinas, principalmente com História e Geografia como as responsáveis pela "formação do cidadão", para "o aprimoramento da pessoa humana, incluindo a ética e o desenvolvimento da autonomia intelectual e do pensamento crítico, e a compreensão dos fundamentos científicos-tecnológicos dos processos produtivos" (Brasil, 1997, p.3).

Novamente, estamos diante de um mito que usa uma retórica vazia: o mito da educação para a cidadania, tomado do Iluminismo – matriz do pensamento educacional contemporâneo, que buscava o esclarecimento e a autonomia do indivíduo para fazer dele um cidadão, capaz de cuidar de seu bem-estar, sem se esquecer de cuidar da *coisa pública*. Porém, com a transformação do Iluminismo em educação de massas, o direito de "cidadania" é estendido a todos, como se todos pudessem ser "esclarecidos" por meio da escola de massas, que dá uma ração chamada semiformação, pública, gratuita e igual para todos, usando o jargão crítico como a última fórmula petrificada da vanguarda institucionalizada. E não é demais lembrar que a sociedade administrada de massas, sob hegemonia da ideologia neoliberal, não requer espírito crítico, nem direitos de cidadania, mas capacidade de adaptação, docilidade e esforço para a realização do trabalho, além do consumismo, é claro.

Para melhor compreendermos a situação, precisamos considerar que, embora a Nova República tenha restabelecido a democracia política, ela nasceu no contexto da globalização, na *era do desmoronamento*, em que, segundo Hobsbawm, caíram não só o muro de Berlim e a URSS, como também o Estado do Bem-Estar Social, juntamente com os direitos sociais, trabalhistas e de cidadania. Além do mais, numa sociedade em que a tecnologia cria o desemprego, o cidadão foi transformado em indivíduo isolado que corre às faculdades particulares, em busca desesperada de emprego, independentemente da *coisa pública*, que ele já não sabe mais nem o que é. Então fica difícil acreditar em educação para a cidadania num contexto em que a democracia é corroída por dentro. Só a título de comparação, desde o *Manifesto de 1932* até a *Campanha da escola pública dos anos 1950-1960*, os educadores pensavam a universidade como meio para contribuir com o desenvolvimento do País. Hoje, o diploma de curso superior não garante nem o futuro do estudante.

"Vivemos uma época de profundas transformações econômicas, que determinam aceleradas modificações no universo das relações polícias e sociais" (Romão, 1996, p.82). A globalização levou ao processo de enfraquecimento do Estado-nação e de fortalecimento das instituições supranacionais, como o FMI e o Banco Mundial. No fundo, os sucessivos governos da Nova República mantêm a política educacional do Banco Mundial, que vem reforçando a política de privatização do ensino e, consequentemente, o processo de massificação da cultura escolar, acelerando cada vez mais a transformação da educação em Indústria Cultural, em semiformação, em semicultura. Por isso, a Indústria Cultural do ensino tem crescido, crescido muito; durante a Nova República, as faculdades isoladas multiplicaram-se e, muitas delas transformaram-se rapidamente em universidades.

Sob a ideologia do neoliberalismo, o chamado *Estado mínimo* deixou de lado seu dever de investir na educação pública – antes considerada direito de todos – e passou a ser, simplesmente, um Estado avaliador, fazendo, cada vez mais e mais exames nas escolas e universidades, criando até uma indústria de consultoria para assessorar as instituições a enquadrar-se nas normas dos novos processos de avaliação.

Nesse quadro, vale lembrar que o neoliberalismo é muito diferente do liberalismo. O liberalismo dos Pioneiros da Escola Nova de 1932 tinha um componente democrático e propunha a educação como um direito do cidadão e um dever do Estado, como já foi visto no sexto capítulo.

O neoliberalismo enfatiza mais os direitos do consumidor do que as liberdades democráticas, contesta a participação do Estado no amparo aos direitos sociais, representando, assim, uma regressão no campo social e político. Na política neoliberal, a educação deixa de ser parte do campo social e político, da esfera pública liberal, para ingressar no mercado e funcionar a sua semelhança (Silva, 1994).

Conforme Albert Hirschman (1992), este discurso apoia-se na "tese da ameaça", isto é, num artifício retórico da reação, que enfatiza os riscos de estagnação que o Estado do Bem-Estar Social representa para a livre-iniciativa: para a produção de bens de consumo, maquinário, para o mercado, para a "nova ordem mundial". No Brasil, embora não haja Estado do Bem-Estar Social, a retórica neoliberal é basicamente a mesma. Atribui à participação do Estado em políticas sociais a fonte de todos os males da situação econômica e social, tais como a inflação, a corrupção, o desperdício, a ineficiência dos serviços públicos, os privilégios dos funcionários. Defende uma reforma administrativa, fala em reengenharia do Estado para criar um "Estado mínimo", afirmando que sem essa reforma o País corre o risco de não ingressar na "nova ordem mundial".

A retórica neoliberal atribui um papel estratégico à educação e determina-lhe basicamente três objetivos:

1) Atrelar a educação escolar à preparação para o trabalho e a pesquisa acadêmica ao imperativo do mercado ou às necessidades da livre-iniciativa. Assegura que o mundo empresarial tem interesse na educação porque deseja uma força de trabalho qualificada, apta para a competição no mercado nacional e internacional. Fala-se em uma nova vocacionalização, isto é, numa profissionalização situada no interior de uma formação geral, na qual a aquisição de técnicas e linguagens da informática e conhecimentos de matemática e ciência adquirem relevância. Valoriza as técnicas de organização, o raciocínio de dimensão estratégica e a capacidade de trabalho cooperativo (Paiva, 1994).

Sobre a associação da pesquisa científica ao *ethos* empresarial, é preciso lembrar que, segundo Michael Apple, na sociedade contemporânea, a ciência transforma-se em capital técnico-científico. E as grandes empresas controlam a produção científica e colocam-na a seu serviço de diversas formas: a) por meio do controle de patentes, isto é, controle de produtos de tecnologia científica. Assim, percebem as novidades e empregam-nas, antecipando tendências no mercado; b) por meio da pesquisa científica industrial organizada na própria empresa; e c) controlando o que Apple chama de pré-requisitos do processo de produção científica, isto é, a universidade. A integração da universidade à produção industrial, baseada na ciência e na técnica, transforma a ciência em capital técnico-científico.

2) O segundo objetivo educacional do neoliberalismo é o de fazer da escola um meio de transmissão de seus princípios doutrinários. O que está em questão é a adequação da escola à ideologia dominante. Esta precisa sustentar-se também no plano das visões do mundo, por isso a hegemonia passa pela construção da realidade simbólica (Silva, 1994). Em nossa sociedade, a função de construir a realidade simbólica é, em grande parte, preenchida pelos meios de comunicação de massa, mas a escola tem um papel importante na difusão da ideologia oficial.

O problema para os neoliberais é que, nas universidades e nas escolas, durante as últimas décadas, o pensamento especular, conforme Alfredo Bosi (1992), tem convivido com o pensamento crítico nas várias áreas do conhecimento e nas diversas práticas pedagógicas. Nesse quadro, fazer da universidade e da escola veículos de transmissão dos princípios neoliberais pressupõe um reforço do controle para enquadrar a escola a fim de que ela cumpra, de forma mais eficaz, sua função de reproduzir a ideologia dominante.

3) O terceiro objetivo do neoliberalismo é fazer da escola um mercado para os produtos da Indústria Cultural e da informática, o que, aliás, é coerente com a ideia de fazer a escola funcional de forma semelhante ao mercado, mas é contraditório porque, enquanto no discurso, os neoliberais condenam a participação direta do Estado no financiamento da educação, na prática não hesitam em aproveitar os subsídios estatais para divulgar seus produtos didáticos e paradidáticos no mercado escolar (Silva, 1994).

Nesse contexto de hegemonia do neoliberalismo, gostaríamos de discutir a indústria do livro didático, ou melhor, o problema do livro didático – principal meio de comunicação e de esclarecimento da cultura escolar – nas escolas públicas da Nova República.

A Indústria Cultural do livro didático ou o ensino quase sem livro

Durante os anos 80, discutia-se muito o problema da utilização do livro didático, suas limitações, enfim, o problema de se cair no mundo do receituário, da fórmula pronta (Franco, 1982). Propunha-se a utilização de textos mais reflexivos, mais elaborados, de autores variados, para que o aluno aprendesse a pensar. Mais ainda, colocava-se a necessidade de deixar que as questões da realidade social e política entrassem na escola, por meio de artigos de jornal, de matérias de outros meios de comunicação e da fala do aluno (Freire & Guimarães, 1984).

Contudo, se perguntarmos o que foi feito daquelas discussões na Nova República, vamos nos deparar com o problema da Indústria Cultural do livro didático, ou com a política de "distribuição de livros didáticos na escola pública".

Desde 1985, os governantes falam em políticas públicas sociais, e desenvolvem o Programa Nacional do Livro Didático (PNLD).

Este Programa, de acordo com a Constituição de 1988, constitui uma estratégia de apoio à política educacional para garantir ao educando material didático-escolar. Seguindo os preceitos da Constituição de 1988, que estabelece o dever do Estado de atender ao educando com material didático-escolar, para garantir a obrigatoriedade do ensino, a Nova República implementou o Programa Nacional do Livro Didático (Höfling, 2000).

Mas, em que pese o caráter democrático da distribuição gratuita do livro didático que, desde então, vem sendo entendida como uma função do Estado, o problema é que, na prática pedagógica cotidiana, o Programa só funciona até a quarta série. Já no chamado Ensino Fundamental II e no Ensino Médio, o Programa não funciona. E por que não funciona, o leitor poderia perguntar?

Para responder a essa pergunta, fizemos uma pesquisa sobre o ensino de História nas escolas de Ensino Fundamental II e Médio da cidade de Marília e região, que desenvolvemos com a colaboração dos alunos do segundo ano de Pedagogia, entre os meses de agosto e dezembro de 2004.

A pesquisa constou de entrevistas com professores, alunos e análise do programa de ensino, combinadas com observação em sala de aula, em cada uma das 28 escolas públicas e nas escolas particulares da cidade.

Enquanto nas escolas particulares, todos os alunos tinham apostilas ou livros (muito mais apostilas que livros) nas escolas públicas de Ensino Fundamental II, via de regra, só havia livros didáticos para a metade da classe. É isto que queremos discutir aqui: o ensino quase sem livro nas escolas públicas.

Encontramos salas de aula superlotadas, com alunos desinteressados, professores cansados e livros didáticos, sempre e invariavelmente, em quantidade inferior ao número de alunos de cada sala. Em média, para uma classe com 40 alunos, há somente 20 livros, e "normalmente" o que não foi escolhido pelo professor.

Então, os alunos não podem levar o livro para casa porque têm de dividir com o colega e porque, além disso, o livro tem de durar três anos, passar por três turmas! Ou seja, o livro não pertence ao aluno, mas à escola; fica guardado no armário da sala de aula, ou na biblioteca, disponível apenas para consulta. E as bibliotecas das escolas públicas nem sempre funcionam.

Nesse quadro, o aluno não lê, a não ser na classe, durante a aula, enquanto uma professora, impotente, coloca a matéria na lousa, dizendo: este é o "texto" da aula, para uma classe que só quer saber de conversar, andar, sair da sala etc. Os professores tentam usar outros recursos para chamar atenção dos estudantes, tais como filmes, notícias de jornal, letras de música. Porém, sem formação para discutir os produtos dos novos meios de comunicação, o assunto esgota-se na mensagem do meio.

Observamos que a indisciplina e o desinteresse dos alunos são práticas corriqueiras e que o professor fica estressado e impotente, porque qualquer apelo seu é respondido com a alegação de que "você vai ter de me aprovar de qualquer jeito", por causa da chamada *Progressão continuada*. Essa medida tem uma parcela de responsabilidade não pequena no estímulo da malandragem entre os adolescentes e na crise de autoridade vivida pelo professor da escola pública, que tirou o direito do professor reprovar o aluno que não quer aprender, contribuindo assim para apertar os parafusos da engrenagem e para acrescentar mais uma perda à figura do professor. Ele, que já havia perdido a autonomia intelectual durante o governo militar, na Nova República, perde o pouco de "autoridade" moral que lhe restava, para fazer a mascarada da autoridade anônima, que faz de conta que o aluno pode escolher o que quer aprender para ser "crítico" e para ser preparado para a "cidadania".

Assim, verificamos que o ensino de História se dá em classes superlotadas, indisciplinadas, em salas chamadas de salas ambientes, mas que de ambiente só têm o nome, com alunos desinteressados, alguns dos quais desconhecem as normas de bom comportamento e boas maneiras, outros são até agressivos com os professores.

Nas entrevistas, os professores falam em "formação para a cidadania", elaboram programas com belas palavras, de acordo com os Parâmetros Curriculares, e dizem que usam vários livros para a preparação da aula.

Porém na prática pedagógica cotidiana, sentem-se completamente impotentes para dar uma aula para uma classe quase sem livro, ou melhor, com livro só para a metade dos alunos e, por isso, quase sem leitura. Em suma, nossa pesquisa mostrou que o PNLD não funciona porque, sistematicamente, o governo fornece livros em quantidade insuficiente. Para uma classe de 40 alunos, só há 20 livros que, portanto, precisam ser compartilhados com os colegas e não poderão ser levados para casa. O livro fica na escola. Além disso, o livro tem de durar três anos, para ser usado por três turmas consecutivas! Assim, na prática, o que poderia ser um programa de democratização da leitura tornou-se uma medida populista, com falso caráter assistencialista, que acabou inventando o ensino quase sem livro em pleno século XXI.

Pergunto ao leitor: como se aprende História sem levar o livro para ler em casa? Como se aprende Geografia, Sociologia, Filosofia, sem ler?

Vale ressaltar que o livro é o principal meio de comunicação da cultura humanística e da cultura escolar, e que sua falta aponta para o sério problema da formação dos estudantes.

Dessa maneira, embora as reformas educacionais tenham atingido a quase universalidade do Ensino Fundamental, e atualmente a escola pública esteja incorporando os grupos sociais antes excluídos do Ensino Médio (ensino que cresceu 57% entre 1994-1999 e 11,5% em 2000), se perguntarmos que tipo de formação cultural e humanística os estudantes da escola pública de Ensino Fundamental II e de Ensino Médio estão recebendo, nossa tese é a de que as sucessivas reformas da educação, feitas pelo governo militar e durante a Nova República, transformaram o processo de democratização do ensino em um processo de massificação da cultura escolar humanística, em que o ensino, embora público, assimila as técnicas da Indústria Cultural, e a formação humanística cultural fica reduzida ao que Adorno chamou de semiformação ou semieducação. O mais grave, neste quadro, é o modo como tem sido e implementado o Programa Nacional do Livro Didático, que, em vez de garantir o material didático-escolar aos alunos, como estabelece a Constituição de 1988, serve apenas para reforçar a indústria do livro didático, consolidar a massificação do ensino e fazer da escola uma fábrica de analfabetos funcionais.

Embora o discurso educacional neoliberal use a retórica da penúltima tendência do pensamento crítico e fale em educação transformadora, conscientizadora, para a cidadania, na prática, o ensino quase sem livro conserva o aluno na menoridade intelectual, instituindo a massificação da cultura escolar, o anti-Iluminismo, a semiformação e o analfabetismo funcional.

Só para comparar alguns dados, vimos que o Império deixou à República uma herança de 78% de analfabetos. E, atualmente, depois de 116 anos de vida republicana, a taxa de analfabetismo funcional é de 77%, de acordo com o Ibope (*FSP*, 12.9.2004, A 2). Para o IBGE, a taxa de analfabetos clássicos é de 11,6% e a de analfabetos funcionais, de 24,8%, pois seu critério considera analfabetos funcionais pessoas com mais de 15 idade, com menos de 4 anos de escolaridade (*OESP*, 19.3.2006, H18).

Enfim, no Brasil, durante as duas últimas décadas, a grande maioria das escolas públicas (há honrosas exceções em função da criatividade de professores e diretores) tornou-se "terra de ninguém", um lugar decadente, com prédios sujos, pichados, vidros quebrados, corredores fétidos, salas empoeiradas, carteiras quebradas, professores mal pagos e estressados, e alunos cuja maioria faz apenas o essencial para passar de ano; pouquíssimos estudantes buscam a escola como lugar de reflexão. E, o pior, geralmente, há alguns alunos ligados às gangues que fazem repercutir, na escola, os problemas do tráfico de drogas e a violência física que esgarça o tecido social.

As escolas particulares, embora em melhor estado geral, não escapam ao processo de massificação. A maioria procura preparar o aluno para o vestibular desde pequeno, com base em apostilas, na linha do "dá-lhe conteúdo", em que o professor é convertido em transmissor de informações. Os estudantes pouco aprendem; os que desejam os cursos universitários mais concorridos se preparam para o vestibular nos cursinhos.

Mas enquanto as escolas públicas e particulares estão pedindo reforma em todos os sentidos, da infraestrutura dos prédios aos salários dos professores, passando pelo Programa do Livro Didático e pelas apostilas, ocorre um processo contrário. Tanto as escolas públicas quanto as particulares precisam de mudanças de métodos de ensino, de novas relações entre alunos e professores, de mudança da estrutura da sala de aula, enfim, de uma transformação radical na estrutura educacional do Ensino Fundamental e Médio. Porém, nesse quando, o governo central faz a Reforma Universitária para aprofundar o processo de massificação do ensino superior.

Universidades públicas em ruínas: metáfora ou herança?

Apesar de todos os pesares, não se pode esquecer que a reforma de 1968, embora tenha estimulado a Indústria Cultural do ensino, como vimos no capítulo anterior, no que diz respeito às universidades públicas, modificou a estrutura de cátedra, instituiu o regime departamental e o tempo integral dos professores, garantindo, assim, o vínculo entre ensino e pesquisa. As agências de financiamento da pós-graduação concederam substanciosos recursos, além de um amplo sistema de bolsas de mestrado e doutorado, o que gerou crescimento de sociedades científicas nas diversas áreas de conhecimento. É claro que tudo isso burocratizou a universidade, fazendo dela uma organização complexa, burocrática, onde o professor universitário se tornou uma mistura de administrador da instituição e empresário da ciência, que esgota seu tempo integral fazendo projetos e currículos para solicitar bolsas e recursos de estrutura e infraestrutura para pesquisa (Coser, 1968). Porém, escreve Trindade, "As políticas dos governos militares estabeleceram uma divisão de trabalho entre universidades públicas e privadas: investiram fortemente em pesquisa e pós-graduação das públicas e estimularam o crescimento das instituições privadas, como já foi visto acima, para que estas se especializassem no ensino de graduação de massa". Vale lembrar que as universidades públicas brasileiras são responsáveis por 90% da pesquisa científica e tecnológica feita no País (Trindade, 1999, p.29), embora o setor privado seja indiscutivelmente dominante em número de matrículas.

Bem, mas o que a Nova República fez e está fazendo com a universidade pública assim constituída?

Parece que apesar da retórica "democrática", a Nova República optou claramente pelo sistema de ensino privado, deixando de investir nas universidades públicas. Voltou-se para uma nova demanda, a do estudante trabalhador, levando à universidade alunos cuja mentalidade e cujo futuro são diferentes daqueles ligados à cultura universitária que permeou a criação da Universidade de São Paulo, em 1934, a partir de um compromisso institucional entre as tradicionais faculdades profissionais e o embrião da universidade: a Faculdade de Filosofia, Ciências e Letras, fundamentada na pesquisa, e em cujo padrão se baseou a criação das universidades estaduais paulistas, como a Unesp, a Unicamp, as universidades federais e as confessionais católicas.

Trata-se de uma demanda de consumidores de cultura, que procura encaixar-se no mercado de trabalho com rapidez, ou galgar postos na carreira, por meio de cursos especializados, de caráter profissionalizante e, preferencialmente, de curta duração e a distância.

Nesse contexto, segundo Trindade, os governos da Nova República fizeram a opção: é mais interessante qualificar o sistema privado, que representa 75% das matrículas, do que investir na universidade pública e em sua expansão. Em 1995, houve até uma tentativa frustrada de transformar as universidades federais em "públicas não-estatais", isto é, numa forma de privatização branca. Porém, por causa de protestos da academia, a ideia malogrou.

De qualquer forma, importa reter que os governos da Nova República pararam de investir nas universidades públicas. Assim, deixam "sobreviver, ainda por dez anos, a geração de mestres e doutores, na qual se investiu durante três décadas, oferecendo condições adequadas para que a universidade pública brasileira se tornasse a melhor da América Latina e entrega ao mercado mais um de seus patrimônios públicos" (Trindade, 1999, p.36-7).

Na visão dos neoliberais ligados ao periódico *Policy perspective*, da Universidade da Pensilvânia, a universidade precisa

[...] responder a diversas necessidades que lhe são externas, tornando-se uma "organização multifuncional, indispensável e utilitária." Este modelo tende à flexibilização, à separação entre docência e pesquisa, à maior seletividade na pesquisa, deixando a docência e a prestação de serviços sociais e econômicos na universidade e a pesquisa em centros de excelência. (Trindade, in Gentile, 2001, p.18)

Acontece que o capital internacional lançou-se na conquista de duas esferas que os governos democráticos consideravam como patrimônio público prioritário: a saúde e a educação. De acordo com dados de Roberto A. Salmeron (2001, p.4), círculos financeiros dos Estados Unidos, com respaldo da Organização Mundial do Comércio, desde 1994 planejam implementar universidades norte-americanas privadas em diversos países, inclusive na Europa, para realizar a chamada "educação para a empresa", isto é, que nada tem a ver com a formação, própria da universidade, mas, exclusivamente, com a preparação profissional, treinamento, o adestramento para a empresa.

Reforma universitária ou universidades públicas sem professores?

Com os recursos erodidos, as estruturas das melhores universidades públicas do País balançaram. Há um livro que é significativamente intitulado *Universidades na penumbra: neoliberalismo e reestruturação universitária*. De acordo com seu organizador, penumbra tem a ver com sombra, meia-luz, perda de referentes e referenciais; tempos sombrios das universidades públicas, precarização das condições de trabalho docente, em função do resultado das políticas neoliberais para o ensino superior. Pois, do ponto de vista educacional, o Estado, que antes garantia o financiamento das universidades públicas, mudou e passou a ser uma agência fiscalizadora, avaliadora, que determina o grau de eficiência e produtividade das instituições educativas, criticando facilmente o "corporativismo" e a "ineficiência" das universidades públicas (Gentile, 2001). Algumas manchetes de jornais fornecem uma mostra da gravidade da situação: "Número de alunos em faculdades cresce 43%" (*OESP*, 18.6.2000, A 19). "Cai verba para investimento da Unicamp" (*FSP*, 5.2.2004, C1). "Em crise, UFMG corta investimentos e bolsas" (*FSP*, 3.2.2004 C6). "Guerra do tráfico atinge universidades" (*FSP*, 11.2.2004, C7). "Título de doutor perde força na rede privada"(*FSP*, 10.1.2005, C1). "OAB paulista tem novo recorde de reprovação: O último exame reprovou, nas duas fases, 92,8% dos candidatos; para presidente da Ordem, exame não foi difícil" (*FSP*, 23.6.2005, C3). "Mais vagas nas federais. Mas faltam professores"(*OESP*, 14.1.2005, 1A). A matéria referente a esta última manchete mostra que o governo federal pretende dobrar o número de vagas nas universidades federais até 2010, sem, contudo, prever verbas para a contratação de professores. A USP criou o novo *campus* da Zona Leste, mas estudantes, professores e funcionários entraram em greve por causa da falta recursos para contratação de novos professores em tempo integral. A foto que a *Folha* estampou na primeira página é bastante significativa: durante uma manifestação de protesto, uma estudante, devidamente vestida com beca de formatura, segura nas mãos dois pepinos em lugar do diploma (*FSP*, 16.6.2004, A1). A Unesp expandiu seus *campi* e criou novos cursos nos *campi* antigos. Mas faltam professores em tempo integral, isto é, faltam professores para ensino vinculado à pesquisa. Basicamente, a universidade só está contratando professores por hora-aula, sem tempo para pesquisa e sem estabilidade. São contratos precários, só para evitar que os alunos fiquem sem aula; contratos que forçam os professores a venderem sua força de trabalho para diversas universidades ao mesmo tempo, transformando-os em máquinas de dar aula em doses homeopáticas, apoiados em manuais e apostilas para uma massa de estudantes trabalhadores que, como os professores, também não têm tempo para ler, estudar, pesquisar...

Será que um professor que não tem tempo para ler, estudar, pesquisar, que não tem tempo nem de ler jornal, pode ser chamado de professor universitário?

É o tempo do relógio das organizações complexas invadindo a universidade, onde o tempo integral, antes chamado tempo livre, era controlado pela paciência do conceito e pela democracia universitária.

Nesse quadro, o governo estadual vetou o aumento de 30% para 31% da verba do ICMS destinado às universidades estaduais paulistas, aprovado, que resolveria o problema da contratação dos professores (*FSP*, 29.8.2005, C15). E o governo federal lançou um projeto de Reforma Universitária, propondo a criação das "cotas étnicas", aplicando a política do Banco Mundial chamada "discriminação positiva", fundada no pensamento anglo-saxão, "que vê o mundo em termos de grupos 'étnicos' estanques e tem pouco apreço pelo hibridismo cultural" brasileiro. Vale lembrar que o Brasil jamais legalizou a segregação social, veja-se a obra clássica de Gilberto Freyre. A política de cotas reconheceria e legalizaria a existência de raças e preconceitos, negando a mestiçagem brasileira (Fry, *OESP*, 26.6.2005, D9). Está em discussão a substituição das cotas étnicas por uma proposta de inclusão dos alunos das escolas públicas, onde se encontram não só os negros e indígenas, como os pobres e mestiços. O problema é que, sem nenhum investimento nas escolas públicas, apenas com uma canetada, o governo central pretende colocar os alunos das escolas públicas nas universidades públicas. Esquece que, no que diz respeito à inclusão dos alunos das escolas públicas, Usp, Unesp e Unicamp seguem a Constituição paulista, que há 15 anos estabelece a obrigatoriedade de destinar um terço das vagas noturnas das universidades públicas para alunos da rede pública. Este programa de ação afirmativa já vem sendo feito pelas universidades estaduais paulistas (Jorge, *OESP*, 4.7.2005, A2). E que, embora muito se fale em Reforma Universitária para a democratização do ensino, percebe-se que a tendência é de se intensificar o processo de massificação.

Consequentemente, se prevalecer esta linha, a Reforma Universitária ampliará o contingente produzido pela Indústria Cultural do ensino, que Hans Magnus Enzensberger (1995, p.49) chamou de "analfabeto secundário", e assim definiu:

> Ele é uma pessoa de sorte, pois não sofre com a perda da memória; o fato de ele não ter uma mente própria o exime de pressões; sabe dar valor à sua incapacidade de se concentrar em alguma coisa; acha que é uma vantagem não saber e não compreender o que está acontecendo com ele. Ele é ativo. É adaptável. Apresenta uma considerável determinação em conseguir se impor. Não precisamos, portanto, nos preocupar com ele. O fato de o analfabeto secundário não saber que é um analfabeto secundário contribui para o seu bem-estar. Ele se considera bem informado, consegue

decodificar instruções, pictogramas e cheques e se movimenta num mundo que o isola de qualquer desafio à sua confiança. É impensável que ele possa ficar frustrado pelo seu ambiente. Afinal de contas, foi este ambiente que o gerou e o formou para garantir sua própria sobrevivência sem problemas. O analfabeto secundário é o produto de uma nova fase da industrialização. Uma economia cujo problema não é mais a produção, mas, sim, a venda, já não necessita de um contingente disciplinado de reserva. Ela precisa de consumidores qualificados na medida em que os clássicos trabalhadores de produção e funcionários de escritório se tornaram supérfluos.

A universidade diante do poder contemporâneo e a questão da autonomia

Hélgio Trindade bem mostrou que, a partir do pós-guerra, tanto nos países capitalistas quanto nos então chamados países socialistas, a produção científica e tecnológica da universidade – a das chamadas ciências duras – ficou submetida à lógica do Estado e do mercado, indicando que a autonomia universitária foi seriamente atingida pelos poderes políticos e econômicos. "Sem os financiamentos federais maciços nas universidades de maior prestígio, não teria havido o elo entre pesquisa e alta tecnologia, especialmente na área de informática, que viabilizou o fascinante terror do 'videogame' da Guerra do Golfo" (Trindade, 1999, p.20). Desde o massacre de Hiroshima aos clones de nossos dias, passando pelas guerras do Vietnã, do Golfo e a invasão do Iraque, a única coisa que não se pode dizer é que a ciência é inocente.

No Brasil, durante a ditadura militar, tivemos a universidade dominada pelo que Maurício Tragtenberg chamou de "delinquência acadêmica", a delação, a traição do intelectual, a expulsão dos melhores professores, a perda da ética e das finalidades sociais do conhecimento. Escrevendo em 1982 (p.14), afirmou:

> A universidade brasileira, nos últimos 15 anos, preparou técnicos que funcionaram como juízes e promotores, aplicando a Lei de Segurança Nacional, médicos que assinavam atestados de óbito mentirosos, zelosos professores de Educação Moral e Cívica garantindo a hegemonia da ideologia da "segurança nacional" codificada no Pentágono.

Além do mais, na sociedade contemporânea, também as ciências sociais e aplicadas foram afetadas pela lógica do mercado. Trindade enfatiza o "sucesso" dessas ciências no mercado, por meio dos chamados analistas simbólicos, as consultorias privadas, as assessorias legislativas, as agências de análise nacionais e internacionais.

Saber com consciência de si mesmo, a ciência precisa da ética, atingida duramente pelos poderes do Estado e do mercado, que feriram também a autonomia e a cultura universitárias, com o processo de massificação do ensino.

Mas se é verdade que desde o massacre de Hiroshima não se pode dizer que a ciência seja inocente, por outro lado, é preciso considerar a fragilidade da instituição no contexto do mundo contemporâneo. O que acontece no mundo de hoje é a fragilidade da universidade diante do poder e do mercado. Não foi por acaso que Jacques Derrida escreveu *A universidade sem condição*. A incondicionalidade exibe hoje a "impotência da Universidade, a fragilidade de suas defesas perante os poderes que a comandam, assediam-na e tentam dela apropriar-se. Porque é estranha ao poder, porque é heterogênea ao princípio de poder, a Universidade é igualmente desprovida de poder próprio" (Derrida, 2003, p.20).

Diante das complexas relações entre conhecimento e poder, é a universidade, em sua própria essência, que está em crise, daí ser imperioso recolocar a questão da ética, da responsabilidade social da pesquisa e do pesquisador e da universidade contemporânea. Pois desde a "era Thatcher", a universidade encontra-se no dilema de cumprir sua "missão pública numa sociedade em que o espaço público se transnacionaliza" (Trindade, 1999, p.22) e transforma-se com as novas tecnologias de comunicação e de informação.

Eis o desafio: pensar e construir universidades em que a qualidade e a universalidade não sejam princípios excludentes, mas exigências complementares (Gentile, 2001, p.10). Pois massificar a cultura universitária, transformá-la em Indústria Cultural é acabar com a própria essência da universidade. Recordando Walter Benjamin, "quem não olha o passado não pode sonhar com o futuro". Daí a importância da rememoração, da história.

A universidade europeia surgiu no século XII, no coração da cidade medieval, colada à Igreja, mas, contraditoriamente, desde seu nascimento, a universidade foi uma instituição social marcada pelo signo da autonomia (Silva, 1996). O professor universitário foi o primeiro intelectual cujo ofício era estudar, pesquisar, formular um pensamento próprio e transmitir seus conhecimentos aos estudantes (Le Goff, 1995).

Assentada firmemente nesta tradição essencial, a universidade moderna fundou-se na conquista da autonomia do saber em relação à Igreja e ao Estado, isto é, na ideia do conhecimento guiado por sua própria lógica, desde a fase da pesquisa até a da transmissão de conhecimento (Chauí, 1999). Por essa razão, a universidade é inseparável da reflexão, da formação, da criação, do espírito crítico e da experiência, no sentido benjaminiano do termo, de sair de si mesmo e conhecer o mundo com método (Conh, 2001).

Nesta era do Império norte-americano (Hobsbawm, *FSP*, 6.11.2005, M3) e de Indústria Cultural com espaço público transnacionalizado, talvez seja mais difícil conquistar autonomia e experiência do que na Idade Média.

Mas vale a pena ouvir as palavras de um intelectual palestino pacifista, que viveu em Nova York. Para Edward W. Said, o papel do intelectual "não é consolidar a autoridade, mas compreendê-la, interpretá-la e questioná-la".

[Ele é] uma espécie de memória pública: lembrar o que foi esquecido ou ignorado, fazer conexões, contextualizar e generalizar a partir do que aparece como 'verdade'definitiva nos jornais ou na televisão. [...] O espírito do intelectual tem a ver com a imagem do viajante, pois, se no mundo real, fora do universo acadêmico, precisamos ser nós mesmos e apenas isso, dentro da academia precisamos ser capazes de descobrir e viajar entre outros eus, outras identidades, outras variedades da aventura humana. Mas – o que é essencial –, nessa descoberta conjunta do eu e do Outro, o papel da academia é transformar o que poderia ser conflito, disputa ou asseveração em reconciliação, reciprocidade, reconhecimento e interação criativa. Uma imensa parte do conhecimento produzido pela Europa sobre a África, a Índia ou o Oriente Médio derivou originalmente da necessidade de controle imperial. Mas, em vez de ver a procura do conhecimento acadêmico como uma busca por coerção e controle sobre os outros, deveríamos considerar o conhecimento algo pelo qual devemos arriscar a identidade e então pensar na liberdade acadêmica como um convite a desistir da identidade na esperança de compreender e talvez até assumir mais de uma. (Said, 2003, p.207)

Assim entendido, despojado de preconceitos e aberto à experiência de conhecimento do outro, o espírito do viajante é fundamental para a reconstrução da cultura universitária humanística.

Mas é importante acrescentar que, nesta nossa época, em que o Iluminismo foi substituído pela Indústria Cultural e o espaço público reduzido à comunicação da TV e da internet, a universidade, conforme Renato Janine Ribeiro (2001), precisa da arte não como adorno, mas como janela do conhecimento. Precisa da literatura, do teatro, da música, da pintura, da escultura etc. para tirar o aluno do mundo do receituário e das apostilas, arrancá-lo dos padrões da cultura de massas, desapertar os parafusos da jaula de ferro em que vive e despertá-lo para novas experiências, para o conhecimento do outro, com método e com consciência, pois, como dizia Rabelais, "ciência sem consciência é a ruína da alma" (Rabelais, 1991).

Nesse sentido, é preciso religar a arte às Ciências Humanas, à História, à Psicanálise, à Sociologia, à Filosofia, para que estas não sejam ensinadas como disciplinas fossilizadas. Mas como saberes que permitam o que Adorno chamou de esclarecimento subjetivo e objetivo, isto é, que permitam o desenvolvimento do espírito crítico e da autoconsciência crítica, da capacidade de refletir sobre nossas próprias quimeras e as quimeras do outro, para que levem à compreensão do humano profundo e à elaboração do passado, visando sua superação (Adorno, 1995).

Do estado de exceção às exceções à regra: novas práticas pedagógicas em busca do esclarecimento e da autonomia

É difícil acreditar em cidadania e em educação democrática neste início de século à sombra do Império norte-americano (Hobsbawm,

FSP, 6.11.2005, M3), num contexto em que a política é escrita com de guerra e P de petróleo (Fuentes, 2005) e em que alguns intelectuais, retomando Walter Benjamin, chegam a falar em estado de exceção como regra e em *"homo sacer"* – o homem sem nenhum direito (Zizek, 2003). Para Agambem, os tempos atuais não são de normalidade, mas de consolidação do estado de exceção como paradigma de governo. As estruturas públicas estão ameaçadas com a suspensão da ordem jurídica e isto é visto com naturalidade, como regra (Agambem, 2004).

Contudo, no Brasil, há algumas experiências de escolas democráticas que procuram recriar a educação para a cidadania, entendida como esclarecimento para a conquista da autonomia, da maioridade intelectual do estudante, para sua participação social, política e cultural.

São experiências que consideram que a transformação do Iluminismo em Indústria Cultural modificou a percepção, mudou a relação das crianças e jovens com o professor, com a palavra escrita, com o livro, com a leitura, com a escola, enfim. Na era dos meios de comunicação, muitas vezes, os alunos têm informações mais atualizadas que a dos professores. Porém, sem espírito crítico, e autonomia intelectual, o que fazer com elas? Por isso, é preciso perguntar com Paulo Freire: "Quem foi que disse que um palmo de tempo equivale a um palmo de conhecimento?"

Sob o paradigma da cultura contemporânea, os programas, os currículos não podem mais ser permanentes como eram nas escolas tradicionais do século XIX. Na época dos meios de comunicação de massa, já não existe um saber estabelecido pronto para ser transmitido; os programas e currículos precisam ser móveis e abertos à educação como experiência de conhecimento, feita a partir de fragmentos e de rupturas e não mais como simples continuidade da transmissão da cultura acumulada. Torna-se cada vez mais necessário abrir as grades curriculares e desmassificar o ensino, que passaria a ser baseado em pesquisa, de acordo com o interesse individual dos alunos. "A ideia é a de que não se pode ter um padrão único de ensino para todas as pessoas. É preciso fazer que o prazer de conhecer esteja sempre presente" (*FSP*, 3.2.2003, p.A13).

Esta proposta está sendo desenvolvida na Lumiar – uma escola particular de ensino básico, da cidade de São Paulo, cujo objetivo é construir um modelo democrático de ensino, baseado no interesse e na curiosidade natural da criança de aprender. A Lumiar começou a funcionar em 2003 com 24 alunos, entre 2 a 6 anos, é bilíngue e tem a meta de oferecer futuramente até o ensino médio. A escola funciona num antigo casarão da avenida Paulista e tem como principal financiador o empresário Ricardo Semler, conhecido por sua capacidade inovadora e autor do livro *Virando a mesa*, que conta a história das mudanças realizadas em sua empresa, junto com os funcionários, para criar uma gestão descentralizada.

A Lumiar não trabalha apenas com disciplinas, mas com campos de conhecimento ou eixos temáticos, conforme a Lei de Diretrizes e Bases da Educação de 1996. (Neste ponto, o Brasil está bem à frente de Portugal. Enquanto a Escola da Ponte vive esbarrando em problemas legais, a legislação educacional brasileira permite experiências inovadoras de educação democrática.)

O segredo do método de ensino da Lumiar é o de despertar a curiosidade da criança por meio de atividades atraentes, para que, dessa forma, elas aprendam as disciplinas do currículo, como Português, Matemática, História, Geografia etc. Assim, um jornalista vai à escola e ensina a fazer um jornalzinho, que funciona como estímulo para aprender a ler e a escrever. Na Lumiar, não existe aula tradicional. Lá, quem ensina são profissionais das diversas áreas de conhecimento, do marceneiro ao médico, do músico ao arqueólogo; profissionais selecionados que vão à escola com frequência para atrair a atenção das crianças para seus projetos e dar início à aprendizagem. Durante os projetos, os educadores acompanham de perto a criança, coordenando as atividades, com conversas e observando seu desenvolvimento. As atividades são opcionais, o aluno é livre para escolher a atividade da qual quer participar. Cada educador acompanha um grupo de dez crianças para saber de suas escolhas, dos conhecimentos que está adquirindo e do que ainda falta aprender – uma condição bem diferente da existente nas escolas públicas, onde cada professor é responsável por classes de quarenta alunos.

Mas será que ensinar com liberdade, dando atenção individual ao educando, é um privilégio de uma pequena elite?

Para Rosely Sayão, consultora de educação e colunista da *Folha de São Paulo*, esta experiência já está sendo feita em uma escola da rede pública de ensino – a Escola Municipal Desembargador Amorim Lima, situada no Butantã, bairro de classe média, que já foi considerado região periférica de São de Paulo, e cujo alunado espelha essa heterogeneidade. A Amorim Lima está fazendo "uma das mais transgressoras experiências da rede pública de São Paulo" (*FSP*, 27.4.2004, Sinapse, 5).

A escola tinha muitos problemas, como indisciplina dos estudantes, analfabetismo funcional a partir da terceira série e estresse dos professores. Por isso, a diretora Ana Elisa Siqueira, juntamente com uma equipe de pedagogos e psicólogos, começou uma nova experiência educativa em 2003, abolindo as salas de aula, que foram substituídas por salões multidisciplinares. O papel do professor também mudou. Em vez de aula tradicional, ele orienta o desenvolvimento de projetos multidisciplinares. Em média, são três professores para 21 grupos de cinco alunos – número ímpar para evitar problemas com duplas. Os alunos escolhem temas de interesse de pesquisa, tais como educação ambiental, jogos cooperativos, trabalho etc, que constituem eixos para a aprendizagem de disciplinas do currículo, como História, Geografia e Língua Portuguesa. Além disso, participam de oficinas de arte, circo, capoeira, para atender à necessidade infanto-juvenil de unir o trabalho intelectual ao corporal. A escola dispõe ainda de uma sala de computadores, onde os estudantes aprendem a lidar com o novo instrumento de trabalho, aprendendo novos conteúdos curriculares.

Dessa forma, o projeto político-pedagógico da Amorim Lima transformou em prática pedagógica cotidiana o que antes era apenas um conjunto de intenções genéricas que não saía do papel.

A Amorim Lima não rompeu com a seriação, mas reuniu num mesmo salão multidisciplinar alunos da quinta e sexta séries, por exemplo. Eles trabalham em grupos ao redor de uma mesa, com cadernos individuais, livros e dicionários à disposição de todos, emprestados como se faz numa biblioteca. Em cada mesa, há uma cadeira vazia, para que um professor se sente quando for chamado. Primeiro, os alunos procuram resolver as dúvidas em grupo. Quando não conseguem, chamam um dos professores que ficam à disposição. Os professores são polivalentes e, para isso, fazem treinamento específico.

É importante notar que os estudos em grupos são guiados por objetivos previamente elaborados pelos professores das diversas disciplinas. Assim, numa das visitas que fiz à escola, os alunos estavam estudando o tema *trabalho*. Receberam o programa de estudo em uma folha impressa, contendo todas as instruções para o desenvolvimento do tema, tais como o nome do livro, capítulo e as páginas onde a matéria seria encontrada. No livro de Português, o estudo do tema era feito com base na leitura de um texto de Humberto Eco sobre o trabalho em computador; no livro de História, um texto sobre trabalho escravo; no livro de Geografia, um texto sobre as regiões onde havia trabalho escravo etc.

Depois de cada "aula", todos os dias há assembleias onde todos os problemas são discutidos. O mais difícil, segundo Rosely Sayão, é o diálogo, a aceitação da diferença. Pois o trabalho em equipe gera conflitos entre estudantes e professores, já que a docência compartilhada traz certas dificuldades para o corpo docente, porque não faz parte de sua formação. Na maioria das vezes, o que tentam é o convencimento ou a persuasão. Mas o que vale é a decisão do coletivo, do público.

Apesar das dificuldades enfrentadas, os professores ficaram mais tranquilos e satisfeitos com o trabalho e não apresentam mais estresse. Os alunos mudaram os hábitos ligados ao infantilismo, adquirindo maior responsabilidade e vontade de melhorar nos estudos.

Embora o trabalho de romper com as práticas pedagógicas tradicionais e com os rituais burocráticos da escola pública seja mais demorado e mais complexo, os pais apoiaram a experiência, pois os alunos têm demonstrado mais facilidade de aprender, já que estudam a partir de provocações do cotidiano, e o suposto mau aluno é visto como um desafio, não como um problema, o que favorece a sua integração nos grupos.

A Amorim Lima está funcionando como um laboratório de testes para provocar educadores da rede oficial de ensino a buscar soluções inovadoras para um velho problema: a crise da educação pública, que fez as escolas se tornarem terra de ninguém, onde não há respeito ao professor, nem autoridade, nem à liberdade, e onde se fala em educação para a cidadania, sem saber como fazê-la. Na Amorim Lima, os alunos têm liberdade de escolher seus projetos, mas não têm liberdade de não estudar. A ideia é a de que, aprendendo a expressar seus sentimentos, pensamentos, aprendendo a escolher, a decidir, a dialogar, o estudante adquire autonomia e aprende a respeitar direitos e deveres, percebe os limites da liberdade e da autoridade, aprendendo a expressar seu pensamento dentro das regras do jogo democrático no cotidiano escolar.

As novas práticas pedagógicas partem do pressuposto da complexidade do trabalho escolar na sociedade atual, e constituem respostas ao desafio de buscar o esclarecimento, a maioridade intelectual do estudante, a autonomia da juventude, a cidadania e a democracia, como respeito às regras do jogo, apesar do estado de exceção e da autoridade mascarada.

A Amorim Lima é baseada no modelo da Escola da Ponte – uma escola democrática de peso internacional, bastante conhecida nos meios educacionais.

A Escola da Ponte é uma escola pública situada na Vila de Aves, cidade do Porto, Portugal, há trinta anos vem construindo um projeto alternativo de educação, que constitui uma síntese do pensamento pedagógico de Neill, Frenet, Ferrer e Paulo Freire, com o objetivo de construir uma nova prática pedagógica do século XXI, voltada para a busca do esclarecimento, da maioridade intelectual, da autonomia, da democracia.

De acordo com um dos criadores da Escola da Ponte, o século XX contraditoriamente inovou as concepções de educação da criança, porém promoveu o divórcio entre o novo pensamento educacional e a prática pedagógica tradicional. Daí a preocupação maior do professor Pacheco, de sintetizar as novas propostas de educação democrática, libertadora, dialógica, no cotidiano da prática pedagógica (Pacheco in Canário, 2004).

Autoridade e liberdade na escola

Para melhor compreendermos a questão da autoridade do professor nas novas relações pedagógicas, vale lembrar sua inspiração na Escola de Summerhill, criada em 1921, na Inglaterra por A.S. Neill, que Eric

Fromm assim explicou, no prefácio de *Liberdade sem medo*: "Diferentemente das escolas novas e progressivas do século XX, Summerhill não caiu no engodo de mascarar a autoridade, transformando-a em autoridade anônima como aconteceu com as outras escolas". Vamos explicar. Desde 1968, os estudantes vêm questionando a autoridade. Mil novecentos e sessenta e oito não revolucionou o mundo, mas modificou os costumes: desde as relações entre o homem e a mulher até as relações de autoridade pedagógica na escola, na universidade, assim como as relações entre chefes e funcionários nas burocracias públicas e privadas. A história da vida privada ensina-nos que há um forte desejo de "reconstruir as relações públicas do trabalho segundo as normas da vida privada de envolvimentos mútuos livremente estabelecidos entre indivíduos". [...] As pessoas querem saber do valor humano, da amizade, generosidade, querem se conhecer. "Quase todos se tratam por você" (Vincent, 1992, p.135).

Essas transformações, somadas à mudança de percepção decorrente da influência da linguagem imagética, animada e informal dos meios de comunicação, principalmente, do rádio e da televisão, fizeram com que os sinais mais visíveis das barreiras fossem abolidos, desenvolvendo-se, tanto na vida pública como nas mais sisudas organizações complexas, um estilo descontraído, simpático, exposto na moda descolada e nas relações interpessoais com um misto de familiaridade cordial e tom superficial. Até as autoridades políticas procuram mostrar-se no vídeo em trajes esportivos.

Mas as aparências enganam. Como já foi visto, desde o século XX, vivemos em uma sociedade tecnoburocrática, onde o poder superior, na empresa, no Estado, na escola – que também tornou-se uma organização complexa, burocrática – é dissimulado por meio de regulamentos impessoais, sobre os quais ninguém assume responsabilidade. Daí o anonimato da autoridade burocrática, o que Erich Fromm chama de mascarada de autoridade, onde todos são dirigidos por um sistema de manipulação, advindo das técnicas publicitárias. Com a publicidade e a linguagem persuasiva dos meios de comunicação de massa, o sonho é levado ao mercado, e o indivíduo pensa que está consumindo livremente, embora esteja sendo dirigido pela mídia. Homens e mulheres

OUTRAS HISTÓRIAS DA EDUCAÇÃO 255

são cada vez mais facilmente adaptados não só ao consumismo, como ao local de trabalho na sociedade administrada. Dessa forma, a autoridade não acabou, como dizem os mais velhos, ela simplesmente foi transformada, passando de autoridade manifesta para autoridade anônima, de persuasão e sugestão. Nas palavras de Erich Fromm, "o homem moderno é obrigado a nutrir a ilusão de que tudo é feito com seu consentimento, mesmo quando esse consentimento lhe é extraído por meio de sutil manipulação. Seu consentimento é obtido, sim, mas atrás de suas costas, para além de sua consciência".

Para efeitos deste trabalho, é importante destacar que os mesmos artifícios são empregados na educação nova ou progressiva. A "criança é forçada a engolir a pílula, mas a essa pílula aplica-se uma cobertura de açúcar. Pais e professores têm confundido a autêntica educação despida de autoritarismo com *educação por meio da persuasão e coação ocultas*. Assim, a educação progressiva foi rebaixada. Malogrou ao tornar-se o que se pretendia que ela fosse, e nunca se desenvolveu como se esperava" (Fromm in Neill, 1973, p.xix).

Essas reflexões ajudam a explicar, pelo menos em parte, o fracasso da Escola Nova no Brasil, assim como a crise de autoridade vivida atualmente nas escolas públicas e privadas.

Nas escolas, instituições que, segundo Hannah Arendt (1992) fazem o papel de intermediação da vida privada para a vida pública, essas transformações levaram à diluição dos papéis sociais, colocando em crise a autoridade educacional e transformando as relações entre alunos e professores.

Porém é fundamental ressaltar que as novas experiências educacionais como a da Amorim Lima, da Lumiar e da Escola da Ponte mostram que a crise não congrega apenas valores negativos, mas configura novas perspectivas e oportunidades de reconstrução e de ressignificação dos modos de ser e de conviver.

Embora o discurso dos professores fale em malogro da educação e da flagrante falta de reconhecimento profissional, acentuando os aspectos negativos da indisciplina, do desrespeito e da agressão que grassam no cotidiano escolar, especialistas procuram diferenciar a democracia política na sociedade, baseada em direitos iguais, da democracia em instituições escolares, pautada não no princípio de igualdade, mas, sim, no de equidade. Júlio Aquino e Rosely Sayão consideram que "os lugares sociais de seus protagonistas serão inevitavelmente distintos e, portanto, assimétricos. Disso decorre que, no plano social, o desafio fundamental do projeto democrático passa a converter-se em maioria absoluta aquilo que, no plano político, se garante tão-somente com a maioria simples. Por essa razão, democratizar os espaços sociais não significa nivelar os diferentes lugares de seus protagonistas, suplantando a diversidade social/humana que lhe é constitutiva; ao contrário, é por meio da diferença de seus protagonistas, compartilhada e mutuamente respeitada, que se pode assegurar a possibilidade de uma vida coletiva democrática" (Aquino & Sayão, 2004, p.19).

Assim, torna-se premente transformar a escola, modificando profundamente as ações pedagógicas, ressignificando, de forma consequente, as relações entre alunos e professores, o que resultaria numa forma de apropriação mais significativa do conhecimento, em atitudes mais consequentes por parte dos estudantes. Dessa forma, recoloca-se o problema da autoridade e da liberdade na escola democrática.

A Escola da Ponte, a Amorim Lima e a Lumiar procuram preservar a autoridade do professor, sem ser mascarada, numa estrutura democrática. Isto é, preservam a assimetria existente entre o lugar do professor e o do aluno, possibilitando o exercício da autoridade docente com o objetivo de introduzir a criança e o jovem nas normas de convivência social do espaço público escolar. Pois a escola não é um local privado, mas uma instituição que ajuda a criança e o jovem a fazerem a passagem da vida privada para a vida pública.

Estas escolas assumem uma definição clara da escola como espaço público, para evitar a recaída em atitudes do mundo privado, para que as crianças e jovens iniciem o percurso da vida familiar integrado à vida social. O espaço escolar, público, comum, é de todos. A diferença pessoal é aceita e respeitada, porém o individual não pode ser priorizado em detrimento do coletivo. Por isso, tudo é discutido em assembleias, com a atuação vigorosa dos professores e a participação intensa dos alunos, com o objetivo de dar sentido à busca de conhecimento, construindo a democracia e o respeito no cotidiano escolar (Aquino & Sayão, 2004, p.25-6).

Então existem alternativas pedagógicas de escolas democráticas. Porém a grande questão é saber se estas práticas pedagógicas podem ser repetidas, muitas vezes, em nossa sociedade, se os pais e educadores terão a coragem e a independência de dar uma educação mais preocupada com a formação, mais voltada ao esclarecimento – não só à diferenciação de conteúdos e métodos, como às questões éticas e políticas que envolvem as práticas pedagógicas baseadas nos princípios democráticos de liberdade, justiça e respeito, para favorecer o desenvolvimento do espírito crítico, a compreensão do presente e a elaboração do passado. Numa época de individualismo associal – de "amor líquido", para usar a expressão de Bauman (2004), em que o tecido social está esgarçado e o indivíduo impotente e isolado, pode-se perguntar se estas experiências pedagógicas, voltadas para o esclarecimento e a autonomia do indivíduo, têm condições de inspirar uma mudança do sistema educacional.

Fontes oficiais

BRASIL. Câmara dos Deputados. *Lei de diretrizes e bases da educação nacional* no. 9.394, de 20 de dezembro de 1996. 2ª. ed. Brasília: Coordenação de Publicações, 2001.

BRASIL. Ministério da Educação e do Desporto. Secretaria de Educação Fundamental. *Parâmetros curriculares nacionais para o ensino fundamental*: Introdução. 1 vol. Brasília? MEC/SEF, 1997.

Ministério da Educação. *Anteprojeto da reforma universitária*. Brasília, 2004.

Ministério da Educação. *Anteprojeto da reforma universitária*. Brasília, 2005.

Fontes jornalísticas

CAFARDO, RENATA. *A escola reinventada, sem salas de aula*. Folha de São Paulo, 3-2-2003: A 13.

FRY, P. *O outro lado da "democracia racial"*. OESP, Caderno2/Cultura, 26-6-2005, D 9)

HOBSBAWM, E. *A sombra que nos protege*. FSP, 6-11-2005, Mais 3

JORGE, J.T. *Reforma universitária e inclusão social*. OESP, 4-7-2005, A2

MORAES, A.E. *Analfabetismo e a área qualitativa.* Folha de São Paulo, 12-09-2004: A 2.

VILLA, M. *Trite Brasil, FSP,* 15-6-2005, A3

Referências bibliográficas

ADORNO, T. W. O que significa elaborar o passado. *Educação e emancipação.* Rio de Janeiro: 1995.

_____. Teoria da semicultura. *Educação e sociedade.* n.55, agosto de 1996, p.388-411.

AGAMBEN, G. *O estado de exceção.* São Paulo: Boitempo, 2004.

ARENDT, H. *Entre o passado e o futuro.* 3ª. ed. São Paulo: Perspectiva, 1992.

BAUMAN, Z. *Amor líquido.* Rio de Janeiro: Zahar, 2004.

CERTAU, M. *A cultura no plural.* Campinas: Papirus:1995.

CONH, G. Dos riscos que se corre nas Ciências Sociais. *Tempo Brasileiro.* v.12, n.1. São Paulo: USP, maio 2001: 39-47.

COSER, L. *Hombres de ideas.* México: Fondo de Cultura Econômica, 1968.

DERRIDA, J. *A universidade sem condição.* São Paulo: Estação Liberdade, 2003: 65

ECO, H. *Apocalípticos e integrados.* São Paulo: Perspectiva, 1976.

EINSTEIN, A. *Como vejo o mundo.* 11ª.ed. Rio de Janeiro: Nova Fronteira, 1981.

ENZENSBERGER, H. M. Elogio do analfabetismo. *Mediocridade e loucura.* 4ª.ed. São Paulo: Ática, 1995: 49

FRANCO, M. L. *O livro didático de História do Brasil.* São Paulo: Global, 1982.

FREIRE, P., GUIMARÃES, S. *Sobre educação.* v.2. Rio de Janeiro: Paz e Terra, 1984.

FUNTES, C. *Contra Bush.* São Paulo: Rocco, 2005.

HÖFLING, E. M. Notas par discussão quanto à implementação de programas de governo: em foco o Programa Nacional do Livro Didático. *Educação e Sociedade.* Campinas: Cedes, n.70, abril / 2000.

HOBSBAWM, E. *O novo século.* São Paulo: Companhia das Letras, 2000.

LE GOFF, J. *Os intelectuais da Idade Média.*4ª.ed. São Paulo: Brasiliense, 1995.

MARCONDES, C.F. *O capital da notícia:* jornalismo como produção social de segunda natureza.(Tese de livre-docência), Departamento de Editoração, ECA-USP: 1983.

MARRACH, S.(org.) *Conciliação, neoliberalismo e educação.* São Paulo: Annablume e Fundação UNESP, 1996.

NEIL, A.S. *Liberdade sem medo.* (Prefácio de Erich Fromm) 14ª.ed. São Paulo: Ibrasa, 1973.

PACHECO, J. Fazer a ponte. In: CANÁRIO, R. (org.) *Escola da ponte*: defender a escola pública. Porto: Profedições, 2004.

RABELAIS, F. *Gargântua e Pantagruel*. Belo Horizonte: Villa Rica, 1991.

RIBEIRO, R. J. *Humanidades*: um novo curso na Usp. São Paulo: Edusp, 2001.

ROMÃO, J. E. Neoliberalismo e cultura universitária. *Conciliação, neoliberalismo e educação*. In: MARRACH, S.A. A.(org.) São Paulo: Annablume, 1996.

SAID, E. *Reflexões sobre o exílio*. São Paulo: Companhia das Letras, 2003: 207

SAMPAIO, H. *O ensino superior no Brasil*: o setor privado. São Paulo: Fapesp/Hucitec, 2000)

SALMERON, in: LOUREIRO I., DEL-MASSO, M. C. (org.) *Tempos de greve na universidade pública*. Marília: Publicações Unesp, 2001: 4)

SAYÃO, R., AQUINO, J. G. Da construção de uma escola democrática: a experiência da EMFF Amorim Lima. In: *Eccos*. Revista da Uninove, v.6, n.2, dez., 2004.

SILVA, F.L. Universidade:autonomia e interação. *Conciliação, neoliberalismo e educação*. In: MARRACH, S.A. (org.) São Paulo: Annablume, 1996.

SILVA, T.T. *Neoliberalismo, qualidade e educação*. Petrópolis: Vozes, 1994.

TRINDADE, H. (org.) *Universidade em ruínas na república dos professores*. Petrópolis: Vozes e Cipedes, 1999.

_____. As metáforas da crise. In: GENTILE, P. (Org.). *Universidades na penumbra*: neoliberalismo e reestruturação universitária. São Paulo: Cortez, 2001.

VINCENT, G. Uma história em segredo? In ARIÈS, P., DUBY, G. *História da vida privada*: da primeira guerra aos nossos dias. v.5. São Paulo: Companhia das Letras, 1992.

ZIZEK, S. *Bem-vindo ao deserto do real*. São Paulo: Boitempo, 2003.

9
UM MUNDO ILUSTRADO DE FOTOS E CORES

Neste capítulo, vamos analisar o contexto cultural da escola de massas, procurando evidenciar a hegemonia dos meios de comunicação na sociedade atual e o modo como a Indústria Cultural afetou o processo de formação e o esclarecimento.

Conforme Walter Benjamin (1980, p.5), Marx estudou os efeitos da Revolução Industrial ocorridos na produção de bens materiais e na vida do proletariado. Acontece, porém, que a Revolução Industrial atingiu também a esfera cultural, ou a superestrutura: "Como as superestruturas evoluem bem mais lentamente do que as infraestruturas, foi preciso mais de meio século para que a mudança advinda nas condições de produção fizesse sentir seus efeitos em todas as áreas culturais".

Entre fins do século XIX e início do século XX, o que Walter Benjamin chamou de técnicas de reprodução atingiu o campo cultural. As novas tecnologias de produção de arte e da cultura de massa, combinando a lógica do mercado, transformaram o campo cultural, com o cinema, a grande imprensa, o rádio, a música popular e, mais tarde, a tevê.

Antes das técnicas de reprodução, a arte tinha função ritual, estava ligada à tradição, à religião, à nobreza, e era profundamente elitista. Para que se pudesse contemplar o *Juízo Final*, de Michelangelo ou os afrescos de Botticelli, era preciso ir à Capela Sistina, construída em Roma em 1475. A arte tinha aura, o *hic et nunc*, o aparecimento único de algo distante, que apresentava um outro mundo, o "belo", o "verdadeiro", convidando o público à contemplação e à reflexão, a uma esperança de felicidade, de mundo melhor.

Com as técnicas de reprodução – a gravura, a xilogravura, a fotografia, o cinema – a arte sai da esfera tradicional, perde a aura e a função ritual, democratiza-se, adquire função política e torna-se arte para as massas. Exatamente no momento em que as massas começam a participar da vida política, os meios de comunicação de massa passam a controlar e dirigir tal participação. No lugar da aura, criam-se ídolos, mitos, astros e estrelas. Surge o que Adorno chamou de Indústria Cultural. Democratizada, a arte torna-se um grande negócio.

Adorno radicaliza, no melhor sentido desta palavra, a análise dos efeitos das técnicas de reprodução da arte com o conceito de Indústria Cultural, ligado ao anti-Iluminismo. Nas palavras dele:

> O cinema e o rádio não precisam mais se apresentar como arte. A verdade de que não passam de um negócio, eles a utilizam como uma ideologia destinada a legitimar o lixo que propositalmente produzem. Eles se definem a si mesmos como indústrias, e as cifras publicadas dos rendimentos de seus diretores gerais suprimem toda dúvida quanto à necessidade social de seus produtos. [...] Por enquanto, a técnica da Indústria Cultural levou apenas à padronização e à produção em série, sacrificando o que fazia a diferença entre a lógica da obra e a do sistema social. (Adorno & Horkheimer, 1985, p.114)

Adorno define a técnica em dois níveis, como algo determinado no interior da obra de arte e como desenvolvimento exterior a ela. A técnica é histórica, pode desaparecer. Mas, contemporaneamente, ao visar à produção em série e a homogeneização da cultura, sacrifica a obra de arte, que é dissolvida no sistema social. A racionalidade técnica identifica-se com a racionalidade do sistema. Assim, o cinema, o rádio, a tevê etc., não sendo mais que negócio, tornam-se ideologia, explorando os bens culturais com fins comerciais. A esta exploração, Adorno chama de Indústria Cultural, e rejeita o termo meios de comunicação de massa, por acreditar que ele dá ideia de uma cultura produzida espontaneamente pelas massas, o que, obviamente, não é o caso, já que estes meios de comunicação produzem a cultura industrialmente para a integração vertical das massas de consumidores.

Adorno liga a Indústria Cultural ao anti-Iluminismo porque o Iluminismo tinha por finalidade a utilização da razão para libertar os homens do medo, do mito, da magia, para torná-los livres, autônomos, conscientes e com domínio da ciência e da técnica. Porém, libertos dos antigos senhores, os homens tornaram-se vítimas da dominação técnica, da "opinião pública" – instrumento utilizado para conter a consciência das massas, integrá-las verticalmente, dando ilusão de cidadania e participação, reduzindo a humanidade de cada um, considerando o integrante da massa apenas como consumidor e como empregado. Desta forma, a Indústria Cultural "impede a formação de indivíduos autônomos, independentes, capazes de julgar e de decidir conscientemente" (Adorno, 1995, p.80).

Os modernos meios de comunicação de massas afetam até a vida política. Esta começou a passar pelo filtro dos jornais, dos microfones do rádio e das câmeras de cinema.

Escrevendo nos anos 30, Walter Benjamin notou que a crise das democracias burguesas vinculava-se às novas formas de apresentação dos governantes. Enquanto as democracias apresentavam o governante de forma direta, em carne e osso, o parlamento constituía seu público. Com a evolução das técnicas de comunicação, o parlamento esvaziou-se. O rádio e o cinema modificaram a relação entre o governante e os governados. Assim, escreve Benjamin, "levando-se em conta a diferença de objetivos, o intérprete de um filme e o estadista sofrem transformações paralelas em relação a isso. Elas conseguem, em determinadas condições sociais, aproximá-los do público. Daí a existência de uma nova seleção, diante do aparelho: os que saem vencedores são a vedete e o ditador" (Benjamin, 1980, p.17).

Embora percebesse algumas possibilidades crítico-criativas, como os filmes de Charles Chaplin, Benjamin sabia que, na era da reprodutibilidade técnica, o ditador venceria Carlitos.

Trata-se dos efeitos políticos e sociais das novas técnicas de reprodução das artes e da cultura, que transformaram o universo intelectual e artístico, dissolveram a cultura burguesa e promoveram o quase desaparecimento da cultura popular. A chamada Indústria Cultural criou, pela primeira vez na história, uma cultura de massas mundializada, que percorre todos os países urbanizados e cujos efeitos se fazem sentir em todas as esferas da vida social.

Uma cultura produzida para as massas

Em uma outra linha de abordagem, Edgar Morin (1977, p.15) dá uma contribuição importante à compreensão da Indústria Cultural, recorrendo à noção antropológica de cultura de massas, que para ele constitui "um corpo de símbolos, mitos e imagens concernentes à vida prática e à vida imaginária, um sistema de projeções e identificações específicas".

Diferentemente da cultura escolar, que trabalha com o raciocínio e com abstrações, para transmitir a cultura oficial, a cultura de massas trabalha, sobretudo, com o emocional, com a sensibilidade da pessoa, das massas, procura atingir o imaginário, levar o desejo ao mercado, construindo mitos modernos, como o dos astros e estrelas da TV, além dos mitos da felicidade, do *happy end*, do amor romântico, do hedonismo e do paraíso de consumo, difundidos principalmente pelas novelas, pelo cinema e pela canção de consumo.

Embora divergindo de Adorno, Humberto Eco afirma que os meios de comunicação de massa constituem grandes organizações nas mãos de grupos de poder econômico, que contratam especialistas para produzirem uma cultura dirigida às massas, submetida às leis mercado. É importante lembrar que a economia baseada no consumo funda-se na ação persuasiva da publicidade, que sugere às massas o que elas devem desejar.

Eco diferencia o público das massas. Enquanto o primeiro é homogêneo e adquire um determinado produto cultural por escolha própria, com base em informações recebidas previamente, as massas, heterogêneas e desorganizadas, ficam à mercê da propaganda, pois dela fazem parte; desde o índio integrado à dona de casa de classe média, do operário ao administrador de empresas, do médico de província ao intelectual cosmopolita.

Em função da heterogeneidade das massas, os meios de comunicação elaboram sua programação segundo a média de gosto, evitando soluções originais. Desta forma, difundem uma cultura homogênea para todo o mundo que, transformado em aldeia global, dissolve as características próprias de cada grupo étnico, de cada classe social.

A massa não tem consciência de si própria enquanto grupo – neste ponto, é completamente diferente do público, pois ela não consegue manifestar exigências e reivindicações quanto à cultura que recebe. Os meios de comunicação de massa tendem a manter a média de gosto, de sensibilidade, de estilo, homologando sempre o que já foi assimilado. Mesmo quando falam do novo – e falam muito das notícias e das novidades – tratam de colocá-las na fôrma, de acordo com a fórmula da média de gosto, pois a tendência é manter as funções conservadoras. Mesmo quando divulgam os produtos chamados superiores, os meios de comunicação o fazem de acordo com a média de gosto, transmitindo-os em doses homeopáticas, colocando-os no mesmo nível da cultura de massas. Assim, uma exposição de arte no melhor museu da cidade recebe o mesmo tratamento da plástica da atriz da novela das oito. O nivelamento estimula uma visão passiva e acrítica do mundo, centrada exclusivamente no presente imediato, desencorajando esforços de uma nova experiência, de elaboração do passado. O passado só é assimilado como uma crônica atualizada sobre o presente. Voltados para o entretenimento, os meios de comunicação de massa empenham somente o nível superficial de nossa atenção, de modo que a fruição de qualquer produto cultural é epidérmica. E parece que este passa ser o modelo de "atenção" que se generalizou entre jovens e adultos, entre homens e mulheres, e faz-se sentir na escola, na universidade, onde o nível de atenção exigido é mais profundo e voltado para a provocação do pensamento. Reforçando a atenção epidérmica, os meios de comunicação trabalham com base no senso comum, criando tipos e estereótipos prontamente reconhecíveis, reduzindo ao mínimo a individualidade e o caráter das personagens, das experiências e das imagens. São os mitos da vida contemporânea, que nascem e crescem sob o signo do conformismo nos costumes, nos valores culturais e religiosos e, não poucas vezes, do preconceito.

Por isso, numa época em que as massas ascendem socialmente e participam da vida social e política, os meios de comunicação de massa foram chamados de "escola paralela" (Porche, 1974), na medida em que se configuram como instrumento educativo, como escola de gosto e de costumes, típica de uma sociedade de fundo parternalista/ autoritário, aparentemente democrática, tendente a produzir pessoas heterodirigidas.

Dificilmente, os meios de comunicação de massa provocam uma reflexão. A sequência de imagens exibidas no cinema, na TV, parece ocupar o lugar do pensamento. Os meios de comunicação não foram feitos para fazer pensar, mas para provocarem emoções intensas. Não sugerem a emoção, nem sequer a simbolizam, não se preocupam em representá-la. Ao contrário, apresentam-na já confeccionada.

Nesse sentido, vale refletir sobre o papel da imagem em relação ao conceito. As imagens produzidas pelos meios de comunicação de massa apresentam-se prontas e acabadas, de forma indiscutível, visando ao estímulo de determinadas sensações. Pois "a linguagem da imagem", escreve Eco (1976, p.353),

> sempre foi o instrumento de sociedades paternalistas, que subtraíam aos seus dirigidos o privilégio de um corpo-a-corpo lúcido com o significado comunicado, livre da presença sugestiva de um "ícone" concreto, cômodo e persuasivo. E por trás de toda direção da linguagem por imagens, sempre esteve uma elite de estrategos da cultura, educados pelo símbolo escrito e pela noção abstrata. Uma civilização democrática só se salvará se fizer da linguagem da imagem uma provocação à reflexão crítica, não um convite à hipnose.

O intelectual e a massa

A tendência do intelectual é imaginar a massa no outro. O problema, porém, é que a massa somos nós. A vida do intelectual contemporâneo está muito longe dos padrões aristocráticos do humanista do Renascimento, que dominava todo o complexo cultural de forma integral, como Leonardo da Vinci, Michelangelo, François Rabelais, Shakespeare. Leonardo era artista, matemático, técnico, enfim, um humanista. Atualmente, o intelectual faz parte da massa, da mesma forma que o entregador de pizza. A diferença é que o intelectual pode assistir ao Jornal Nacional e ler Pound ou Adorno; dar uma olhada na novela das oito e assistir a um filme de Bergman. Mas a mulher operária, o entregador de pizza, só podem ler as fotonovelas e o horóscopo, pois eles não têm condições de compreender um poema de Pound, nem apreciar o cinema de arte e não foram preparados para entender os pensadores da Escola de Frankfurt.

Como bem mostrou Ecléia Bosi, os livros vendidos nas portas de fábricas são os "refugos das editoras, encadernados e com títulos dourados para corresponder à expectativa do pobre que vê nos livros algo de sagrado" (Bosi, 1979, p.17). E isso não acontece por falta de curiosidade – as operárias estudadas por ela sentem um fortíssimo desejo de instrução e muita frustração por não conseguirem vencer a fadiga do trabalho e as barreiras colocadas pela Indústria Cultural do ensino e dos meios de comunicação de massa.

Nos anos 40, Mário de Andrade já se preocupava com o problema da Indústria Cultural do livro ao tratar da questão da tradução. Apesar de seu grande apreço pela literatura brasileira – ela não é inferior a nenhuma outra – Mário reconhecia a insuficiência desta, sozinha, para abarcar todos os conhecimentos da humanidade expressos pela literatura universal. Daí a necessidade da tradução de obras de Dickens, Dostoievski, Balzac; daí a necessidade de tradução do russo e do alemão, pouco acessíveis aos leitores brasileiros; daí a necessidade de se fugir do critério exclusivamente comercial das editoras que traduzem livros que deram origem a filmes de sucesso ou aos escândalos momentâneos, e traduzir o que é útil ao desenvolvimento da inteligência expressiva dos leitores, visando ao fim da "safadeza intelectual" e da tradução como "distintivo de classe", para contribuir com o desenvolvimento da inteligência expressiva dos leitores. É preciso traduzir a alma das palavras, o estilo do escritor e buscar a expressão em língua nacional. Não basta traduzir numa linguagem amorfa, como se costuma fazer quando se trata de traduções de obras populares, feitas numa "torrente grossa de palavras mal dispostas". "Os maus tradutores", escreve Mário (1945),

sabem gramática muito mais que Machado de Assis. O que eles não têm é língua nenhuma, estilo nenhum. O que eles não sabem é se expressar com limpeza intelectual. E nem é gramática que a massa de leitores precisa aprender; do que ela precisa é de riqueza suficiente de linguagem que lhe permita se expressar além das frases cotidianas do "bom-dia", "te gosto" ou "paciência".

A Indústria Cultural é um fato histórico e, diante deste fato, o problema do intelectual é o da democratização da cultura, que foi objeto de preocupação de Mário de Andrade e de intelectuais como Umberto Eco, Ecléia Bosi e Paulo Freire.

Para entendermos o problema, em primeiro lugar, precisamos aceitar a sociedade policultural. Isto é, diferentemente da sociedade brasileira do século XIX, quando a Faculdade de Direito era o principal centro de informação e irradiação cultural da sociedade – de lá saiu toda a produção cultural da época: os jornais liberais, a poesia de Castro Alves, contos e capítulos de romances publicados nos Folhetins, a campanha abolicionista etc. –, a sociedade contemporânea tem diversos focos de informação e difusão cultural. Além das escolas e das universidades, há a grande imprensa, os jornais locais, as revistas, o rádio, a televisão, o cinema, a música popular, a internet.

Do ponto de vista da informação, a sociedade policultural pode tornar a escola obsoleta. Ou nas palavras de Décio Pignatari (1985, p.78), "um aluno pode, com relativa facilidade, estar mais atualizado que o professor".

Mas, na maioria das vezes, o que ocorre é que o "empacotamento das informações" que invade "culturas inteiras", conforme a expressão de McLuhan (1974, p.363) limita a esfera pública ao domínio das imagens, clichês e estereótipos impostos pela tevê, pois a sociedade policultural é, sobretudo, uma sociedade do espetáculo, herdeira da fraqueza do projeto iluminista (Debord, 1997, p.18). É por meio da telinha que o País se reconhece (Bucci, 1997). O Brasil passa a se ver e a ser visto pela tevê, reconhece-se por meio da novela das oito, paga caro pela privatização da economia, pela crise da vida pública, da sociedade e da política (Ribeiro, 2000). O problema é que, quando "o mundo real se transforma em simples imagens, as simples imagens tornam-se seres reais e motivações eficientes de um comportamento hipnótico" (Debord, 1997, p.21). Importa reter que a sociedade policultural contemporânea tem vários níveis de cultura, predominando a da Indústria Cultural, do espetáculo produzido para as massas. A questão, então, é tornar os outros níveis de cultura fruíveis para todos ou, pelo menos, para um maior número de pessoas. Só assim pode-se abrir caminho para um projeto de democratização da cultura.

O problema é, portanto, político, e pode ser desdobrado em três dimensões: a) antes de tudo, é um problema de qualidade da escolaridade. Neste sentido, acreditamos que a tarefa mínima do educador e do intelectual, que não quer perder o bonde da história e deseja acompanhar seu tempo, é lutar por uma política educacional democrática, que mereça este nome, isto é, que considere a educação como formação, que faz a diferença e não como semiformação colada à semicultura fornecida pela Indústria Cultural; b) de tempo livre, não como tempo do ócio, porque já não vivemos mais na época do Renascimento, mas de tempo entendido como uma nova relação com o trabalho, não mais alienado, mas de compreensão sob nosso controle e não sob o controle da telinha; c) a luta por uma cultura da proposta contra uma cultura do entretenimento, isto é, por uma cultura crítica, reflexiva.

Daí a importância do papel do intelectual no estudo dos meios de comunicação de massa, buscando na investigação concreta, na pesquisa, o conhecimento de como o fenômeno da cultura, da educação e da semieducação se configuram num determinado momento histórico.

Para Eco, a tarefa mínima do intelectual contemporâneo é atuar criticamente nos meios de comunicação de massa. É claro que a cultura da proposta, assim como a defesa de uma política educacional democrática e de qualidade para todos, irão encontrar forte resistência. Porém, na década de 1970, Eco afirmava que os intelectuais ainda constituem um grupo de pressão. O problema é saber se esta afirmação é válida para os dias atuais.

Os meios de comunicação de massa no Brasil

Para Foot Hardman, as origens artesanais da atividade cinematográfica, em São Paulo, estiveram ligadas aos imigrantes italianos. A classe operária foi tema dos primeiros documentários e cinejornais produzidos entre 1898 e 1930. Mas as salas de projeção foram crescendo, transformando-se em lugares de grande popularidade, frequentados por toda a sociedade paulistana. As novas salas de projeção e os anúncios publicados nos jornais, a partir de 1908, evidenciam o início da comercialização do cinema como Indústria Cultural, como arte produzida para o lazer programado das grandes massas da população (Hardman, 1983).

Naquela época, a produção da cultura de massas pela Indústria Cultural com apoio do Estado estava apenas começando.

É a partir de 1930 que se inicia o processo de intervenção do Estado nos diversos setores da vida social, entre os quais a educação, a cultura, o trabalho, a previdência social, os sindicatos etc. – processo este que, aos poucos, foi minando as bases em que floresceram a cultura popular, o movimento operário e a pedagogia libertária, em favor da sociedade do controle, da cultura de massas e da educação como objeto de política governamental.

O crescimento da Indústria Cultural deu-se paralelamente à crescente intervenção do Estado. A comunicação da chamada "era do rádio" era controlada pelo famoso DIP – Departamento de Imprensa e Propaganda e teve um papel fundamental na elaboração e difusão de símbolos e mitos da Era Vargas.

Já durante a Segunda Guerra Mundial, houve crescente intervenção dos Estados Unidos, que criou uma agência especial de comunicação, sob o comando de Nelson Rockefeller, para estreitar os laços entre Brasil e Estados Unidos por meio dos meios de comunicação de massa. A partir da criação da Office of Inter-American Affairs, os filmes produzidos em Hollywood começaram a mostrar paisagens brasileiras. Astros como Orson Welles vieram filmar no Brasil. Walt Disney criou um dos mais famosos personagens brasileiros, o Zé Carioca. Com um bombardeio ideológico feito por meio do rádio, do cinema, dos jornais e das revistas, o *american way of life* passou a ser apresentado como um mundo irresistível de consumo, felicidade e progresso. E o Brasil passou a ser apresentado por estrelas como Carmem Miranda, que associava erotismo à imagem mítica de tropicalismo e latinidade. O resultado é o que Tota (2000) chamou de "imperialismo sedutor", uma verdadeira fábrica de ideologias, que combinava os princípios da produção privada da Indústria Cultural com a intervenção de Estado, regulando o lazer e a cultura no mundo administrado.

O contexto no qual os meios de comunicação adquirem maior quinhão de poder é o da "aldeia global", elaborado por McLuhan, no final dos anos 60, muito antes, portanto, da chamada globalização. É um conceito que a antecede, evidenciando o papel da primeira cultura mundializada, produto do processo de concentração e centralização do capital, que afeta não só o mundo do trabalho como o da cultura. Hoje, escreve McLuhan (1973, p.364), "passamos da produção de artigos empacotados para o empacotamento de informações. Antigamente invadíamos os mercados estrangeiros com mercadorias. Hoje invadimos culturas inteiras com pacotes de informações, entretenimentos e ideias"

Atualmente, nestes tempos de globalização e de Império norte-americano, a articulação histórica entre centro e periferia, passou a incluir, além dos grupos econômicos e políticos, as grandes organizações da Indústria Cultural. Hoje, o poder transnacionalizado domina a televisão, a grande imprensa, cria fundações, instituições universitárias, que produzem sentidos como mercadorias e afetam a subjetividade (Pomer, 2005).

No Brasil, tanto no período do Estado Novo, como durante a ditadura militar, os meios de comunicação de massa foram amordaçados e atormentados pelas diversas formas de censura. Mas nem por isso deixaram de ser utilizados para a dominação das massas. Ao contrário, a tevê em preto-e-branco e depois em cores, foi essencial para a difusão da ideologia da segurança nacional, do milagre econômico e do consumismo. Com o *slogan* "um novo tempo, de um novo dia", nos anos 70, a rede Globo "empurrava o Brasil para a modernidade capitalista a toque de caixa – a televisão, afinal, depende de uma sociedade mais afeita ao consumo e à velocidade" (Abramo, *FSP*, 28.4.2005, E 2).

Assim sendo, um dos grandes problemas de nosso tempo é o papel dos meios de comunicação de massa na direção cultural da sociedade.

A mídia e a direção cultural da sociedade

No Brasil, desde o início do processo de abertura política, mas principalmente por cauda do movimento das Diretas já, a televisão modificou a programação; a política passou para o primeiro plano no telejornalismo e nos programas de entrevistas. Mais que a tevê, a imprensa mergulhou na campanha, definindo o conteúdo e o espaço jornalístico em função da luta pelo estado de direito e pelas liberdades democráticas. Mas ainda ia a reboque de outras instituições da sociedade civil, como a OAB, e dos partidos políticos.

Foi a partir da campanha eleitoral para as eleições presidenciais de 1989 que os meios de comunicação passaram a dar a direção cultural do processo político, tomando a dianteira dos acontecimentos. É o que ocorreu com a produção do Collor caçador de marajás e, posteriormente, com o Collorgate e o esquema PC. Da criação publicitária do mito ao desmascaramento da farsa, Collor foi, sobretudo, um fenômeno midiático. Na produção do primeiro, o destaque coube à mídia eletrônica, especialmente à Rede Globo. Na do segundo, à imprensa, principalmente, às revistas *Veja* e *Isto É* e ao jornal *Folha de São Paulo*. Mas a difusão maciça do esquema PC-FC ficou por conta da tevê. O *Telejornal Brasil* e o programa de entrevistas *Jô Soares Onze e Meia* dedicaram quase todo espaço às denúncias do escândalo.

Mas como explicar este poder de fazer e desfazer um presidente da República?

Os meios de comunicação de massa fazem parte do mesmo processo de racionalização ou "desencantamento do mundo" que engendrou o que Weber chama de "capitalismo ocidental" (Weber, 1992). Embora a Revolução Industrial e Tecnológica na produção cultural tenha sido tardia em relação à ocorrida na produção de bens materiais, no século XX, a mídia impressa e eletrônica produz a cultura baseada na produção industrial, no princípio comercial e na organização racional do trabalho. Assim como os bens materiais e os serviços, a cultura passa a ser produzida nas modernas organizações burocráticas, apropriadas por grandes grupos econômicos, que atuam como uma tecnocracia de massas (Marrach, 1993).

A informação é produzida como qualquer outra mercadoria. O que caracteriza o jornalismo e o telejornalismo não é somente a comunicação dos fatos. Para serem consumidos, os fatos são transformados em mercadorias. E isso implica um trabalho de exploração da aparência, de produção de impacto e do caráter explosivo do fato. Só assim os acontecimentos se transformam em notícias prontas para serem vendidas. Trata-se de moldar os fatos, limpá-los, exagerá-los, transformá-los em escândalos, de acordo com os parâmetros ideológicos do grupo detentor do meio de comunicação. Nas palavras de Ciro Marcondes (1983, p.68), o jornalismo monta "uma segunda natureza dos fatos sociais, diferentes e, em muitos casos, oposta à verdadeira natureza das coisas".

Submetida ao capital, a palavra passa por uma metamorfose; torna-se uma mercadoria e faz o jogo da autoridade que lhe corresponde. A escrita levanta-se e já não é lida como o livro, posição horizontal. O jornal, os filmes, e a propaganda são lidos na vertical. O poder da mídia sobre as massas é baseado na violência simbólica, ou seja, na capacidade de fazer que determinados significados (gostos, modas, bens de consumo, verdades políticas, econômicas, padrões culturais, artísticos, religiosos etc.) adquiram validez e aceitação. Mas, nos meios de comunicação de massa, a violência simbólica não se assenta no princípio de autoridade como é o caso da violência simbólica exercida pelo professor em sala de aula, que foi estudada por Bourdieu & Passeron (1975).

O que distingue a mídia das outras organizações burocráticas é que nela a violência simbólica assenta-se no fascínio do meio. O desenvolvimento das organizações que produzem cultura é concomitante ao processo de "desencantamento do mundo" e à perda do sentido. A mídia explora o vazio do mundo desencantado com seu fascínio. E o fascínio surge onde o sentido é nulo. A fascinação, escreve Baudrillard (1985, p.32-3), é a intensidade extrema do neutro. [...] os leitores não veem mais diferença entre os conteúdos que se refratam no vácuo – só o meio funcionando como efeito ambiente e se apresentando como espetáculo e fascinação. 'O meio é a mensagem', profetizava McLuhan. [...] as massas, elas não escolhem, não produzem diferenças, mas indiferenciação – elas mantêm a fascinação do meio, que preferem à exigência crítica da mensagem.

O processo de racionalização é também progresso da razão instrumental e da desrazão. A perda do sentido é compensada pelo fascínio dos meios de comunicação de massa. O fascínio atinge menos a razão que o imaginário, favorecendo a emoção pronta e acabada, confeccionada pela mídia, em imagens indiscutíveis, que funcionam como um convite à hipnose. Por essa via, os meios de comunicação arrebatam o imaginário das massas.

Atualmente, no anonimato da cultura de massa, as instituições supranacionais mantêm a hegemonia na sociedade globalizada, governada pela política neoliberal e neoconservadora.

Desta forma, em nossos dias, a dominação realiza-se menos pela coerção do Estado que pela via do consenso fabricado pelos meios de comunicação de massa, com vistas à integração política e cultural do que outrora se chamava proletariado. Na sociedade contemporânea, a imprensa e os meios eletrônicos de comunicação passaram a exercer o papel antes desempenhado pela Igreja e pela universidade, tornando-se os principais focos de informação, interpretação da realidade. Estamos muito longe do tempo da universidade liberal, da época em que o sábio Humboldt, procurando garantir a liberdade acadêmica, distinguia Estado e Nação, colocando a educação como parte desta última e fazendo da universidade o centro da luta pela hegemonia intelectual da Alemanha.

Há quem diga que não há mais intelectuais com cultura geral e domínio da linguagem pública, para além de sua especialidade, capazes de se pronunciar sobre os temas políticos mais importantes da vida nacional, como os que atuaram na vida pública brasileira até a década de 1980, entre eles, Florestan Fernandes, Darcy Ribeiro, Paulo Freire, Maurício Tragtenberg, Octavio Ianni.

A partir dos anos 90, o intelectual que participava dos problemas de seu tempo, atuando criticamente, em acalorados debates contra o poder, perdeu a autonomia e transformou-se em um especialista, que atua exclusivamente em sua área de competência específica, podendo, no máximo, participar das prestigiosas e amenas palestras dos *Cafés filosóficos* e dar entrevistas sobre conhecimentos exclusivos de sua área, cobrando por conferências e consultorias. Mas fora honrosas exceções, ele é incapaz de participar de acalorados debates políticos, utilizando seus conhecimentos para todos e contra todos.

Na universidade, as opções são poucas: ou ele atua como um empresário da ciência, buscando financiamento para seus projetos, como administrador ou gestor dos parcos recursos de que a universidade dispõe ou, simplesmente, como mais um parafuso da engrenagem da grande organização complexa que se tornou a universidade contemporânea. Nessas condições, de modo geral, a universidade contenta-se com o domínio das especialidades cada vez mais restritas e pontuais, expressas em linguagem de especialista, capaz de comunicar-se, exclusivamente, com seus próprios pares, em congressos e reuniões científicas, cada vez mais numerosos, pois é necessário inflar o currículo com constantes "apresentações de trabalho" para contentar as agências financiadoras de projetos de pesquisa – já que o salário pago pela universidade tornou-se insuficiente – e para que o curso de pós-graduação em que trabalha ganhe pontos junto à Capes. Hoje, um aluno que mal começa um trabalho de iniciação científica já quer apresentá-lo no primeiro congresso que aparece, antes mesmo de ter lido a bibliografia básica sobre o tema. Professores apresentam repetidamente os mesmos trabalhos, desde a época da elaboração do projeto até sua conclusão, em diversos congressos, para que seus currículos não fiquem defasados em relação às exigências impostas pelo Estado avaliador e pelas agências financiadoras.

Diante desses fatos, ficamos pensando em uma entrevista de Chico Buarque de Holanda, em que ele diz: "Tenho medo de me tornar um idiota". "Nunca vi um movimento geral de idiotice como o de agora. Mas, em meu país, de 15 anos para cá, vem crescendo perigosamente. A idiotice nos rodeia, eu mesmo tenho medo de me tornar idiota..." A entrevistadora diz: "pense bem". E o escritor afirma:

Talvez tenha razão. Tudo seria mais fácil, nada me surpreenderia e poderia dar entrevistas sem escrever livros. Sim, sim, anuncio que vou escrever um novo livro e passo dois anos dando entrevistas. Depois falo do livro que não saiu. E assim passa a vida. Hoje é possível viver de feira literária. Há festivais a cada semana em alguma parte do mundo. E agora que finalmente sou escritor...

A entrevistadora Ima Sanches questiona: "Sempre fugiu da fama? O compositor diz: "Não, participei de festivais e busquei o reconhecimento para meu trabalho. Mas logo aparece a fama boba, oca, que é a sombra do reconhecimento e que fala se o artista está gordo ou com quem vai para a cama. Há 40 anos não era assim" (*OESP*, Caderno 2, 29.6.2005, D7).

A entrevista de Chico Buarque mostra que a sociedade brasileira perdeu há muito os valores universais, éticos, democráticos e o respeito intelectual; esqueceu o que é liberdade e atravessou a fronteira que separava o público do privado.

Mais revelador e assustador para o conhecimento deste nosso tempo, só um artigo de Baudrillard sobre a invasão do Iraque pelos Estados Unidos: "Para os norte-americanos, não há inimigo, mas um terrorismo fantasma a ser eliminado. É o caso do filme *Minority Report*, que trata da prevenção do crime antes que ele ocorra, e, portanto, não se saberá nunca se ele existirá". Para o pensador francês, o que está em questão é a modernidade. "A modernidade como progresso contínuo, como história. [...] Não há mais meios de encontrar uma ética qualquer. Tenta-se encontrá-la no nível genético e outros, mas não se consegue. Não se consegue saber onde está o limite do humano." Em outras palavras, vivemos sob o Império americano que, após o 11 de setembro de 2001, invadiu dois países, Afeganistão e Iraque, chamando de guerra uma política de invasão, matando civis, passando por cima dos direitos humanos e atropelando os próprios os limites do humano. E é curioso, e ao mesmo tempo terrível, observar que, somente depois de tantas informações sobre tantas mortes e tantos estragos de anos de bombardeio contínuo, em agosto de 2005, uma norte-americana chamada Cyndi Sheehan, mãe de um soldado morto no Iraque, consegue sair na primeira página dos jornais, iniciando um protesto que, só depois de muito tempo, reconhece o óbvio: "Meu filho não foi morto por terroristas; foi morto por sunitas contra nossa invasão do seu país" (*FSP*, 28 de agosto de 2005, A1).

Importa ressaltar que, a partir dos anos 90, na "era do desmoronamento", para usar os termos de Hobsbawm, a eficácia da imprensa e dos meios de comunicação de massas tem assegurado a hegemonia de uma única potência e da noção de mercado mundial nos planos nacional e internacional. Embora não haja censura e os cadernos de cultura publiquem artigos dos intelectuais mais críticos dos diversos países do mundo –, não se pode esquecer que, em média, os meios de comunicação de massa constituem "um instrumento à disposição dos governos para a mobilização da opinião pública" e que "os Estados Unidos são, em certa medida, uma potência ideológica" que tem "a necessidade de impor ao mundo seus próprios princípios, como parte essencial de sua política externa" (Hobsbawm, 2000, p.24-5). Neste quadro, a mídia adquire um papel importante na definição da hierarquia social, um papel maior que o da educação.

A mídia, a escola e a hierarquia social

Na sociedade globalizada, associada aos valores extremamente individualistas, à competição, ao desemprego e à insegurança, a riqueza constitui o principal fator de definição da hierarquia social. A política, o segundo fator. A Igreja perdeu poder em função do processo de secularização. E a educação, que antes "era um fator decisivo de hierarquização social", já não significa muito (Hobsbawm, 2000, p.128 e 145). Numa época em que na Inglaterra, por exemplo, existe a expectativa de que, neste novo século, metade da população jovem chegue à universidade, e em que, no Brasil, se abrem faculdades particulares sem as mínimas condições de ensino, o diploma perdeu o valor que possuía até meados do século passado. Hoje, mais importante que a educação é a perfeição física e os talentos artísticos e esportivos destacados pela mídia. Esse tipo de êxito assegura uma autoridade extra, que, no Brasil, fez de Pelé e Gilberto Gil ministros de Estado e, na Itália, levou Berlusconi ao poder.

Numa sociedade em que a direção cultural é dada pelos meios de comunicação de massa, a escola perdeu inclusive seu papel de socialização político-ideológica. No Brasil, de acordo com Luiz Antônio Cunha, os meios de comunicação de massa tiveram importante papel na socialização dos imigrantes e dos migrantes, preparando-os para a vida nas grandes cidades, além de terem unificado os padrões de gosto e de costumes. Tudo isso, explica, foi viabilizado por uma "política de distribuição de energia elétrica tão ampla quanto a de distribuição de água. Em 1980, enquanto 76% dos domicílios urbanos do país estavam ligados à rede de abastecimento de água, 73% possuíam aparelhos de televisão. Assim, em 1972, o número de telespectadores era de 75 milhões e o número dos que frequentavam escola – contando da pré-escola à pós-graduação – era de 34 milhões. Daí a hipótese formulada por Sérgio Miceli, e reafirmada por Cunha, de que a "televisão ocupou parte do espaço que se esperava fosse próprio da escola, por desenvolver uma educação substituta daquela, especialmente em termos da socialização político-ideológica" (Cunha, 1991, p.33).

Dewey e Anísio Teixeira diante das mudanças produzidas pelos meios de comunicação de massa

Com o desenvolvimento dos meios de comunicação de massa, as barreiras culturais que separavam as classes sociais se dissolveram na cultura de massas compartilhada por todos. O paradigma cultural contemporâneo mudou, assim como mudou a percepção humana, o modo de pensar e aprender.

Um dos primeiros educadores brasileiros a notar a mudança de percepção foi Anísio Teixeira. Ele traduziu *A galáxia de Gutenberg*, de McLuhan, para o português e descortinou as transformações culturais e suas repercussões no campo da educação (McLuhan, 1972). Na apresentação do livro, Teixeira escreve: "A leitura de McLuhan vem sendo para mim um nascer de aurora, no entardecer opaco da minha exclusiva lucidez visual e racional de homem tipográfico.

E revela o que mostra o livro: que homens inventam tecnologias que lhes estendem os sentidos e transformam a cultura. McLuhan explica a passagem do mundo da cultura oral e manuscrita para a cultura tipográfica. A galáxia de Gutenberg é a cultura do homem tipográfico, experimentado na arte de usar os olhos e o cérebro para compreender silenciosamente o mundo da escrita, o mundo impresso, tipográfico, "que criou o 'público', o 'Estado', as 'nações', o 'pensamento científico', desinteressado e objetivo, a 'secularização' global da vida humana" (Teixeira, 1970).

Anísio Teixeira fica perplexo porque compreende que faz parte deste mundo que já mudou, e explica também a transformação da galáxia de Gutenberg em um cérebro eletrônico, quando os meios de comunicação eletrônicos e a cultura visual atingem o modo de ler e de aprender, de pensar, de interagir. Isto é, a percepção humana modifica-se de acordo com as mudanças no modo de utilização dos sentidos. Daí a ideia de McLuhan de que "o meio é a mensagem", porque o meio modifica o modo de perceber e de sentir a vida e, assim, transforma a cultura e a civilização (Arena, 2004, p.173).

Mas além de ser tradutor de McLuhan, Anísio Teixeira foi aluno de John Dewey, que equacionou o problema da seguinte maneira: "A conversação tem uma importância vital que falta às palavras rígidas e congeladas do discurso escrito [...] A relação do ouvido com o pensamento e as emoções vitais e sociáveis é imensamente mais íntima e variada do que a do olho. A visão é espectadora; a audição é participante. A imprensa amplia a esfera de ação dos debates suplementando a palavra falada com a escrita. " Porém, a imprensa, ao considerar que o seu papel é informar o público, abandona a função de agente promotor de discussões da nossa cultura" (Dewey citado por Lasch, 1995, p.200).

Ora, se a Galáxia de Gutenberg, à qual pertencem Dewey e Teixeira, criou o homem tipográfico, o Estado, a imprensa, a esfera pública separada do mundo privado, a educação para a cidadania democrática, há que se perguntar: o que os meios de comunicação eletrônicos e audiovisuais fizeram da Galáxia e o que eles criaram?

A crise da esfera pública e do ensino de humanidades na sociedade pós-moderna

Os meios eletrônicos e audiovisuais puseram em crise os conceitos e noções da Galáxia de Gutenberg, isto é, do mundo que Dewey e Teixeira ajudaram a construir. Criaram um tipo de jornalismo e de telejornalismo diferente da imprensa de opinião, própria da esfera pública liberal, tão cara aos educadores. Esta atuava na esfera pública liberal, intermediando o raciocínio das pessoas privadas reunidas num público. Porém, sob o capitalismo contemporâneo, o "raciocínio passa a ser cunhado primeiro pelos meios de comunicação de massa" (Habermas, 1984, p.221). Atualmente, já não há separação entre esfera pública e privada. A pública reduz-se ao que passa na televisão (Bucci, 1977). E a esfera privada cresceu tanto que ofuscou a primeira. Uma reportagem sobre a vida íntima de Madonna vende mais jornal que a fome dos povos africanos. Na grande imprensa, a "imparcialidade" sobrepõe-se à opinião, a informação ao debate. Imprensa, rádio e tevê integram as grandes massas da população à vida associada, proporcionando informação e entretenimento vinculados a um paraíso do consumo de bens materiais e lazer, conjugados ao consumo de bens simbólicos, ligados à vida privada, à busca da felicidade individual e ao narcisismo.

Conforme Richard Sennet (1988), o narcisismo e a apatia enfraqueceram o domínio público. A política, que fora considerada pelos filósofos iluministas como a arte de transformar o mundo, visando ao bem comum e à felicidade dos povos, está desacreditada. A economia emancipou-se da política e abandonou qualquer finalidade social. O desemprego cresceu, os grandes ideais morreram e, com eles os grandes projetos de futuro. Guerras estouram em diversos países, a violência urbana cresce e a universidade está na penumbra. Daí a ideia de sociedade pós-moderna, revelando a obsolescência do mito do progresso, da política, do contrato social, suscitando o retorno do trágico, intensificando a vida dos nervos, engendrando a aceitação da fatalidade, a religiosidade ambiente e, paradoxalmente, fazendo emergir um querer viver social baseado num hedonismo ardente, na busca desenfreada do lúdico, de viver plenamente o instante, "o instante eterno", no dizer de Mafesolli (2003).

A mídia é janela do mundo e cria uma série de símbolos que povoam o mundo. A grande imprensa e os meios de comunicação eletrônicos constituem um signo das mudanças da sociedade pós-moderna. Por mais absurda que seja uma notícia, não se costuma duvidar de algo que "saiu na tevê". O real midiático é considerado como a realidade. A democracia requer troca de ideias, discussão, opinião pública. Porém não se pratica política, mas *marketing* político, a vida pública esvazia-se e não se discutem mais as grandes questões políticas.

Por isso o ensino das humanidades perdeu o sentido para boa parte dos jovens das novas gerações, educados pelos meios de comunicação de massa, num mundo em que o esclarecimento é feito com o que restou da filosofia da Ilustração: um mundo ilustrado de fotos, cores e imagens, construindo uma realidade enquanto montagem, uma realidade de segunda natureza, estetizada e estereotipada, que transformou os leitores da época da filosofia da Ilustração em consumidores da Indústria Cultural (Haag, 2005).

Não se aprende o que não se pratica em sociedade. Testes feitos no Brasil e nos Estados Unidos com vestibulandos e estudantes universitários, mostraram que, apesar de vivermos na "sociedade do conhecimento", sabe-se cada vez menos dos assuntos de interesse público. Estudantes brasileiros e norte-americanos não sabem explicar o que é a Declaração dos Direitos do Cidadão, o que faz o Congresso, as determinações da Constituição sobre os três poderes. Christopher Lasch afirma que uma pesquisa feita nos Estados Unidos, no início dos anos 90, mostrou que boa parte dos entrevistados acha que Israel é uma nação árabe. No Brasil, há estudantes universitários que acreditam que Castelo Branco foi ministro de Getúlio Vargas. Não é difícil encontrar estudantes de cursos de humanidades, para não mencionar os das outras áreas, que não têm a mínima noção do processo histórico recente. O problema da aprendizagem da cultura geral está ligado ao declínio da esfera pública. E uma das causas deste declínio está na ascensão da cultura de massas. Para Lasch (1995, p.217), "grande parte das desvantagens do nosso sistema educacional está na crescente incapacidade de acreditar seja na realidade do mundo interior ou do mundo público, seja na essência estável da identidade pessoal ou em uma política que se erga acima dos chavões e da propaganda".

Cultura de massas e cultura universitária

A partir dos anos 50, a cultura erudita – a chamada cultura burguesa da música clássica, das artes plásticas, do teatro e da literatura – virou patrimônio quase exclusivo da academia, dividida conforme as áreas de conhecimento da universidade: artes plásticas, música, literatura, teatro. Na universidade, recebeu o estímulo da demanda acadêmica, de uma produção literária para colóquios e seminários de alta complexidade, como a da obra de James Joyce, que teve tantos comentaristas quanto leitores, ficando restrita a pequenos grupos intelectualizados, às vanguardas artísticas e intelectuais (Hobsbawm, 1997).

Com relação à leitura, embora o processo de democratização das oportunidades educacionais – iniciado em 1930, no Brasil, e que paulatinamente atingiu todos os níveis de ensino – aumentasse significativamente o número de leitores em termos absolutos, na era da civilização da imagem e do som, a atividade lúdica da leitura como distração e prazer declinou não só nos países do terceiro mundo como também nos de alfabetização universal do primeiro mundo. O analfabetismo funcional, ou "iletrismo", está afetando, inclusive a França, berço do Iluminismo (Chartier, 1998). Shakespeare, assim como Machado de Assis e Flaubert passaram a ser "estudados", pelas novas gerações, como matéria de vestibular.

Mas é interessante observar que, com seus microfones e câmeras, os meios de comunicação de massa empurraram-nos para o presente imediato. E foi criada até uma nova subárea específica do conhecimento histórico: a *história imediata*. História que tem a ver com a angústia do homem contemporâneo de saber tudo o que acontece no mundo, de saber da violência, das guerras narradas como jogos de fogos de artifício na hora do jantar; história que tem a ver com a vida dramática de homens e mulheres diante dos conflitos cotidianos, com o viver na aldeia global, muitas vezes, sob a opressão da informação, que cunha o raciocínio e gera a angústia e a necessidade de explicar o que está acontecendo no presente imediato (Lacouture in Goff, 2001).

Leitor de Humberto Eco, Paulo Freire, juntamente com Sérgio Guimarães, leva a questão dos meios de comunicação de massa para o campo da educação, desenvolvendo a ideia da cultura da proposta crítica, porém não apocalíptica nem casmurra, como uma forma de intervenção crítica *da* escola sobre os meios de comunicação, visando à transformação da própria instituição de ensino. Isto é, visando à transformação da escola de massas – que faz comunicados, que é um espaço "fabricador de memórias repetitivas", que faz do aluno um mero consumidor de mensagens –, em uma escola provocadora da reflexão e da crítica, como um "espaço comunicante e, portanto, criador". O que "a escola teria de fazer era aceitar mudar. Aceitar revolucionar-se em função da existência crescente de outros instrumentos, que necessariamente não fariam, ou não fazem o trabalho que ela faz, em termos sistemáticos, mas sem os quais a escola prejudica o seu trabalho sistemático" (Freire & Guimarães, 1984, p.24-5).

Mostrando que os meios de comunicação de massa mudam nossa percepção, nosso modo de pensar e de aprender, é interessante lembrar uma ideia do teórico da comunicação, poeta e professor Décio Pignatari, que afirma que, no mundo inteiro, o ensino está em crise, pois "a implosão da informação exige novos meios e novos métodos; impõem-se planejamentos móveis. Os poderosos meios de comunicação de massas tornam anacrônicos os métodos tradicionais de ensino". Daí a necessidade de criar

> ao mesmo tempo o ensino e a coisa ensinada, junto com a participação ativa e criativa dos alunos, que, para esse efeito, formarão uma equipe de trabalho, da qual o professor é apenas o coordenador. Se isso não ocorrer, teremos possivelmente, nas universidades, uma verdadeira invasão de estudantes "bárbaros"... (Pignatari, 1985, p.78)

O problema é que, quando a direção cultural da sociedade fica a cargo da mídia, a cultura da proposta, a cultura crítica e autorreflexiva tendem a ficar circunscritas a grupos cada vez mais restritos. Enquanto isso, o processo de massificação da cultura avança com facilidade, inclusive no campo educacional, o que é típico de uma sociedade autoritária, aparentemente democrática, com tendência a produzir pessoas heterodirigidas.

Retomando a epígrafe deste trabalho, minha nau está rumando para trás. A periferia está integrada ao centro. E o centro, como escreveu Gore Vidal (2006), está vivendo "o triunfo da religião sobre a razão; a atrofia da educação e do pensamento crítico; a integração de religião, Estado e aparato de tortura – uma troica que foi o horror central do mundo pré-iluminista segundo Voltaire, e a marginalização política e econômica da nossa cultura".

Fontes jornalísticas

ABRAMO, BIA. *Comemoração do aniversário da Globo pareceu festa da firma.* Folha de São Paulo, 28-04-2005, E 2.
VIDAL, G. *Tempo de ir para a casa, sr. presidente.* OESP, Aliás, J4, 5-2-2006.

Referências bibliográficas

ADORNO, T., HOKHEIMER, M. *Dialética do esclarecimento.* Rio de Janeiro: Zahar, 1985.
_____. *Educação e emancipação.* Rio de Janeiro: 1995.
_____. Teoria da semicultura. *Educação e Sociedade.* n.55, agosto de 1996, p.388-411.
ANDRADE, M. *Da tradução poética.* Manuscrito. São Paulo: IEB-USP, 1945.
ARENA, D.B. O astro Anísio Teixeira na galáxia de Gutenberg. *História da Educação,* ASPHE/FAE/UFPEL, Pelotas, n.16, p.169-176, set. 2004.
BAUDRILLARD, J. *A sombra das maiorias silenciosas*: o fim do social e o surgimento das massas. São Paulo: Brasiliense, 1985.
BENJAMIN, W. A obra de arte na época de suas técnicas de reprodução. *Os pensadores.* São Paulo: Abril Cultural, 1980.

_____. O guarda-livro juramentado. In: *Obras escolhidas.* v.2. São Paulo: Brasiliense, 1988.

BOSI, E. *Cultura de massa e cultura popular:* leituras operárias. 3ª.ed. São Paulo: Vozes, 1979.

BOURDIEU, P., PASSERON, J. *A reprodução:* elementos para uma teoria do sistema de ensino. Rio de Janeiro: Francisco Alves, 1975.

_____. *A economia das trocas simbólicas.* (MICELI Org.), São Paulo: Perspectiva, 1974.

BUCCI, E. *O Brasil em tempo de TV.* São Paulo: Boitempo, 1997.

CAMBI, F. *História da pedagogia.* São Paulo: UNESP, 1999.

CÂNDIDO A. *A educação pela noite e outros ensaios.* São Paulo: Ática, 1981.

CHARTIER, R. *A aventura do livro:* do leitor ao navegador. São Paulo: Unesp, 1998.

CONH, G. Dos riscos que se corre nas Ciências Sociais. *Tempo Brasileiro.* v.12, n.1. São Paulo: USP, maio 2001: 39-47.

ECO, H. *Apocalípticos e integrados.* São Paulo: Perspectiva, 1976.

FRAGO, A.V. *Alfabetização na sociedade e na história:* vozes, palavras e textos. Porto Alegre: Artes Médicas, 1993.

FREIRE, P., GUIMARÃES, S. *Sobre educação* v.2. Rio de Janeiro: Paz e Terra, 1984.

FREITAG, B. *Política educacional e Indústria Cultural.* São Paulo: Cortez e Autores associados, 1987.

HAAG, C. Decifra-me ou devoro-te. *Pesquisa Fapesp.* Dez. 2005, n.118, pp 78-83.

HABERMAS, J. *Mudança estrutural na esfera pública.* Rio de Janeiro: Tempo Brasileiro, 1984.

HARDMAN, F.F. *Nem pátria, nem patrão:* vida operária e cultura anarquista no Brasil. São Paulo: Brasiliense, 1983

HOBSBAWM, E. *O novo século.* São Paulo: Companhia das Letras, 2000.

_____. *A era dos extremos:* o breve século XX (1914-1991). São Paulo: Companhia das Letras, 1997.

_____. *A era dos impérios (1875-1914)* 5ª.ed. Rio de Janeiro: Paz e Terra, 1988.

LASCH, C. *A rebelião das elites e a traição da democracia.* Rio de Janeiro: Ediouro, 1995.

MARCONDES, C.F. *O capital da notícia:* jornalismo como produção social de segunda natureza. (Tese de livre-docência), Departamento de Editoração, ECA-USP: 1983.

MAFESOLLI, M. *O instante eterno:* o retorno do trágico nas sociedades pósmodernas. São Paulo: Zouk, 2003.

MARRACH, S. O caso Collor ou a política na era dos meios de comunicação de massa. In: *Educação e sociedade*. Campinas: Cortez, ano XIV, abril de 1993, n.44.

_____. (org.) *Conciliação, neoliberalismo e educação*. São Paulo: Annablume e Fundação Unesp, 1996.

_____. *Introdução ao manuscrito da tradução poética de Mário de Andrade*. São Paulo: Pesquisa de pós-doutorado, IEB-USP, 2001.

MCLUHAN, M. *A galáxia de Gutenberg*: a formação do homem tipográfico. São Paulo: Nacional e USP, 1972.

_____. A imagem, o som e a fúria, In: ROSEMBERG, B., WHITE, D.(org.) *Cultura de massa*. São Paulo: Cultrix, 1973.

MORIN, E. *Cultura de massas no século XX*: o espírito do tempo. 2 v. Rio de Janeiro: Forense Universitária, 1977.

PIGNATARI, D. *Informação, linguagem e comunicação*. São Paulo: Cultrix, 1985.

POMER, L. *La construcción de los héroe*: imaginário y nación. Buenos Aires: Leviatán, 2005.

PORCHER. L. *L'ecole parallèle*. Paris: Larrousse, 1974.

SENNET, R. *O declínio do homem público*: as tiranias da intimidade. São Paulo: Companhia das Letras, 1988.

TEIXEIRA, A. O pensamento precursor de Mcluhan. *Revista Brasileira de Estudos Pedagógicos*. Brasília, v.54, n.119, jul/set. 1970, p.242-248

TRINDADE, H. (org.) *Universidade em ruínas na república dos professores*. Petrópolis: Vozes e Cipedes, 1999.

TOTA, A. P. *O imperialismo sedutor*: a americanização do Brasil na época da segunda guerra. São Paulo: Companhia das Letras, 2000.

WEBER, M. *Metodologia das ciências sociais*. São Paulo: Cortez, 1992.

SOBRE O LIVRO

Formato: 14 x 21 cm
Mancha: 23,7 x 42,5 paicas
Tipologia: Horley Old Style 10,5/14
Papel: Offset 75 g/m² (miolo)
Cartão Supremo 250 g/m² (capa)
1ª edição: 2009

EQUIPE DE REALIZAÇÃO

Coordenação Geral
Marcos Keith Takahashi

Impressão e Acabamento
FARBE DRUCK
gráfica e editora ltda.